「十三五」國家重點圖書出版規劃項目
二〇二二年度國家古籍整理出版資助項目

古絲路漢文行記整理叢刊

董志翹 李勇先 萬明 江慶柏 總主編

（東晉）法顯 撰
邵天松 校箋

法顯傳校箋

第一輯

南京師範大學出版社

圖書在版編目（CIP）數據

法顯傳校箋／（東晉）法顯撰；邵天松校箋. —南京：南京師範大學出版社，2022.6
（古絲路漢文行記整理叢刊／董志翹等總主編）
ISBN 978-7-5651-5203-0

Ⅰ. ①法… Ⅱ. ①法… ②邵… Ⅲ. ①法顯－生平事迹 ②西域－歷史地理－東晉時代 Ⅳ. ①B949.92 ②K935.06

中國版本圖書館 CIP 數據核字（2022）第 058570 號

書　　名	法顯傳校箋
叢 書 名	古絲路漢文行記整理叢刊
撰　　者	（東晉）法　顯
校　　箋	邵天松
封面題簽	王　爲
責任編輯	崔　蘭
出版發行	南京師範大學出版社
地　　址	江蘇省南京市玄武區後宰門西村 9 號（郵編：210016）
電　　話	（025）83598919（總編辦）　83598412（營銷部） 83373872（郵購部）
網　　址	http://press.njnu.edu.cn
電子信箱	nspzbb@njnu.edu.cn
印　　刷	南京愛德印刷有限公司
開　　本	890 毫米×1240 毫米　1/32
印　　張	8.125
插　　頁	12
字　　數	245 千
版　　次	2022 年 6 月第 1 版　2022 年 6 月第 1 次印刷
書　　號	ISBN 978-7-5651-5203-0
定　　價	68.00 圓
出 版 人	張志剛

南京師大版圖書若有印裝問題請與銷售商調換
版權所有　侵犯必究

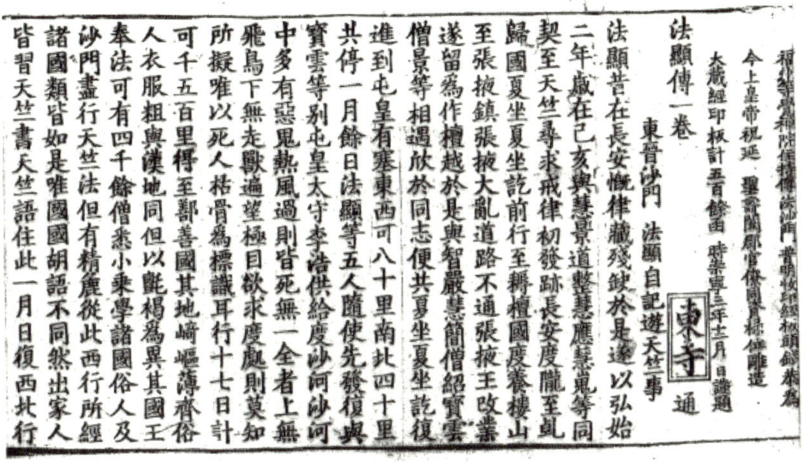

圖1　北宋崇寧三年（1104）福州東禪寺雕造崇寧萬壽大藏本

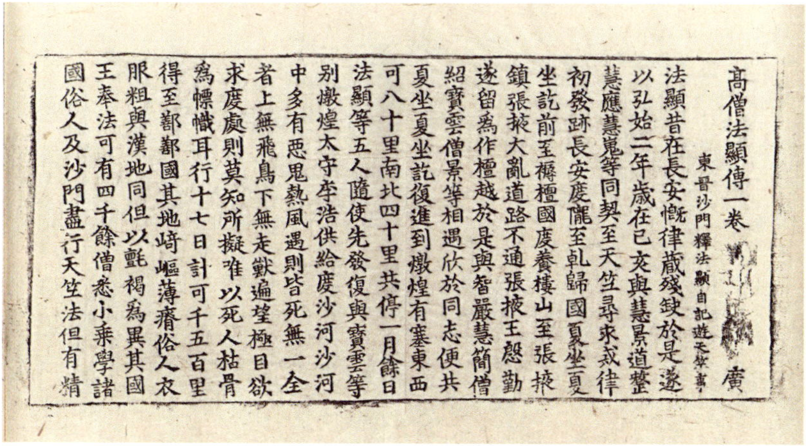

圖2　高麗高宗丙午歲（1246）高麗再雕藏本

昔道人法顯從長安行西至天竺傳一卷

東晉沙門釋法顯自記遊天竺事

法顯昔在長安慨律藏殘缺於是遂以弘始二年歲在己亥與慧景道整慧應慧嵬等同契至天竺尋求戒律初發跡長安度隴至乾歸國夏坐夏坐訖前至耨檀國度養樓山至張掖鎮張掖大亂道路不通張掖王慇懃遂留為作檀越於是與智嚴慧簡僧紹寶雲僧景等相遇欣於同志便共坐夏夏坐訖復與寶雲等俱發到張掖鎮鎮有沙門智嚴慧簡僧紹寶雲僧景遂共相隨到敦煌敦煌有塞東西可八十里南北四十里共停一月餘日法顯等五人隨使先發復與寶雲等別敦煌太守李浩供給度沙河沙河中多有惡鬼熱風遇則皆死無一全者上無飛鳥下無走獸遍望極目欲求度處則莫知所擬唯以死人枯骨為摽識耳行十七日計可十五百里得至鄯善國其地崎嶇薄瘠俗人衣服麤與漢地同但以氈褐為異其國王奉法可有四千餘僧盡小乘學諸國俗人及沙門盡行天竺法但有精麁從此西行所經諸國類皆如是唯

圖3 金皇統八年至大定十三年（1148—1173）之間刊刻趙城金藏本

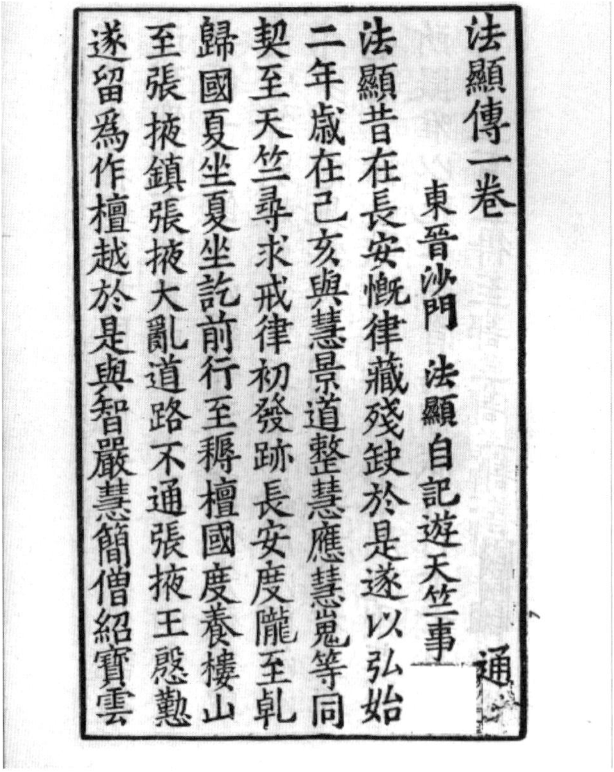

法顯傳一卷

東晉沙門 法顯自記遊天竺事

法顯昔在長安慨律藏殘缺於是遂以弘始二年歲在己亥與慧景道整慧應慧嵬等同契至天竺尋求戒律初發跡長安度隴至乾歸國夏坐夏坐訖前至耨檀國度養樓山至張掖鎮張掖大亂道路不通張掖王慇懃遂留為作檀越於是與智嚴慧簡僧紹寶雲

圖4 南宋紹興二年（1132）湖州思溪圓覺禪寺開雕思溪圓覺藏本

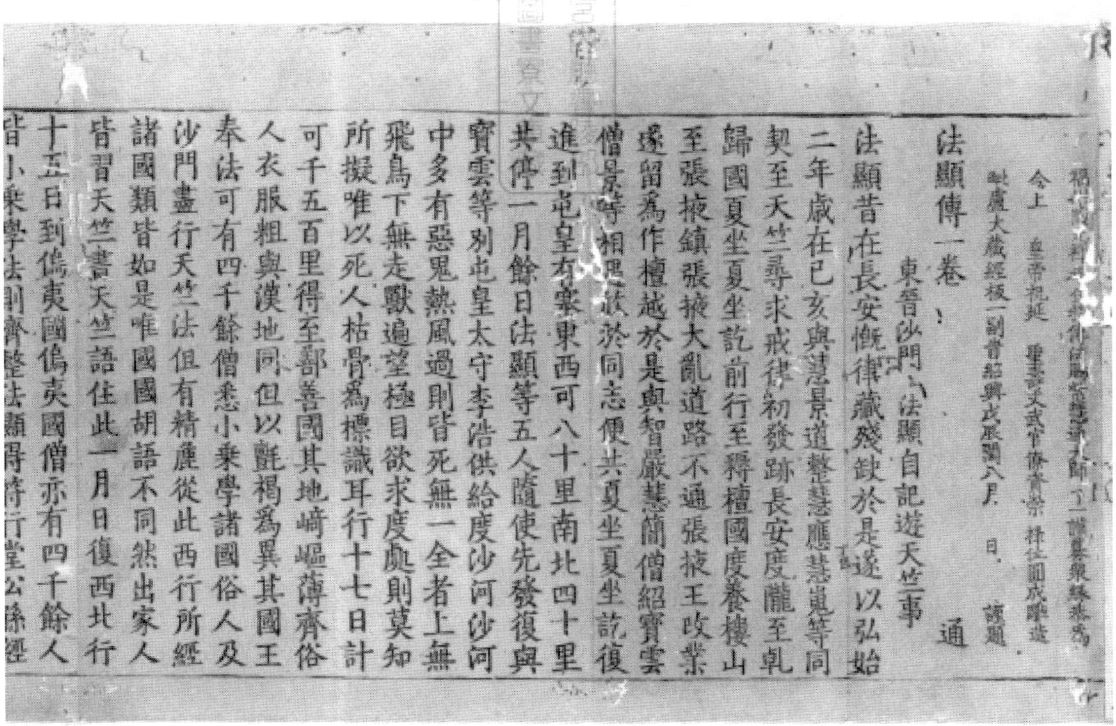

图5 南宋绍兴十八年（1148）福州开元禅寺雕造毗卢大藏本

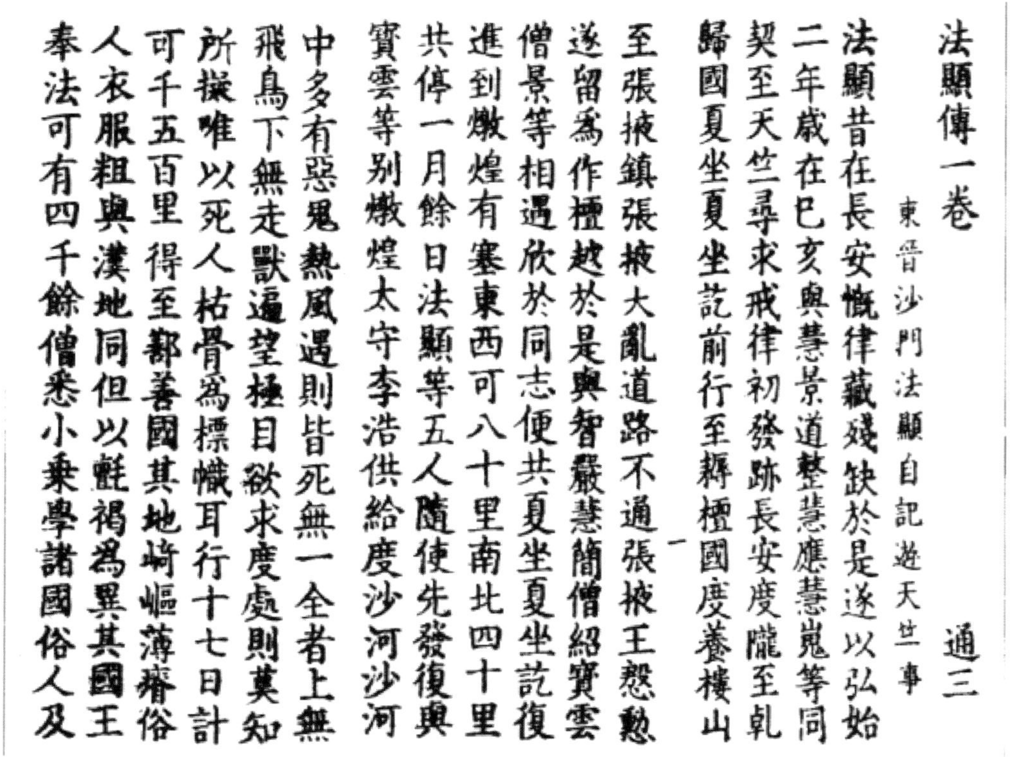

法顯傳一卷

法顯傳一卷

契丹藏法顯傳卷首法顯昔在長安慨律藏殘缺於是遂以弘始二年歲在己亥與慧景道整慧應慧嵬等同契至天竺尋求戒律初發跡長安度隴至乾歸國夏坐夏坐訖前行至耨檀國度養樓山至張掖鎮張掖大亂道路不通張掖王殷勤遂留爲作檀越於是與智嚴慧簡僧紹寶雲僧景等相遇欣然同行共爲法伴便於此夏坐夏坐訖復進到敦煌有塞東西可八十里南北四十里共停一月餘日法顯等五人隨使先發復與寶雲等別敦煌太守李浩供給度沙河沙河中多有惡鬼熱風遇則皆死無一全者上無飛鳥下無走獸遍望極目欲求度處則莫知所擬唯以死人枯骨爲標幟耳行十七日計可千五百里得至鄯善國其地崎嶇薄瘠俗人衣服麁與漢地同但以氈褐爲異其國王奉法可有四千餘僧悉小乘學諸國俗人及沙門盡行天竺法但有精麁從此西行所經諸國類皆如是唯國國胡語不同然出家人皆習天竺書天竺語住此一月日復西北行十五日到烏夷國

圖6 南宋寶慶（1225—1227）初年平江府磧砂延聖院開雕磧砂藏本

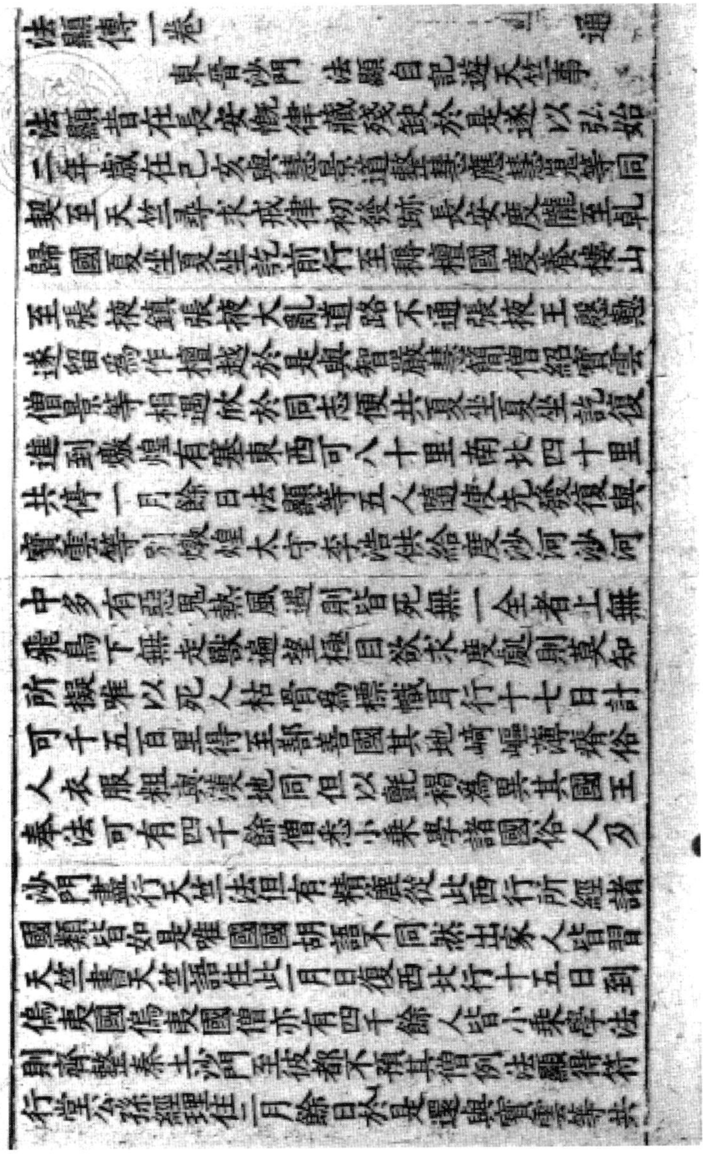

圖7 南宋嘉熙三年（1239）湖州思溪法寶資福禪寺開印思溪資福藏本

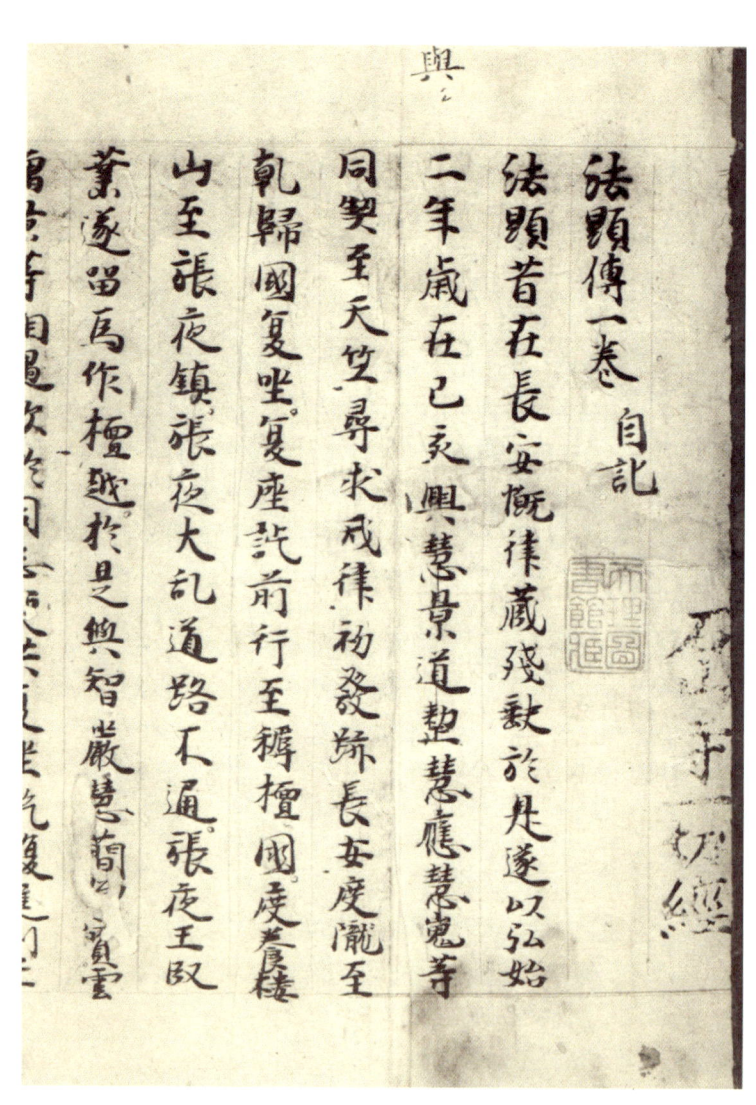

圖8　日本長寬二年（1164）滋賀縣石山寺藏古寫本

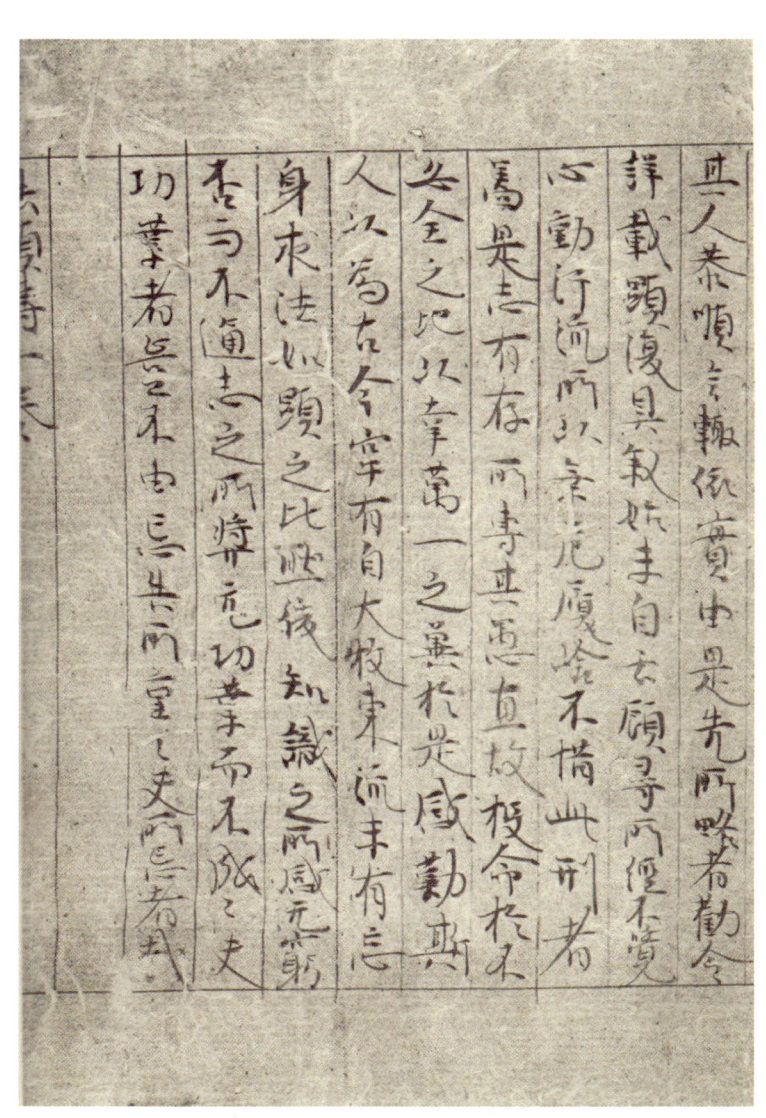

圖9　日本鎌倉初期古寫本

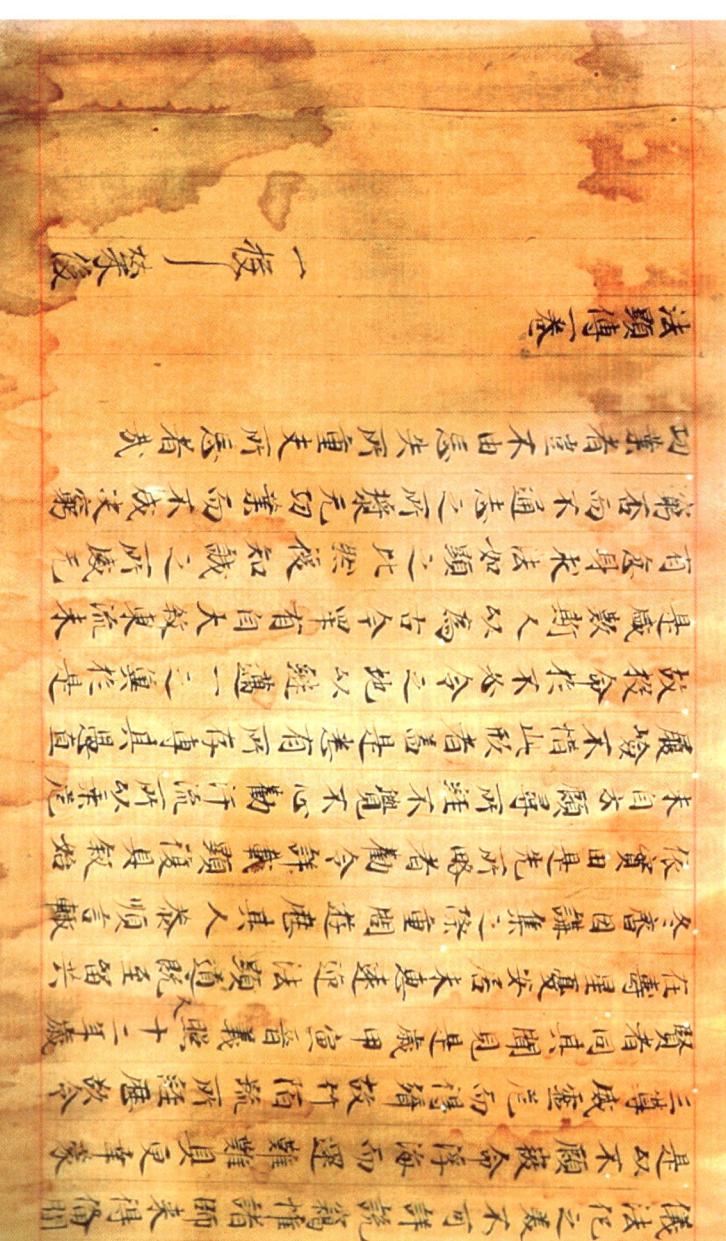

图10　日本平安时期（1175—1178）名古屋七寺藏古寫本

創闢荒途，求法先驅
——代前言

在中國的佛教歷史上，東晉的法顯、唐代的玄奘、義淨是西行求法浪潮中最爲著名的三位僧人。尤其是法顯，湯用彤先生曾評價説："海陸並遵，廣游西土，留學天竺，攜經而返者，恐以法顯爲第一人。"①同爲求法高僧的義淨也在其《大唐西域求法高僧傳》中説："觀夫自古神州之地，輕生徇法之賓，顯法師則創闢荒途，奘法師乃中開王路。"②

一

法顯（約 340—422）③，東晉著名僧人，同時也是一位傑出的佛經翻譯家。關於其生平，史籍多載，如梁僧祐《出三藏記集》、梁慧皎《高僧傳》、隋費長房《歷代三寶記》、唐道宣《大唐内典録》、唐智昇《開元釋教録》、唐圓照《貞元新定釋教目録》、唐靖邁《古今譯經圖記》等。近世以來，岑仲勉、賀昌群、章巽以及國外學者（日）足立喜六、（日）長澤和俊、（日）桑山正進、（德）寧梵夫（Max Deeg）等人均有研究。其中尤其以（日）足立喜六《法顯傳考證》及章巽《法顯傳校注》研究最爲全面。另外值得注意的還有吴玉貴（1996）和楊維中（2004）也對法顯的生平作了精湛的考證。我們依據上述研究成果，對法顯生平作一

---

① 湯用彤《漢魏兩晉南北朝佛教史》，北京：中華書局，1983 年，第 271 頁。
② （唐）義淨撰，王邦維校注《大唐西域求法高僧傳校注》，北京：中華書局，1988 年，第 1 頁。
③ 關於法顯的生卒年，由於史料未有明確記載，加之其在世年齡亦有兩種説法（一説八十二歲，一説八十六歲），故學術界至今尚無定論。如《辭海·地理分册》《中國歷史大辭典·魏晉南北朝史》等爲代表的辭書認爲法顯生於約公元 337 年，卒於約 422 年。章巽認爲法顯的卒年在公元 418 年 2 月至 423 年 7 月之間。以法顯得年八十二歲、卒於 423 年推算，法顯生年則爲 342 年。楊維中則認爲法顯圓寂的時間區間是公元 420 至 423 年之間，並由此倒推其生年，將其生卒年暫定在 340—422 年。本書取楊維中説。

簡單介紹。

法顯，俗姓龔，東晉平陽郡武陽（今山西臨汾市西南）人，生於約後趙建武六年，亦即東晉咸康六年（340）。因法顯三位兄長均童年早夭，其父恐禍及法顯，故於法顯三歲時將其送至寺院剃度爲沙彌。

前燕建熙元年，即東晉升平四年（360），法顯年二十，受具足大戒，志行明潔，儀軌整肅，受到僧衆的敬重。

前秦建元十六年，即東晉太元五年（380），法顯抵達長安。

後秦姚興弘始元年，即東晉隆安三年（399），法顯五十九歲。三月間，法顯與慧景、道整、慧應、慧嵬一起，從長安出發，西行求法。法顯一行經今甘肅河西走廊，度過沙漠進入新疆塔里木盆地，又進而穿越渺無人迹的塔克拉瑪干大沙漠，取道和田，翻越葱嶺，進入天竺境內，游歷諸國，歷經艱辛。

後秦姚興弘始十四年，即東晉義熙八年（412），法顯七十二歲。攜西行所獲之《摩訶僧祇律》《薩婆多律抄》《雜阿毗曇心》《綖經》《方等泥洹經》《彌沙塞律》《長阿含經》《雜阿含經》及《雜藏經》等經律抵達青州長廣郡牢山南岸，即今山東省崂山縣北。

後秦姚興弘始十五年，即東晉義熙九年（413），法顯七十三歲。四月十六日至七月十五日，法顯在彭城（今江蘇省徐州市）夏坐。七月底或八月初，法顯南下至建康（今江蘇省南京市），在寶雲等人的協助下，開始翻譯經律。

自此，法顯駐錫於建康道場寺，先後翻譯了《摩訶僧祇律》、《大般泥洹經》（與佛陀跋陀羅合譯）、《方等泥洹經》（今佚）、《雜阿毗曇心》（今佚）、《雜藏經》、《僧祇比丘戒本》（今佚）等經律，共計六部七十三卷。並在此期間完成了其西行游記《法顯傳》（又名《佛國記》《佛游天竺記》等）的撰寫。

南朝宋永初三年（422），法顯在荆州江陵新寺圓寂，終年八十二歲。

法顯作爲創闢荒途的求法先驅，在歷史上影響深遠。在他回國後不久，當時就有人在其行記後撰寫跋語云："於是感歎斯人，以爲古今罕有。自大教東流，未有忘身求法如顯之比。"也正是在法顯西行求法的感召下，中原漢地開始涌現出越來越多的取經人。中國古代另外兩位赫赫有名的求法高僧玄奘和義淨就是在法顯精神的鼓舞下，時隔數百年之後，毅然踏上了西行之路。玄奘曾自述西行之志云："昔法顯、智嚴亦一時之士，皆能求法，導利群生，豈能高迹無追，清風絶後？大丈夫自當繼之。"①義淨也正是因爲"仰法顯之雅操，慕玄奘之高風"，追隨前輩法顯、玄奘的足迹，前往天竺求法多年並最終留下了《南海寄歸内法傳》《大唐西域求法高僧傳》等著述和《金光明最勝王經》等一批譯經。

在當前國家提出共建"一帶一路"倡議的背景下，我們回顧歷史，法顯不正是"一帶一路"的先行者嗎？正是法顯，陸路出行，海路而返，最早走過"一帶一路"沿綫的諸多國家。習近平主席在回顧中國與斯里蘭卡兩國友好交流的歷史時就曾指出："中國和斯里蘭卡有高僧法顯開啓的千年佛緣。"如今，我們學習法顯捨身求法、百折不撓、虚心好學、眷念故土的精神，對於弘揚我國優秀傳統文化，發展繁榮"一帶一路"沿綫國家文化交流，對於人類命運共同體的建設，都具有重要的現實意義。

二

《法顯傳》一書在我國歷代著録、引文中有很多不同的名稱，而且版本衆多，有時候容易引起誤解。以下我們對《法顯傳》不同的書名及其版本略作梳理，加以説明②。

(一)《法顯傳》的書名

據統計，歷代文獻中《法顯傳》的書名共有十六種之多。根據出現年代的先後，分别爲：

1.《佛游天竺記》一卷。最早見於梁僧祐《出三藏記集》卷二。隋法經《衆經目録》卷六、唐道宣《集神州三寶感通録》卷中、唐智昇《開元釋教録》卷三、唐圓照《貞元新定釋教目録》卷五、宋非濁《三寶感應

---

① (唐)慧立、彦悰撰，孫毓棠、謝方點校《大慈恩寺三藏法師傳》，北京：中華書局，1983年，第10頁。

② 參見思和《〈法顯傳〉書名及其版本述略》，《中國佛學》2015年第1期。

要略錄》卷一均錄此書名。

2.《法顯傳》一卷（或云二卷）。最早見於北魏酈道元《水經注》卷一、卷二。隋法經《衆經目錄》卷六、唐魏征等撰《隋書》卷三十三《經籍志·史部·雜傳類》、唐道世《法苑珠林·傳記篇》卷一百、唐智昇《開元釋教錄》卷十三、唐圓照《貞元新定釋教目錄》卷二十三、唐慧琳《一切經音義》卷一百、《宋史》卷二百五十《藝文志·子類下》等均錄此書名。此外，自北宋以來歷代刊刻之大藏經，如北宋崇寧三年（1104）福州東禪寺本、南宋紹興二年（1132）思溪圓覺藏本、南宋紹興十八年（1148）之福州開元禪寺本、南宋寶慶（1225—1227）初年磧砂藏本、南宋嘉熙三年（1239）思溪資福藏本、明代洪武南藏本以及日本長寬二年（即南宋隆興二年，1164）石山寺古抄本等，亦皆著錄此書名。

3.《釋法顯行傳》。見於北魏酈道元《水經注》卷十六。

4.《歷游天竺記傳》一卷。最早見於隋費長房《歷代三寶記》卷七。唐道宣《大唐內典錄》卷三、唐道世《法苑珠林·傳記篇》卷一百、唐智昇《開元釋教錄》卷三、唐圓照《貞元新定釋教目錄》卷五等並見著錄。

5.《法顯行傳》一卷。見於唐魏征等撰《隋書》卷三十三《經籍志·史部·雜傳類》。

6.《佛國記》一卷。最早見於唐魏征等撰《隋書》卷三十三《經籍志·史部·地理類》。明代及其後所輯諸叢書刊本，如明沈士龍、胡震亨輯《秘册匯函》，明毛晉輯《津逮秘書》，明鍾人傑、張遂辰輯《唐宋叢書》，清王謨輯《增訂漢魏叢書》，清張海鵬輯《學津討原》等，皆沿用此書名。

7.《釋法顯游天竺記》。最早見於《後漢書·西域傳》唐高宗太子李賢注。此外，唐杜佑《通典》卷一百七十四中著錄爲《釋法明游天竺記》，在"明"字下注云："國諱改焉。"《四庫全書總目提要》云："《通典》引此書又作法明，蓋中宗諱顯，唐人以'明'代之，故原注有'國諱改焉'四字也。"

8.《天竺國記》。見於《後漢書·西域傳》唐高宗太子李賢注。

9.《佛游天竺本記》。見於唐徐堅等《初學記》卷二十三。

10.《佛游本記》。見於唐徐堅等《初學記》卷二十九。

11.《法明游天竺記》。見於唐杜佑《通典》卷一百九十一。

12.《法顯記》。最早見於宋李昉等《太平御覽》卷三十七、卷五十等多處。又見於元末陶宗儀《説郛》卷四。

13.《昔道人法顯從長安行西至天竺傳》一卷。見於趙城金藏本。

14.《高僧法顯傳》一卷。見於高麗藏本。

15.《三十國記》二卷。見於明黃昌齡《稗乘》。

16.《三十佛國記》。見於清智敬《高王觀世音經注釋》。

從上述所引《法顯傳》的諸多書名及出現時間來看，從法顯最後完成其西行記錄的撰寫到僧祐最初著錄，其間僅有六十多年。此後一百年間，竟先後出現了四種不同的書名，這説明《法顯傳》最初並没有固定的書名，諸家對書中的内容理解不同，所以著錄的書名也各不相同。這種狀況一直持續到了公元9世紀。自北宋以後，書名逐漸趨向統一。此後刊刻的歷代《大藏經》中就基本上都采用了《法顯傳》作爲書名。

(二)《法顯傳》的版本

《法顯傳》不僅書名衆多，而且也有許多不同的版本。這些不同的版本中，既包括中國古代的抄刻本，也有域外的抄刻本。就目力所及，擇其要者簡述如下。

1. 北宋崇寧三年(1104)，福州東禪寺雕造崇寧萬壽大藏本。現藏於日本京都大宫西九條東寺和京都宇治郡醍醐寺，爲今存《法顯傳》最早之刻本。該本後被收入於長澤和俊《法顯傳譯注·解説——北宋本·南宋本·高麗大藏經本·石山寺本四種影印とその比較研究》一書中①。

2. 南宋紹興十八年(1148)，福州開元禪寺雕造毗盧大藏本。現藏於日本宫内廳書陵部圖書寮、京都市知恩院經藏和舊金澤文庫等

---

① (日)長澤和俊《法顯傳譯注·解説——北宋本·南宋本·高麗大藏經本·石山寺本四種影印とその比較研究》，東京：雄山閣出版株式會社，1996年。

處。足立喜六認爲,該版本與崇寧萬壽大藏本内容幾乎一致,版式也完全相同,所以該本與崇寧萬壽大藏本或出於同一底本,或是後者的翻刻本。故有學者將該本同歸於北宋本。該本亦著錄於嚴紹璗《日藏漢籍善本書錄》一書中,並有詳細的介紹:"《法顯傳》一卷,宋紹興年間開元禪寺刊本,折本裝,共一帖。每半折六行,行十七字左右。上下天地高約24.9 cm,幅寬11.2 cm(此本因重新裝裱過,每折匡郭並不一致——編著者)。版心上記一'通'字,此係依《千字文》序列函字號。'通'下記'法顯一卷',下記葉數,末記刻工姓名……卷首有宋紹興十八年(1148)《刊記》三行……卷中有日本後宇多天皇弘安年間(1278—1287)日本金澤稱名寺入宋僧圓種讀書標點。此卷内封有德富蘇峰朱筆題識……後有'蘇峰學人'朱文陰文方印。封頁有'青山草堂'、'蘇峰'等印記。"①

3. 南宋紹興二年(1132),湖州思溪圓覺禪寺開雕思溪圓覺藏本。現藏於中國國家圖書館(原北京圖書館)。後曾由文學古籍刊行社(北京)影印出版②。據章巽先生研究,該本係以崇寧萬壽大藏本作爲底本,再以當時所見其他異本進行認真校訂增改過的翻刻本③。章巽《法顯傳校注》即以此本爲底本。

4. 南宋嘉熙三年(1239),湖州思溪法寶資福禪寺開印思溪資福藏本。現藏於日本東京增上寺及埼玉縣川越喜多院。中國國家圖書館亦收藏一部。前述長澤和俊(1996)亦收錄有該本的影印本。章巽先生認爲該本與思溪圓覺藏本實際上是使用同一副經版先後兩次的印本。

5. 南宋寶慶(1225—1227)初年,平江府磧砂延聖院開雕磧砂藏本。該本1930年在西安開元寺及臥龍寺被發現後,1935年由上海影印宋版藏經會影印出版。目前國内陝西省圖書館、山西省太原市崇善寺及美國普林斯頓大學葛思德東亞圖書館等處均有收藏。

6. 金皇統八年至大定十三年(1148—1173)之間刊刻的趙城金藏

---

① 嚴紹璗《日藏漢籍善本書錄》,北京:中華書局,2007年,第1341-1342頁。
② 法顯《法顯傳》,北京:文學古籍刊行社,1955年。
③ 參見章巽《法顯傳校注》"校注說明"部分,北京:中華書局,2008年。

本。現藏於臺灣歷史語言研究所。該本後被影印收入《中華大藏經（漢文部分）》第六十一册①。

7. 高麗國高宗丙午歲(1246)雕刻高麗藏本。日本東京增上寺收藏有該本，長澤和俊(1996)亦收録有該本的影印本。

8. 日本長寬二年(1164)滋賀縣石山寺藏古寫本。嚴紹璗《日藏漢籍善本書録》著録該本："《法顯傳》一卷，日本二條天皇長寬二年(1164)釋信寶寫本，卷子裝，共一卷。天理圖書館藏本，原石山寺等舊藏。全卷紙高23.8 cm，正文有界，上下雙邊，邊匡高19.3 cm。全卷有三十枚紙相接，一紙幅約55.0 cm，但自第二十三紙後，紙幅變窄，全長1 568 cm。卷末有手記曰：'一交了。'後有書寫者手識文……卷中有'石山寺一切經'墨印。"②日本昭和五十五年(1980)天理大學將此寫本影印，收録《天理圖書館善本叢書》第五卷《西域求法高僧傳集》之中。長澤和俊(1996)亦收録有該本的影印本。

9. 日本鎌倉初期（公元12世紀末至13世紀初）古寫本。嚴紹璗《日藏漢籍善本書録》對該寫本介紹如下："《法顯傳》一卷，日本鎌倉時代(1192—1330)初期寫本，日本重要美術財，卷子裝，共一卷。天理圖書館藏本。全卷紙高25.2 cm，正文有界，上下單邊，邊匡高19.4 cm。全卷由二十七枚紙相接，一紙幅約52.0 cm，全長950 cm。卷首脱落，卷末有手記曰：'一交了，願主院曉。'卷中有'上野藏書'印記。"③前述《天理圖書館善本叢書》第五卷《西域求法高僧傳集》亦收録該寫本。

10. 日本京都南禪寺藏古寫本。該本卷末題記云："《法顯傳》一卷。應永七年庚辰五月念六日　山城州三枘莊善福寺書之筆慈檢成（花押）一校。"足立喜六認爲該本文字大致近似南宋資福藏本，所異

---

① 《中華大藏經》編輯局編《中華大藏經（漢文部分）》第六十一册，北京：中華書局，1993年。按，《中華大藏經》即以趙城金藏爲底本，按《趙城藏》千字文編次的目録體系影印。缺失部分以《高麗藏》補足。

② 嚴紹璗《日藏漢籍善本書録》，北京：中華書局，2007年，第1342頁。

③ 嚴紹璗《日藏漢籍善本書録》，北京：中華書局，2007年，第1342頁。

者僅字畫而已①。

11. 名古屋七寺藏古寫本。該本卷末題記云："一校了　榮俊"。據參與七寺古寫經調查的李乃琦博士賜教，此寫本當爲1175—1178年間，即日本平安時代抄寫而成。

據調查，在日本的一些寺廟中還藏有部分《法顯傳》的古寫本，如京都興聖寺所藏一切經、奈良西方寺所藏一切經、京都妙蓮寺藏松尾社一切經以及日本正倉院聖語藏一切經中均有《法顯傳》②，只是這些資料還未公布，目前尚不能加以利用。我們也希望這些珍貴的古寫本能夠早日公開影印出版，造福學界。

此外，歷代刻本藏經中，如《普寧藏》《洪武南藏》《永樂南藏》《永樂北藏》《嘉興藏》《龍藏》等，以及部分明清叢書，如前述《秘册匯函》《稗乘》《津逮秘書》《唐宋叢書》《説郛》《增訂漢魏叢書》等，均亦收録《法顯傳》，但這些版本大多承襲前本，版本價值有限，兹不贅述。

三

《法顯傳》作爲後世僅存的最早的關於天竺、西域的傳記，内容涉及5世紀初中亞、南亞以及東南亞地區的三十多個國家的地理、交通、宗教、文化、風俗、物産等各方面，爲佛教史、中外關係史、印度歷史及中外交通地理的研究提供了重要的資料。《法顯傳》也因此歷來爲中外學者所重視。可以説，多元視野下的《法顯傳》研究方興未艾。

（一）歷史學視野下的《法顯傳》研究

這一方面的研究是《法顯傳》研究的重點，其成果主要集中在宗教史、中外交通史以及西域史、印度史等方面。

1. 宗教史方面。如靳生禾《試論法顯》一文中曾指出："法顯之前，中國僧人是赴西域求胡本經典，法顯之後，中國佛教界便尊信梵文正本經典了。這在中國佛教史上、在東方文化史上，都是具有劃時

---

① （日）足立喜六著，何健民、張小柳譯《法顯傳考證》，貴陽：貴州大學出版社，2014年，第17-18頁。

② 參見《日本現存八種一切經對照目録》，東京：國際佛教學大學院大學，2006年，第339頁。

代的意義。"同時對《法顯傳》一書作出了評價:"這書着重記載了中古時代西域和天竺的佛教發展情况,成爲研究中國佛教史的重要原始資料。"①思和《法顯〈佛國記〉所載西、北天竺諸國佛教情况考析》通過對法顯時代西、北天竺十國的佛教歷史狀况進行綜合的考析,從而復原當時佛教的情况②。嚴耀中《關於〈法顯傳〉中的婆羅門教》則指出《法顯傳》中記録不少關於婆羅門教的信息,反映了當時在古印度佛教與婆羅門教之間的鬥争,提供了古代婆羅門教向中土傳播的證據,使中土民衆了解到婆羅門教在印度的存在,從而去認識當時印度社會宗教的複雜性③。虢侗《試論法顯時代斯里蘭卡的佛教社會》根據《法顯傳》中對於斯里蘭卡(當時稱爲師子國)的記述,梳理考察了公元5世紀初斯里蘭卡佛教社會的情况,系統地揭示了法顯時代斯里蘭卡佛教社會的歷史風貌④。

  2. 中外交通史方面。《法顯傳》作爲古代中外交流方面重要的資料,其價值和意義正如方豪先生在其《中西交通史》一書中所言:"法顯之功績不僅在譯經及弘宣教旨,其所記歷程雖僅九千五百餘言,然精確簡明,包括往返西域歷程及航海經驗,尤爲今日研究中西交通史及中亞中古史地者必需之參考資料。"⑤楊維中先生在其《新譯佛國記》的"導讀"部分中也指出:"《佛國記》儘管不是嚴格意義上的地理學著作,但法顯在記述中依照游記體的規範,以言必依實的原則,詳細、準確地記載了自己所到之處的地理狀况。特別是在西域、印度行程的記載,爲研究古代西域、印度城市及國家的地理沿革提供了第一手資料。由於文化傳統的關係,古代印度没有留下來專門的地理學著作,甚至連這方面的記載也很缺乏。而《佛國記》的相關記述,起了填補印度古代地理學著作之空白的作用。特別是《佛國記》所涉及的

---

① 靳生禾《試論法顯》,《史學月刊》1981年第6期。
② 思和《法顯〈佛國記〉所載西、北天竺諸國佛教情况考析》,《佛學研究》2011年總第20期。
③ 嚴耀中《關於〈法顯傳〉中的婆羅門教》,《中國佛學》2009年第1期。
④ 虢侗《試論法顯時代斯里蘭卡的佛教社會》,《中國佛學》2015年第1期。
⑤ 方豪《中西交通史》,長沙:嶽麓書社,1982年,第213頁。

公元5世紀及其以前印度的歷史地理狀況,已經成爲考訂古代印度歷史地理的權威資料。"①

3. 西域史、印度史方面。《法顯傳》中關於公元5世紀之前的西域及古印度的政治、經濟、民族、文化、風俗習慣等各方面的真實記錄,對研究這一地區古代歷史具有重要的價值。這一點已成爲學界共識。足立喜六就曾說過:"《佛國記》爲一千五百年前之實地考察的記錄,凡關於中央亞細亞、印度、南海諸地之地理、風俗及宗教等,實以本書爲根本的資料。故其價值早爲斯界所共認。"②此外,涂厚善《〈佛國記〉與古代印度史的研究》③以及尚勸余《從〈佛國記〉和〈大唐西域記〉看印度封建制度的形成及其特點》④均可視爲這一方面的代表作。

(二) 文學視野下的《法顯傳》研究

《法顯傳》不僅受到歷史學者的矚目,其作爲古代游記文學所具備的樸實無華却言簡意賅的精煉風格,也受到了文學研究者的關注。

譚家健《中國古代散文史稿》評價《法顯傳》的文學價值云:"從文學來看,書中許多片段,描寫生動,場景逼真,感情充沛。特別是在異國他鄉對故國的思念,每每通過小事細物自然流露。……文字雖短,純真動人。全書風格質樸,接近口語。不用駢偶和典故,句法有如當時翻譯文章,是六朝主流文學之外的另一支派,彌足珍貴。"⑤

龐依《從〈法顯傳〉初探六朝僧人傳記特點》就提到了:"無論是《法顯傳》,還是《佑錄》、《僧傳》,都是頗具特色的傳紀文學作品,它們與同一時期流傳下來諸多佛教傳記文獻一起構成了一幅六朝時期中外佛教交流中的僧人群像圖。這些傳記文獻向人們展現了中古作家眼中的西域圖景,包括親到西域的僧人對西域的選擇性建構和未到

---

① 楊維中《新譯佛國記》,臺北:三民書局,2004年,第29頁。
② (日)足立喜六著,何健民、張小柳譯《法顯傳考證·著者序》,貴陽:貴州大學出版社,2014年。
③ 涂厚善《〈佛國記〉與古代印度史的研究》,《華中師院學報》1981年第3期。
④ 尚勸余《從〈佛國記〉和〈大唐西域記〉看印度封建制度的形成及其特點》,《南亞研究季刊》1994年第4期。
⑤ 譚家健《中國古代散文史稿》,重慶:重慶出版社,2006年,第252頁。

西域的作家主觀性想象。這兩種圖景之間的差異體現了中古僧人對西域文化的不同接受心態,其中的共同之處還顯示出中古僧人佛教觀念的基本走向。將接受中的西域圖景和佛教文化融入中國古代人物傳記寫作傳統,僧人作家們所作的嘗試是十分大膽而突出的。"①

趙曉春則比較了《法顯傳》與奧古斯丁《懺悔錄》的文學性,指出:"《法顯傳》和《懺悔錄》是東西方早期宗教發展的兩面鏡子,皆以傳播宗教信仰爲宗旨,但兩者在敘事結構、心理活動與外部事件、敘事中的哲理思辨與傳奇色彩、在'我'與'無我'中體現出的人物性格等方面存在很大的不同,其突出成就使之成爲東西方自傳中兩顆熠熠閃亮的啓明星。"②

(三)語言學視野下的《法顯傳》研究

20世紀80年代,隨着佛經文獻語言研究的進一步深入,作爲一部撰寫年代較爲明確且口語化程度較高的中古文獻,《法顯傳》在語言學方面的重要價值開始逐漸受到研究者的關注。

周祖謨先生很早就注意過《法顯傳》的口語價值,他曾指出:"接近口語文字的出現,在書面語的發展上代表了一種新的趨向,是值得我們注意的。比較重要的作品和著作,有南北朝的樂府歌辭、晉《法顯行傳》、宋劉義慶的《世說新語》、北魏賈思勰的《齊民要術》和一些佛經的譯文。"③

《法顯傳》中一部分有價值的語料亦被很多學者在撰寫專著及論文時引用過,如柳士鎮《魏晉南北朝歷史語法》(1992)、汪維輝《東漢—隋常用詞演變研究》(2000)等。《漢語大詞典》也曾多次將《法顯傳》中相關內容作爲某個詞條的首引書證。

邵天松《〈法顯傳〉詞彙研究——兼談漢譯佛典詞彙的中土化》則

---

① 龐依《從〈法顯傳〉初探六朝僧人傳記特點》,《中國學研究》第15輯,濟南:濟南出版社,2012年,第12頁。
② 趙曉春《東西方自傳文學中的兩顆啓明星——法顯〈法顯傳〉和奧古斯丁〈懺悔錄〉在文學性方面的比較》,《福建論壇·人文社會科學版》2013年第2期。
③ 周祖謨《漢語發展的歷史》,載周士琦編《周祖謨語言文字論集》,北京:人民教育出版社,2000年,第10頁。

對《法顯傳》的詞彙進行了全面系統的研究。該文通過窮盡性的調查和定性、定量的分析，展示了《法顯傳》詞彙系統的構成和來源情況，並結合同時期其他相關文獻，初步揭示出中古時期，尤其是魏晉南北朝這一特殊歷史階段詞彙系統的發展演變情況，指出《法顯傳》中除了部分繼承上古的詞彙而外，更有大量的外來詞彙和口語詞彙。與同時期的其他中土文獻相比，《法顯傳》呈現出更高的口語性。同時，對《法顯傳》中佛典詞彙的調查結果顯示，有相當部分的佛典詞彙，首先是通過《法顯傳》這樣一類由具有漢語母語背景的譯經者所著的佛教撰述，逐漸擴散到中土文獻中去的。這也是佛典詞彙擴散到中土文獻一個最重要的步驟，此舉爲佛典語言增添了新的生命力，象征着佛典詞彙融入漢語的開端①。

此外，張全真撰有《〈法顯傳〉與〈入唐求法巡禮行記〉語法比較研究》②，對《法顯傳》中的語法現象進行了探究。

四

如前所述，早期的《法顯傳》版本衆多，這些不同的版本文字語句多有不同，形成了很多異文，這就給人們閱讀《法顯傳》造成諸多不便。同時由於《法顯傳》的影響越來越大，除了專業學者之外，一些普通讀者也産生了閱讀需求。因此，有部分學者開始致力於對《法顯傳》的整理工作，包括對《法顯傳》文本進行校注或翻譯，這一工作也取得了不俗的成果。

對《法顯傳》進行整理校對，最初始於日本。足立喜六認爲日本最早校勘《法顯傳》的人是沙門玄韻。玄韻在安永己亥(1779)以高麗本爲底本校對南宋本、明黄檗本和諸日本寫本，詳細標注其差異，正文又加句點，使得文意益明。足立氏還指出："嗣後明治十七年弘教書院刊行之《大日本校訂大藏經》所收《法顯傳》，乃以宋本、元本、明

---

① 邵天松《〈法顯傳〉詞彙研究——兼談漢譯佛典詞彙的中土化》，南京師範大學碩士學位論文，2007年。

② 張全真《〈法顯傳〉與〈入唐求法巡禮行記〉語法比較研究》，南京大學博士學位論文，1999年。

本等校對，又《大正新修大藏經》亦以宋本、元本、明本及宮内省圖書寮本校對，並標注其異同，凡此，皆以高麗本爲底本也。如上所述，以高麗本爲底本，而校對元、明藏本，實不啻以麻爲繩，見繩爲蛇而自驚也。緣高麗本疑點既多，乃又以重訂數次之元、明藏本校對，故疑問到底是疑問，終莫能解決。"①故足立氏便以更早的北宋崇寧三年福州東禪寺本以及政和二年福州開元寺本爲底本，另取石山寺古寫本、思溪藏本、高麗藏本等五種版本爲參照，在文字上稍有校正，同時對書中的内容作了詳細的考證注解，並附以地圖多幅，1935 年於東京出版了《考證法顯傳》一書。後該書由何健民、張小柳合作翻譯，於 1937 年在上海國立編譯館出版，書名爲《法顯傳考證》。足立氏一書出版後評價頗高，湯用彤先生寫過一篇很好的書評②。湯用彤對書中的一些地方提出了不同意見，例如對北宋本與高麗本之間的異同，主張"版本之善否，不能全依年代斷定"；並且也指出書中在敘述法顯在崂山登陸後南下的行迹以及標點方面的錯誤。

　　1970 年，另一位日本學者長澤和俊出版了《宫内廳書陵部圖書寮本法顯傳校注》。所謂"宫内廳書陵部圖書寮本"即北宋福州開元寺毗盧大藏本。長澤氏將該本與中國國家圖書館（原北京圖書館）藏南宋本相對照，並參考高麗藏本、石山寺本，加以日文翻譯及解説。1996 年長澤和俊在此基礎上又出版了《法顯傳譯注・解説——北宋本・南宋本・高麗大藏經本・石山寺本四種影印とその比較研究》，該書最大特點是在保留此前宫内廳書陵部圖書寮本《法顯傳》校注的基礎上，又將幾種大藏經版本和石山寺古寫本一起影印收入書中，爲讀者一睹這些不同版本《法顯傳》的原貌提供了極大的方便。

　　1985 年，上海古籍出版社出版了我國著名歷史地理學家、中外交通史研究專家章巽先生《法顯傳校注》一書。王邦維先生對此書曾有過介紹："章巽的校注本，以思溪圓覺本爲底本，使用了 11 種古刻本和抄本以及支那内學院 1932 年刊刻的一個校本作爲對照，同時還

---

① （日）足立喜六著，何健民、張小柳譯《法顯傳考證》，貴陽：貴州大學出版社，2014 年，第 24 頁。
② 湯用彤《評〈考證法顯傳〉》，收入《湯用彤學術論文集》，北京：中華書局，1983 年。

參考了幾種與《法顯傳》有關的'音義'以及《水經·河水注》中的相關材料。就使用底本和校本的數量而言,這是最多的。但書中的工作並不止於此,章先生對各個刻本和抄本之間的關係,也作了很好的對比、分析和梳理,基本上把《法顯傳》自宋以來刊刻的情況弄清楚了。文字上的校對和考訂,章先生也作得很認真。"他高度評價該書,指出:"《法顯傳校注》,就版本源流的考證、文字的校訂各個方面而言,在目前所能見到的國内外有關《法顯傳》的研究著作中,我以爲是作得最好的。"[①]當然,不可否認的是章巽《法顯傳校注》也有些許不足之處,如王邦維先生就認爲該書在史地方面的考證顯得舊一些,同時還指出了書中一處異文存在可商之處。邵天松(2010)也對章巽一書的校點提出若干商榷意見[②]。2008 年,中華書局將《法顯傳校注》收入《中外交通史籍叢刊》重新印刷出版。新版依據章巽先生親筆校訂的原書進行了修改,並對業已發現的舊版其他訛誤一併改正。時至今日,章巽《法顯傳校注》仍然代表着國内《法顯傳》研究的最高水平,具有集大成的性質。

20 世紀 90 年代以來,值得一提的還有由兩位大陸學者分別撰寫而在臺灣出版的《法顯傳》注譯本——吴玉貴《佛國記釋譯》[③]和楊維中《新譯佛國記》[④]。吴書以章巽《法顯傳校注》爲基本依據,對《法顯傳》作了較爲詳細的注釋和語釋,並且該書前後所附《題解》《源流》《解説》等部分,對法顯的生平以及《法顯傳》一書的基本内容作了較爲詳細的介紹、説明。楊書則在吸收前人成果的基礎上,側重對《法顯傳》所涉及的佛教内容方面作了準確的注釋。楊書的另一特點還在於書前所附的長達 69 頁的《導讀》部分。這部分内容非常豐富,不僅介紹了法顯生平、《法顯傳》的基本内容、法顯西行過程、《法顯傳》

---

① 王邦維《法顯與〈法顯傳〉:研究史的考察》,《世界宗教研究》2003 年第 4 期,第 25 頁。
② 邵天松《〈法顯傳校注〉校點獻疑》,《古籍研究》2009 卷(總 55 - 56 期),合肥:安徽大學出版社,2010 年。
③ 吴玉貴《佛國記釋譯》,高雄:佛光文化事業有限公司,1996 年。
④ 楊維中《新譯佛國記》,臺北:三民書局,2004 年。

的歷史文化價值、法顯對中國佛教的貢獻等,同時也對法顯生平的一些懸而未決的問題,如法顯的出生年份、出生地等進行了詳細的考證,書後所附《法顯大師年譜》對於我們了解法顯大師不平凡的一生也具有重要的價值。這兩本書雖然面向一般的讀者,帶有普及性質,但由於兩位作者均爲學養深厚、聲名卓著的學者——吴玉貴先生爲我國著名的隋唐史專家,尤其擅長西北民族史研究;楊維中先生爲我國著名的佛教史專家——故兩書均不乏卓識,具有一定的學術價值。

此外,《法顯傳》還有許多外文譯本,如西文譯本、南亞譯本等。雖然這些譯本有助於《法顯傳》一書之普及,但對於我們的校箋幫助有限,故此處不贅述。

綜上所述,儘管從總體而言,國内外對於《法顯傳》的研究已經取得了不少成績,但隨着語言學界中佛教文獻語言研究和中古漢語研究的快速發展,作爲中土佛教撰述同時也是中古漢語重要語料的《法顯傳》越來越受到漢語史研究者的重視,相關成果層出不窮。前輩們的研究在給我們提供了各方面條件的同時,也給我們留下了繼續研究的空間。

本書在搜集現已公布的《法顯傳》各版本的基礎上,充分吸收章巽、足立喜六、長澤和俊等中外學者的研究成果,力争做到校勘審慎、標點妥帖、分段精善、釋詞準確,以期給學界提供一個更加可靠的《法顯傳》整理本。本書主要着力之處在於從中古漢語研究的角度把握《法顯傳》中的語言,並對其進行整理校箋,概言之,其要點有四:一是糾正目前許多《法顯傳》點校本中諸多標點不當之處;二是對《法顯傳》中部分"字面生澀而義晦、字面普通而義别"的中古疑難詞語予以注解;三是對不同版本《法顯傳》中出現的異體字、訛俗字等進行了考釋;四是對《法顯傳》中的諸多佛教詞語或涉及佛教内容的相關内容進行了詳細的説明。

前修未必不密,後出亦未必轉精。我們只是希望能够踵武前賢,爲《法顯傳》的進一步整理略盡綿薄之力。由於本人學識有限,校箋過程中定有許多疏誤之處,敬請方家達士、廣大讀者不吝賜教。

最後,説幾句題外話。回想自己當初負笈隨園,選定《法顯傳》作爲碩士論文課題,迄今已有十八個春秋。其間研究方向雖有所轉移,但對《法顯傳》卻未曾或忘。佛家講因緣,《大方廣佛華嚴經》云:"一切世間從緣起,不離因緣見諸法。"有因有緣方有果。這本小書或許正是因緣之果。在此真誠感謝有幸結緣、襄助本書的各位善知識:業師董志翹教授、浙江大學汪維輝教授、江蘇第二師範學院馮保善教授、日本國際佛教學大學院大學"日本古寫經研究所"落合俊典教授及其團隊、浙江大學李乃琦研究員,等等。另外,責任編輯崔蘭女史也爲本書的出版做了大量無私的工作,謹此一併致謝。

補記:本書有幸得到 2022 年度國家古籍整理出版項目資助,這裏也向素不相識的評審專家們致以誠摯的謝意。

邵天松
辛丑仲秋於幕府山下、揚子江畔

目　錄

創闢荒途，求法先驅——代前言 / 001

凡　例 / 001

高僧法顯傳一卷　廣 / 001

　　一、法顯昔在長安 / 001

　　二、乾歸國　褥檀國　張掖鎮 / 002

　　三、燉煌　沙河 / 004

　　四、鄯鄯國 / 007

　　五、焉夷國　沙行 / 010

　　六、于闐國 / 014

　　七、子合國　於麾國 / 022

　　八、竭叉國　度葱嶺 / 023

　　九、陀歷國 / 028

　　十、烏長國　宿呵多國 / 034

　　十一、揵陁衛國　竺剎尸羅國 / 038

　　十二、弗樓沙國 / 041

十三、那竭國 / 047

十四、度小雪山 / 057

十五、羅夷國　跋那國　毗荼國 / 058

十六、摩頭羅國 / 060

十七、僧伽施國 / 071

十八、罽饒夷城　沙祇大國 / 082

十九、拘薩羅國舍衛城 / 084

二十、都維、那毗伽等三邑 / 096

二十一、迦維羅衛城 / 098

二十二、藍莫國 / 104

二十三、拘夷那竭城　諸梨車欲逐佛般泥洹處 / 107

二十四、毗舍離國 / 110

二十五、五河合口 / 114

二十六、摩竭提國巴連弗邑 / 116

二十七、小孤石山　那羅聚落 / 124

二十八、王舍新城　瓶沙王舊城 / 125

二十九、伽耶城　貝多樹下 / 133

三十、雞足山　曠野 / 145

三十一、迦尸國波羅㮈城　拘睒彌 / 147

三十二、達嚫國 / 151

三十三、還到巴連弗邑 / 154

三十四、瞻波大國　多摩梨帝國 / 158

三十五、師子國 / 159

三十六、大塔　無畏山僧伽藍　貝多樹 / 162

三十七、王城及佛齒供養 / 165

三十八、跋提精舍 / 171

三十九、摩訶毗呵羅精舍 / 172

四十、天竺道人誦經　更得經本 / 177

四十一、自師子國到耶婆提國 / 182

四十二、自耶婆提歸長廣郡界 / 186

四十三、南下向都 / 190

四十四、結語 / 193

四十五、跋 / 195

附錄一　《法顯傳校注》校點獻疑 / 198

附錄二　《法顯傳》異體字匯纂 / 205

引用書目 / 223

主要參考書目 / 227

詞條索引 / 229

凡　例

一、本書校勘底本

本書以韓國海印寺藏高麗藏本（綫裝書局影印）爲底本（簡稱"麗本"）。高麗藏本係我國第一部刻本大藏經——北宋官刻開寶藏之覆刻本，且由高麗官方雕造。據卷首記載，麗本《法顯傳》雕造於高麗高宗丙午歲（1246）[①]。

二、本書參校版本

1. 北宋崇寧三年（1104）福州東禪寺雕造崇寧萬壽大藏本（簡稱"崇本"）。

2. 南宋紹興十八年（1148）福州開元禪寺雕造毗盧大藏本（簡稱"毗本"）。

3. 南宋紹興二年（1132）湖州思溪圓覺禪寺開雕思溪圓覺藏本（簡稱"圓本"）。

4. 南宋嘉熙三年（1239）湖州思溪法寶資福禪寺開印思溪資福藏本（簡稱"資本"）。

5. 南宋寶慶（1225—1227）初年平江府磧砂延聖院開雕磧砂藏本（簡稱"磧本"）。

6. 金皇統八年至大定十三年（1148—1173）之間刊刻的趙城金藏本（簡稱"金本"）。

7. 日本長寬二年（1164）滋賀縣石山寺藏古寫本（簡稱"石本"）。

8. 日本鐮倉初期（公元12世紀末至13世紀初）古寫本（簡稱"鐮本"）。

[①] 章巽在撰寫《法顯傳校注》一書時，囿於當時條件，僅以《大正藏》排印本（筆者按，《大正藏》以高麗藏爲底本）及足立喜六引文作爲高麗藏的替代，將其列入參校版本。

9. 日本平安時期(1175—1178)名古屋七寺藏古寫本(簡稱"七本")。

三、本書體例説明

1. 底本因訛誤而出校改者,均出校記。底本不誤,但與其他各本之間存在異文者,根據情況不同,區别對待:其他各本明顯有誤者,不出校記;其他各本有誤,但不甚明顯,出校記進行分析考辨;底本與其他各本之異文無法辨别正誤者,出校記客觀體現各本之不同。

2. 由於古代刻本、寫本文字與如今的通行文字存在較多差異,爲便於相關研究者使用底本及參校本的文字材料,同時,爲保留版本信息,校記中説明各版本特殊的異體字、俗字,並略作考釋。

3. 本書箋注中所舉書證,常見的諸子史籍類,省去朝代、作者。部分書證中異體字據詞條改爲通用字形。

4. 本書原無標題,未分章節。本書中標題係校箋者爲便於讀者翻檢查詢所加。

5. 本書在校釋過程中參考了前賢時彦的相關成果,如足立喜六《法顯傳考證》、長澤和俊《法顯傳譯注·解説——北宋本·南宋本·高麗大藏經本·石山寺本四種影印とその比較研究》、章巽《法顯傳校注》、吳玉貴《佛國記釋譯》、楊維中《新譯佛國記》。但囿於本書體例,不能在引用處一一注明,在此一併致歉並謹致謝忱。

高僧法顯傳一卷　廣[1]①

東晉沙門釋[2]法顯自記游天竺事

一、法顯昔在長安②

法顯昔在長安，慨律藏③殘缺，於是遂以弘始二年[3]，歲在己亥，與慧景、道整、慧應、慧嵬等同契④，至天竺尋求戒律。

【校勘】

[1] 高僧法顯傳一卷　廣：崇本無"高僧"二字，"廣"作"通"。毗本、圓本、資本同。金本作"昔道人法顯從長安行西至天竺傳一卷廣"。石本作"法顯傳一卷　自記"，七本作"法顯傳一卷"。

[2] 釋：崇本、毗本、圓本、資本無此字。

[3] 弘：麗本、金本作"弘"，石本、七本作"厷"。按，"弘"爲"弘"之避諱缺筆字，爲避北宋太祖趙匡胤之父趙弘殷諱而省。麗本及金本係北宋太祖開寶年間開刻之開寶藏之覆刻本，故保留了這一避諱字形。"厷"則爲"弘"之異體。因寫本中偏旁"弓""方"常混用，故"弘"

又可作"厷"。又,據章巽考證,"二年"當改爲"元年"。據《出三藏記集》《高僧傳》《歷代三寶記》《大唐内典錄》《古今譯經圖記》《開元釋教錄》等記載,法顯是於東晉隆安三年(399)從長安出發西行,這一年正爲後秦姚興弘始元年。其説可從。

【箋注】

① 廣:大藏經雕造時用以排序的千字文帙號之一。

② 法顯昔在長安:原書無標題,此係本書校箋者爲便於讀者翻檢查詢所加標題。後同。

③ 律藏:佛教經典一般分經、律、論三部分。經爲總説根本教義;律是記述戒規威儀;論則闡明經義,經、律、論合稱"三藏"。"律藏"即佛教經典中關於戒律的著作的總稱。

④ 同契:猶同志、同心。南朝宋劉義慶《幽明錄·丁諱》:"繾綣覿良宵,千載結同契。"

二、乾歸國　褥檀國　張掖鎮

初發迹①長安,度隴②,至乾歸國③夏坐[1]④。夏坐訖[2],前[3]至褥[4]檀國⑤。度養樓山⑥,至張掖[5]鎮⑦。張掖大亂,道路不通。張掖王慇勤[6]⑧,遂留,爲作檀越⑨。於是與智嚴、慧簡、僧紹、寶雲、僧景等相遇,欣於同志⑩,便共夏坐。

【校勘】

[1] 夏坐:石本作"复坐",七本作"憂坐"。按,"复""憂"均爲"夏"之形近而誤,"坐"爲"坐"之俗寫異體。

［2］訖：石本作"詑"，七本作"説"。

［3］前：崇本、毗本、圓本、資本、石本、七本均作"前行"。

［4］穋：崇本、毗本、圓本、資本作"稵"，石本、七本作"穋"。按，"稵""穋"均爲"穋"之異體。《集韻·沃韻》："穋稵：田治草也。或從禾。""穋"與"稵""穋"音同而通。《晋書·載記》卷二六亦作"傉檀國"，"傉"並音同而通。

［5］張掖：石本、七本作"旀夜"。按，"旀"爲"張"之俗寫異體。"方""弓"手寫易混，故從"弓"之字俗書常從"方"。日本古寫經寫本中多見，如"弥"（彌）寫作"旀"、"引"寫作"卪"、"弘"寫作"矼"、"弛"寫作"旎"等。

［6］張掖王慇勤：崇本、毗本作"張掖王改業"，圓本、資本作"張掖王慇懃"，金本同麗本，唯"慇"字爲避諱缺筆作"慇"，石本作"旀夜王叚業"，七本作"旀夜王叚葉"。

【箋注】

① 發迹：起程，起行。南朝梁釋僧祐《出三藏記集·朱士行傳》："遂以魏甘露五年，發迹雍州，西渡流沙。既至于闐，果寫得正品梵書，胡本九十章，六十萬餘言。"

② 隴：隴山。古時又稱隴阪、隴坻。位於今天陝西、甘肅、寧夏三省區交界之處。古人以爲是渭水、岷江發源地。《史記·天官書》："故中國山川東北流，其維，首在隴、蜀，尾没於勃、碣。"張守節正義："渭水、岷江發源出隴山，皆東北東入渤海也。"隴山也是古絲綢之路東段北道必經之地。

③ 乾歸國：魏晋南北朝時期十六國中西秦統治者乞伏乾歸所立之都城，位於今甘肅省蘭州市西。

④ 夏坐：佛教語，爲佛教修行制度之一，指印度佛教徒每年在夏季三個月的雨期中不外出，聚居一處，坐禪靜修。又稱安居、夏安居、雨安居、坐夏、坐臘。《大唐西域記》卷二："印度僧徒，依佛聖教，坐雨安居，或前三月，或後三月。前三月當此從五月十六日至八月十五日，後三月當此從六月十六日至九月十五日。前代譯經律者，或云坐

夏,或云坐臘。"安居之制始行於印度古代婆羅門教,後爲佛教所采用,恐雨季期間外出,踩殺地面之蟲類及草樹之新芽,招引世間非議,故聚集修行,避免外出。

⑤ 褥檀國:魏晉南北朝時期十六國中南涼之都城,位於今青海省西寧市。

⑥ 養樓山:足立喜六根據《水經注·河水》認爲養樓山即養女山,爲今青海省西寧市以北,大通河以南一帶之山脈。

⑦ 張掖鎮:此處張掖鎮指漢張掖郡郡治所在之永平縣,故址位於今甘肅省張掖縣西北四十里。

⑧ 慇勤:亦作"慇懃""殷勤",指情誼深厚之義。此句及後文大意可理解爲張掖王情誼深厚,挽留法顯等人,並願意供養法顯,爲其檀越。

⑨ 檀越:梵文 Dānapati 的音譯之節略,或譯作"陀那鉢底",意譯爲"施主",是佛教中對向寺院僧衆施捨財物、飲食者的敬稱。《南海寄歸內法傳》卷一:"梵云陀那鉢底,譯爲施主。陀那是施,鉢底是主。而云檀越者,本非正譯。略去那字,取上陀音,轉名爲檀,更加越字。意道由行檀捨,自可越渡貧窮。"

⑩ 同志:志趣相同;志向相同。《後漢書·卓茂傳》:"初,茂與同縣孔休、陳留蔡勳、安衆劉宣、楚國龔勝、上黨鮑宣六人同志,不仕王莽時,並名重當時。"

三、燉煌 沙河

夏坐訖,復進到燉煌[1]①。有塞②,東西可③八十里,南北四十里。共停一月餘日④。法顯等五人隨使先發,復與寶雲等別。燉煌太守李浩[2]⑤供給度沙河⑥。

沙河中多有惡鬼[3]熱[4]風⑦，遇[5]則皆死，無一全者。上無飛鳥，下無走獸[6]。遍望[7]極[8]目⑧，欲求度處，則莫知所[9]擬⑨，唯以死人枯骨爲幖幟[10]⑩耳。

【校勘】

［1］燉煌：崇本、毗本作"屯皇"，石本、七本作"乇皇"。按，"乇"爲"屯"之俗寫異體。漢碑中已見其例，敦煌寫卷中多見，如 S.2832《願文等範本·亡兄弟》："唯願諸親眷屬，三災霧卷，五福雲乇。""屯""燉"音同，《廣韻》反切均爲"徒渾切"，"屯皇"即"燉煌"之音借。

［2］浩：石本作"法"，七本作"结"，皆爲"浩"之形訛。

［3］惡鬼：麗本、金本、石本作"惡鬼"，七本作"慈鬼"，崇本、毗本、圓本、資本作"惡鬼"。

［4］熱：石本作"埶"，七本作"㓞"。按，"埶""㓞"均爲"熱"之異體。

［5］遇：金本、圓本、石本、七本同，崇本、毗本、資本作"過"。

［6］獸：麗本、金本、七本作"獸"，石本作"獸"。

［7］望：石本、七本作"朢"。按，"朢"爲"望"之異體，《佛教難字字典·月部》已收錄該字。

［8］極：石本、七本作"撨"。按，"撨"即"極"之異體。《佛教難字字典·木部》收錄"極"之異體"搋"，古籍用字中"灬"與"一"常混用，故"搋"亦可作"撨"。

［9］所：石本作"可"。

［10］幖：金本、石本、七本作"摽"，崇本、毗本、圓本、資本作"標"。"幟"：崇本、毗本、石本、七本作"識"。

【箋注】

① 燉煌：一般寫作"敦煌"。由於"敦"受"煌"字的影響，故類化作"燉"，以便在字形結構上與"煌"字取得一致。《漢書·地理志》"敦

煌郡"應劭注:"敦,大也。煌,盛也。敦,音屯。"文中燉煌即敦煌郡,治所在敦煌縣,故址位於今甘肅省敦煌市西黨河西岸,爲中原通往西域的門户。

② 塞:關塞,邊塞,指國境綫上屏隔内外的軍事建築。《廣韻·代韻》:"塞,邊塞也。"《左傳·僖公二十年》"凡啓塞從時"杜預注:"城郭墙塹謂之塞。"

③ 可:約略,大概。《韓非子·外儲説左上》:"可數百步,以馬爲不進,盡釋車而走。"

④ 一月餘日:猶一個多月。中古漢語中歷時一月常稱"一月日",歷時月餘常稱"月餘日"或"一月餘日"。《三國志·蜀志·先主傳》:"紹遣將道路奉迎,身去鄴二百里,與先主相見。駐月餘日,所失亡士卒稍稍來集。"南朝梁釋僧祐《出三藏記集·佛陀耶舍傳》:"於時羅什出《十住經》,一月餘日,疑難猶豫,尚未操筆。"

⑤ 李浩:即李暠。李暠時爲敦煌太守,是唐高祖李淵七世祖,唐代人爲了避諱,改"暠"爲"浩",後世沿襲之。

⑥ 沙河:指敦煌以西、鄯善國以東的沙漠地帶。沙常因風吹而流動似河,故名沙河。《漢書·地理志》《漢書·西域志》《三國志·魏志·東夷傳》《水經注·河水》中又稱白龍堆、白龍堆沙、三隴沙、三沙等。

⑦ 惡鬼熱風:謂沙漠環境之險惡,玄奘西行求法也有過類似的記載,《大慈恩寺三藏法師傳》卷一:"從此已去,即莫賀延磧,長八百餘里,古曰沙河,上無飛鳥,下無走獸,復無水草。……至沙河間,逢諸惡鬼,奇狀異類,遶人前後,雖念觀音不得全去。"又《大唐西域記》卷十二:"從此東行,入大流沙……乏水草,多熱風。風起則人畜惽迷,因以成病。時聞歌嘯,或聞號哭,視聽之間,恍然不知所至,由此屢有喪亡,蓋鬼魅之所致也。"也由此可見,處在沙漠極端惡劣的環境下,人有時候會出現幻覺,上述"惡鬼""鬼魅"或許就屬於這樣的幻覺。

⑧ 極目:指縱目,用盡目力遠望。東漢王粲《登樓賦》:"平原遠而極目兮,蔽荆山之高岑。"

⑨ 莫知所擬：擬，指向之義。《玄應音義》卷十六："擬，向也。"《漢書·蘇武傳》："復舉劍擬之，武不動。""莫知所擬"大意謂没有人知道路的方向。

⑩ 幖幟：本或作"標幟""標識""摽識"。古書"木""扌"二旁常常混用不别，故"摽"與"標"同。"幖"則爲"標"之古字，《説文·巾部》："幖，幟也。"段玉裁注："凡物之幖識亦曰徽識。今字多作標牓，標行而幖廢矣。""識"亦"幟"之古字，王引之《經義述聞·禮記上·故以其旗識之》："古旗幟字通作識。"故"幖幟""標幟""標識""摽識"並同，指記號、符號或標志物。三國魏嵇康《聲無哀樂論》："夫言非自然一定之物，五方殊俗，同事異號，舉一名以爲標識耳。"一本作"摽識"。

四、鄯鄯國

行十七日，計可[1]千五百里，得至鄯鄯[2]國①。其地崎嶇[3]②薄瘠[4]③，俗人④衣服粗⑤與漢地同，但以氈褐⑥爲異。其國王奉法，可有四千餘僧，悉小乘⑦學。諸國俗人及沙門⑧盡行天竺法，但有精麤[5]⑨。從此西行，所經諸國類皆⑩如是。唯國國胡語⑪不同。然出家人皆習天竺書、天竺語⑫。住此一月日⑬。

【校勘】

［1］計可：石本作"詞"。

［2］鄯鄯：崇本、毗本、圓本、資本作"鄯善"，石本、七本作"善善"。按，"鄯鄯""鄯善"皆通，爲古西域國名。但從出現的時間來看，

"鄯善"要早於"鄯鄯"。東漢班固《漢書·西域傳》中已見"鄯善"一詞:"鄯善國,本名樓蘭,王治扜泥城,去陽關千六百里,去長安六千一百里。"而"鄯鄯"最早則出現於南朝梁釋僧祐《出三藏記集·智猛法師傳》:"遂歷鄯鄯、龜兹、于闐諸國,備觀風俗。"但"鄯鄯"文獻中亦多見,如《慧琳音義》卷八十:"鄯鄯:蟬展反。西域國名也。"又卷八十九:"鄯鄯,音善。磧西蕃國名也。今安西四鎮,東鎮焉耆是也,西去安西七百里也。"可見,在文獻中兩詞並用已久。

[3] 崎嶇:石本、七本作"踦嶇"。

[4] 薄瘠:崇本、毗本作"薄齊",石本作"溥唐",七本作"薄𠼝"。按,"溥"當爲"薄"之形訛,"唐""𠼝"均爲"齊"之異體。"齊""瘠"均爲從母字,故可相通。

[5] 精麁:石本作"情庶",七本作"精䨲"。

【箋注】

① 鄯鄯國:據足立喜六、馮承鈞等人考證,法顯所至之鄯鄯國即指古樓蘭國都城扜泥城。故址位於今新疆若羌縣一帶。

② 崎嶇:亦可作"踦嶇"。形容地勢或道路高低不平。如漢張衡《南都賦》:"上平衍而曠蕩,下蒙籠而崎嶇。"《文選·潘岳〈西征賦〉》:"倦狹路之迫隘,軌踦嶇以低仰。"李善注引《廣雅》:"踦嶇,傾側也。"

③ 薄瘠:貧瘠,土地不肥沃。如《北史·高麗傳》:"人皆土著,隨山谷而居,衣布帛及皮。土田薄瘠,蠶農不足以自供,故其人節飲食。"本書中此處"薄瘠",足立喜六作"簿齊",認爲"齊與臍通,升之義。故簿齊爲菲薄高燥之謂"。然"簿齊"(薄齊)不詞,且文獻中未見其例,故其説不可從。

④ 俗人:佛教指未出家的世俗之人,與出家人相對。南朝梁釋慧皎《高僧傳·譯經下·求那跋摩》:"夫俗人迷於遠理,沙門滯於近教。迷遠理者,謂至道虛説;滯近教者,則拘戀篇章。"

⑤ 粗:略微。《文選·張衡〈東京賦〉》:"值余有犬馬之疾,不能究其精詳,故粗爲賓言其梗概如此。"李善注引薛琮曰:"粗,猶略也。"

⑥ 氈褐:足立喜六云:"石本作补褕。恐係衸裰之譌。"按,其説不

確,石本中此處文字有蟲蛀殘缺之迹,前字爲㭊,後字爲䄄。仔細分辨,前字當爲"栴"字之殘,後字當爲"褐"之殘。古籍中"木""扌"旁常不別,而"方""扌"旁亦常相混,故"木"旁與"方"亦可混用,"栴"即"旃"也。"旃"又與"氈"通,朱駿聲《説文通訓定聲·乾部》:"旃,叚借爲氈。"因此,"氈褐""旃褐"皆通,即毛衣之義。《慧琳音義》卷一百:"氈褐:上戰然反。《説文》從毛,亶聲。傳作旃,亦通。下寒遏反。毛詩傳云:褐,毛布,撚氁毛織爲衣也。從衣,曷聲。曷音同上也。"《經律異相》卷二十二:"今生此貧家,襄草之物以爲氈褐。"七本作"襩褐",亦"氈褐"。古文中"衤""礻"旁常不別,故"褐"可作"禍","襩"或爲"栴"之俗寫"栴"涉後字偏旁而類化的訛字。

⑦ 小乘:佛教語。梵文 Hīnayāna 的意譯。指小乘佛教。早期佛教的主要流派,注重修行、持戒,以求得"自我解脱"。公元1世紀左右,佛教中出現了主張"普度衆生"的新教派,自稱"大乘",而稱原有的教派爲"小乘"。"大乘""小乘"之"乘"一般認爲有運載、乘載之義,讀音爲 chéng。如隋慧遠《大乘起信論義疏》上之上:"所言乘,運載爲義……言行乘者自運運他,故名爲乘。"辛島靜志通過梵漢對勘指出:"'大乘'(mahāyāna)、'小乘'(hīnayāna)、'佛乘'(buddhayāna)等的'乘'的原語'yāna'沒有'運載、乘載'之義。梵文 yāna 有'移動、步行、旅行;道路、途徑;馬車、船等運載工具'等意思。所謂 mahāyāna、hīnayāna、buddhayāna 等的 yāna 意爲'(把衆生運到解脱的)車乘',具體指六波羅蜜等修行或佛的教法。"因此"乘"的讀音應爲 shèng。

⑧ 沙門:吐火羅文 ṣāmaṃ 的音譯,梵文作 śramaṇa,巴利文作 samana。或譯爲"娑門""桑門""喪門"等,意譯爲息心、勤息、靜志等。原爲古印度反婆羅門教思潮各個派別出家者的通稱,佛教盛行後專指佛教僧侶。東晉袁宏《後漢紀·孝明皇帝紀下》:"浮屠者,佛也。……其精者,號爲沙門。沙門者,漢言息心也,蓋息意去欲而歸於無爲也。"《翻譯名義集·釋氏衆名篇》:"沙門,或云桑門,或名沙迦懣曩,皆訛。正言室摩那拏,或舍羅磨拏。此言功勞,言修道有多勞也。什師云:佛法及外道,凡出家者,皆名沙門。肇云:出家之都名也。"

⑨ 精麁:亦作"精麤"。謂精細和麤疏。南朝梁釋僧祐《弘明集·孔稚珪書》:"斯則精麤遠近,實有慚於大方矣。"

⑩ 類皆:大多。《三國志·魏志·衛臻傳》:"臣每察校事,類皆如此,懼群司將遂越職,以至陵遲矣。"

⑪ 胡語:中國稱北方少數民族爲"胡",稱西方少數民族爲"西胡"。後對西域葱嶺内外各族都稱爲"西胡",亦簡稱作"胡"。文中"胡語"即指西方各胡族所使用的語言。

⑫ 天竺書、天竺語:指古印度的文字和語言。"書"有文字之義,清王筠《説文句讀·聿部》:"書,書寫其本義也,因而所寫之字謂之書。"《史記·項羽本紀》:"項籍少時,學書不成,去,學劍,又不成。項梁怒之。籍曰:'書,足以記名姓而已。劍,一人敵,不足學,學萬人敵。'"

⑬ 一月日:即一個月。參見本書"三、燉煌 沙河"中"一月餘日"條箋注(第6頁)。

五、 焉夷國 沙行

復西北行十五日,到焉夷[1]國①。僧[2]亦有四千餘人,皆小乘學,法則②齊整。秦土③沙門至彼都,不豫其僧例也[3]。法顯得符行堂公孫[4]經[5]理④,住二月餘日。於是還與寶雲等共合[6]⑤。焉夷國人不修禮儀[7]⑥,遇客[8]⑦甚薄⑧,智嚴、慧簡[9]、慧嵬遂返向高昌[10]⑨,欲求行資⑩。法顯等[11]蒙符公孫供給,遂得直進。西南行,路中無居民,涉行[12]⑪艱難,所經之苦,人理莫比[13]⑫。

【校勘】

［1］焉：麗本作"烏"，金本作"隔"，崇本、毗本、圓本、資本作"偽"。石本作"偽"，章巽釋作"偽"，認爲即"偽"字。按，細辨石本"偽"字，其右半當爲"烏"，當爲"烏"之形訛，故石本"偽"應釋作"偽"，與崇本、毗本、圓本、資本等同。七本作"偽"，亦爲"偽"。"夷"，金本作"夷"，石本作"夷"，七本作"夷"，均爲"夷"之變體。"夷""夷"均爲"夷"之異體，魏晉碑刻中已見。諸本作"烏夷""偽夷"均不確，金本作"隔夷"，庶幾近之。伯希和《說吐火羅語》一文指出，西域古國"焉耆"（或作"焉夷"）唐以後常被竄改"烏耆""烏夷""偽夷"等，並通過《慧琳音義》《可洪音義》《水經注》等材料證明，"《法顯傳》原文必是'焉夷'"。其說可從，據改之。

［2］僧：崇本、毗本、圓本、資本、石本、七本"僧"前有"偽夷國"三字。

［3］秦土沙門至彼都，不豫其僧例也：崇本、毗本、石本、七本無此十三字。"豫"，圓本作"預"。又，本句末"也"字，圓本無。按，足立喜六認爲此句爲後人所竄加，湯用彤持不同意見："按此謂偽夷國（應爲焉夷國）戒律齊整，中國沙門來，不能入其僧伽，受供給。法顯到此，幸而有符公孫之經理，而得住二月餘。北宋版缺'不預僧例'一句，遂使人不能明了何以法顯需受符公孫之供給，因此北宋本缺此十二字，實是刊印脫誤，並非麗本（及他本）刊行時此十二字自他處竄入。"湯說可從。"豫""預"古通，乃"與"之假借，表示參與之義。朱駿聲《説文通訓定聲・豫部》："豫，叚借爲與。"《後漢書・宦者傳・蔡倫》："及和帝即位，轉中常侍，豫參帷幄。"

［4］符行堂公孫："符"，石本、七本作"苻"。"堂"，麗本、金本作"當"，崇本、毗本、圓本作"堂"，石本、七本亦作"堂"。按，古籍中"竹""艸"旁常混用不別，故"符"即"苻"。"土"字俗寫常加點作"圡"，故"堂"亦作"堂"。"符行當公孫"一語殊難理解，足立喜六、章巽等人均有不同訓解。馬雍《〈法顯傳〉中之"苻行堂公孫"》一文認爲，"苻行堂"之"堂"乃"唐"字之誤，"苻行堂"指前秦苻堅之從弟"行唐公"苻洛。"行唐"爲苻洛受封之邑名，苻洛被流放涼州，後被涼州刺史梁熙

所殺。其子孫遂逃亡西域,自是很有可能的。如此,則供養法顯者或爲"行唐公"苻洛之孫。吳玉貴、楊維中亦從此說。其說可從,因據改。

［5］經:金本無此字。

［6］合:崇本、毗本、圓本作"爲"。

［7］禮儀:金本作"礼儀",石本、七本作"礼義",崇本、毗本、圓本作"禮義"。

［8］遇客:石本作"過容",七本作"遇容"。

［9］简:石本、七本作"蘭"。

［10］遂返向高昌:金本作"遂返向高昌國",崇本、毗本作"遂返遷向唱",石本、七本作"遂反遷向唱"。按,石本、七本"遷"當爲"遷"俗寫之形訛。

［11］法顯等:石本作"法顯法等"。按,石本後一"法"字當爲衍文。

［12］涉行:崇本、毗本、資本、磧本、石本、七本作"沙行"。

［13］比:七本作"沙"。

【箋注】

① 焉夷國:即焉耆國,故址位於今新疆焉耆縣境內。

② 法則:制度,法度。《荀子·王制》:"本政教,正法則,兼聽而時稽之。"

③ 秦土:漢代西域諸國沿用秦朝之名,稱中國爲"秦"。《漢書·西域傳》:"匈奴縛馬前後足,置城下,馳言'秦人,我句若馬。'"顏師古注:"謂中國人爲秦人,習故言也。"這一稱呼後傳入印度,中國本土佛教徒受此影響,也將中國稱爲"秦""秦土"或"秦地",如南朝梁釋僧祐《出三藏記集·釋道安〈鞞婆沙序〉》:"余欣秦土忽有此經,挈海移岳,奄在茲域,載玩載詠,欲疲不能。"南朝梁釋慧皎《高僧傳·譯經下·智嚴》:"彼諸道俗聞而歎曰:'秦地乃有求道沙門矣!'"

④ 經理:照料,料理。《後漢書·曹褒傳》:"時有疾疫,褒巡行病徒,爲致醫藥,經理饘粥,多蒙濟活。"

⑤ 共合：即會合之義，如南朝梁僧旻、寶唱等集《經律異相》卷二十六："時佛乃笑，口氣光炎，照無數刹，上昇虛空，與香共合。"北魏慧覺等譯《賢愚經·梨耆彌七子品》："共合兵馬，欲爲報仇。軍衆雲集，圍繞王宫。時王恐怖，退向佛所。"（4－401b）

⑥ 禮儀：禮節和儀式。《魏書·天象志》："時帝方修禮儀，正喪服，以經人倫之化，竟未就而崩。"

⑦ 遇客：即待客。"遇"有"對待"之義。《管子·任法》："奇術技藝之人，莫敢高言孟行，以過其情，以遇其主矣。"尹知章注："遇，待也。"《史記·淮南衡山列傳》："且吾高祖孫，親行仁義，陛下遇我厚，吾能忍之；萬世之後，吾寧能北面臣事竪子乎！"

⑧ 薄：刻薄，不厚道。《史記·商君列傳》："商君，其天資刻薄人也。"司馬貞索隱："刻，謂用刑深刻；薄，謂弃仁義，不悃誠也。"

⑨ 高昌：西域古地名，故址位於今新疆吐魯番縣以東約五十公里的勝金口之南，哈喇和卓堡和阿斯塔那堡之間。高昌本爲漢車師前部之高昌壁，亦名高昌壘。晋咸和中，前凉張駿置高昌郡。

⑩ 行資：旅費。《魏書·張普惠傳》："普惠既爲澄所知，歷佐二藩，甚有聲譽。旋京之日，裝束藍縷，澄賚絹二十匹以充行資。"北魏楊衒之《洛陽伽藍記·凝圓寺》："宋雲與惠生割捨行資，於山頂造浮圖一所，刻石隸書，銘魏功德。"

⑪ 涉行：章巽根據《水經注·河水》引文改"涉行"爲"沙行"，引趙一清《水經注箋刊誤》云："箋曰：'沙行，一本作涉行。'按：沙行，言行沙磧中也，涉字義非。"今按，"涉行"義亦可通。足立喜六引《大唐西域記》卷十二："媲摩川東入沙磧，行二百餘里至尼壤城，周三四里，在大澤中。澤地熱濕，難以履涉。蘆草荒茂，無復途徑。唯趣城路，僅得通行，故往來者莫不由此城焉。而瞿薩旦那以爲東境之關防也。"並指出，法顯由焉夷國至于闐國之路似由焉夷國向西南，横度戈壁沙漠，再溯媲摩河，出尼壤城，過媲摩城，然後到達于闐。"是則涉行艱難，非不適當。"如果據此理解，"涉行"當爲涉水前行之義。所涉之水即尼壤城附近的大澤，"涉行艱難"正如《大唐西域記》中所云"澤地熱濕，難以履涉"。

⑫ 比：相同，等同。《詩經·小雅·六月》："比物四驪，閑之維則。"陸德明釋文："比，齊同也。"本句中"人理莫比"意謂所經歷的艱苦，人之常理中沒有與之相同的。

六、于闐國

在道一月五日，得到于闐[1]①。其國豐樂②，人民殷盛[2]③，盡皆奉法，以法樂相娛。衆僧乃數萬人，多大乘④學，皆有衆食⑤。彼國人民星居[3]，家家門前皆起⑥小塔，最[4]小者可高二丈許。作四方僧房，供給客僧及餘所須[5]。國主安頓[6]⑦供給[7]法顯等於僧伽藍⑧。僧伽藍名瞿摩帝⑨，是大乘寺，三千僧共揵搥[8]⑩食。入食堂時，威儀齊肅⑪，次第⑫而坐，一切寂然[9]，器鉢無聲。淨人⑬益食⑭不得相喚，但以手指麾[10]⑮。慧景、道整、慧達先發[11]，向竭叉[12]國⑯。法顯等欲觀行像⑰，停三月日。

【校勘】

[1] 闐：石本、七本作"殿"。

[2] 殷盛：石本作"慇盛"，七本作"殷盛"。

[3] 星居：崇本、毗本無此二字。石本、七本作"星"。

[4] 最：石本、七本作"冣"。按，"冣"即"最"之異體。《廣韻·泰韻》云："最，極也。俗作冣。"《説文解字注·冃部》："最，俗作冣，六朝如此作。"

[5] 所須：七本作"可須"。

［6］安頓：崇本、毗本、圓本、資本、磧本作"安堵"。

［7］供給：金本同，崇本、毗本、圓本、資本、磧本、石本、七本無此二字。

［8］揵搥：崇本、毗本、圓本、資本、磧本作"犍槌"。

［9］寂然：七本作"寂"。

［10］麾：麗本原作"摩"，金本、七本同，石本作"靡"，崇本、毗本、圓本、資本、磧本作"麾"。按，"指摩"不詞，當作"指麾"爲是。故據改。

［11］先發：石本作"無發"，七本作"元發"。

［12］叉：崇本、毗本、圓本、資本、磧本作"义"。按，"叉"之異體可作"义"。《字鑑·平聲·麻韻》："叉，……俗作义。"

【箋注】

① 于闐：亦作"于寘"，古西域國名。《大唐西域記》中稱之爲"瞿薩旦那國"。故址位於今新疆和田。

② 豐樂：歲豐熟，民安樂。意即富饒安樂。《詩經·大雅·旱麓》："瞻彼旱麓，榛楛濟濟。"漢鄭玄箋："喻周邦之民，獨豐樂者，被其君德教。"

③ 殷盛：衆多。唐封演《封氏聞見記·貢舉》："玄宗時，士子殷盛，每歲進士到省者，常不減千餘人。"

④ 大乘：佛教語。梵文 Mahāyāna 的意譯，音譯作"摩訶衍那"。公元1世紀左右形成佛教派別。強調利他，普度一切衆生，提倡以"六度"爲主的"菩薩行"。參見本書"四、鄯鄯國"中"小乘"條箋注（第9頁）。

⑤ 衆食：以饌食供養僧衆。《大唐西域記》卷十一云："王宮側建大厨，日營萬八千僧食。食時既至，僧徒持鉢受饌，既得食已，各還其居。"本書"師子國"條亦述衆食之制，可參看。

⑥ 起：興建，建造。南朝宋劉義慶《世說新語·豪爽》："明帝欲起池臺，元帝不許。"

⑦ 安頓：本或作"安堵"，足立喜六云："安頓，義同安堵。此處用爲他動詞。"按，安堵，猶按堵，即安居之義。《史記·田單列傳》："即

墨即降,願無虜掠吾族家妻妾,令安堵。"漢陳琳《檄吳將校部曲文》:"百姓安堵,四民反業。"因文獻中罕有"安堵"後加賓語的用例,故足立氏特別說明"此處用爲他動詞"。而安頓義爲安排、安置,後可接賓語。故作"安頓"則於義爲長。

⑧ 僧伽藍:即僧伽藍摩,亦簡稱伽藍,梵文 saṃghārāma 的音譯。意譯作"衆園",指僧衆所住之園林也。即今之佛教寺院。

⑨ 瞿摩帝:梵文 Gomati 的音譯,爲古代于闐著名的佛寺之名。足立喜六認爲,梵文瞿(go)爲牡牛之義,摩帝(mati)爲糞。瞿摩帝(Gomati)猶言牛糞。古代印度視牛爲神聖,造壇之際以牛糞塗之,故瞿摩帝爲清淨之義。

⑩ 揵搥:亦作揵椎、揵稚、揵迟等,均爲梵文 ghaṇṭā 的音譯,指寺院中以金屬或木製而成,能擊打發出聲響以集衆或消災的器物,如木魚、鐘、磬之類。《釋氏要覽·雜記》"揵稚"條云:"今詳律,但是鐘磬、石板、木板、木魚、砧搥,有聲能集衆者,皆名揵稚也。"

⑪ 威儀齊肅:威儀,佛教語,謂行、坐、住、臥爲四威儀。泛指舉止動作的種種律儀規範。齊肅,整齊嚴肅。《三國志·吳志·吳主傳》:"曹公望權軍,歎其齊肅,乃退。"

⑫ 次第:原指次序、順序。這裏表示按照順序、依次。

⑬ 淨人:指在寺院擔負勤雜勞務的非出家人員。東晋佛陀跋陀羅共法顯譯《摩訶僧祇律》卷三十一:"比丘不得自煮食,若病,應使淨人煮。"(22-477c)

⑭ 益食:益,增加。益食即增加食物,猶今日所云添飯之義。

⑮ 指麾:即"指揮",以手或手持物揮動示意。《鶡冠子·博選》:"憑几據杖,指麾而使,則厮役者至。"

⑯ 竭叉國:古西域國名。其國故址尚存在爭議。章巽綜合諸家觀點認爲,竭叉國王城故址當在今新疆塔什庫爾干塔吉克自治縣。

⑰ 行像:指用寶車載着佛像巡行城市街衢的一種宗教儀式,也稱行城。一般多在佛生日舉行,西域也有在其他節日舉行的。

其國中十四大僧伽藍[1]，不數小者。從四月一日，城裏便掃灑道路，莊嚴①巷陌②。其城門上張大幃幕[2]③，事事嚴飾[3]④，王及夫人、婇[4]女⑤皆住其中。瞿摩帝僧是大乘學，王所敬重，最先行像。離城三四里，作四輪像車[5]，高三丈餘，狀如行殿⑥，七寶⑦莊挍⑧，懸繒幡蓋⑨。像立車中，二菩薩侍，作諸天⑩侍[6]從，皆以[7]金銀彫瑩⑪，懸於虛空⑫。像去門百步，王脱天冠[8]⑬，易著新衣，徒跣持花[9]、香，翼從⑭出城迎像，頭面禮足⑮，散花[10]燒香。像入城時，門樓上夫人、婇女遥散衆花[11]，紛紛而下。如是莊嚴供具⑯，車車[12]各異。一僧伽藍則一日行像。自[13]月一日爲[14]始，至十四日，行像乃訖。行像訖，王及夫人乃還宮耳。

【校勘】

[1] 十四大僧伽藍：麗本、金本原作"有四大僧伽藍"，石本、七本作"四大僧伽藍"，崇本、毗本、圓本、資本、磧本作"十四大僧伽藍"。後文云："一僧伽藍則一日行像，……至十四日，行像乃訖。"據此，當以"十四大僧伽藍"爲是。故據改。

[2] 幃幕：崇本、毗本、圓本、資本作"幃幕"，石本作"幃幎"、七本作"幃幎"。按，俗寫中偏旁"巾""忄""十"常混用，故"幃""幃""幃"均爲"幃"之俗字。"幎"當是涉"幃"偏旁類化之異體字，即"幎"。"幎"又爲"幕"之異體。《玉篇·巾部》："幕，覆上曰幕。亦作幎。""幎"爲"摸"，當爲"幎"之訛。

[3] 飾：崇本、毗本、圓本、資本、石本、七本作"飾"。按，飾同飾，《玉篇·食部》："飾，同飾。俗。"

[4] 婇：崇本、毗本、圓本、資本、七本作"采"，石本作"綵"。後同。

[5] 車：石本作"事"。

[6] 侍：石本作"傳"。

[7] 以：崇本、毗本、圓本、資本、磧本、石本、七本無此字。

[8] 冠:金本、石本作"冠"。按,"冠"爲"冠"之異體,六朝碑刻中多見,如北魏正始二年《李蕤墓志》中"冠"即作冠,隋《蕭瑒墓志》中"冠"亦作冠。

[9] 花:崇本、毗本、圓本、資本、磧本、石本、七本作"華"。

[10] 散花:崇本、毗本、圓本、資本、磧本、石本、七本作"散華"。

[11] 衆花:崇本、毗本、圓本、資本、磧本、石本、七本作"衆華"。

[12] 車車:石本作"車事"。

[13] 自:崇本、毗本、圓本、資本、磧本作"白"。

[14] 爲:崇本、毗本、石本、七本無此字。

【箋注】

① 莊嚴:裝飾,美化。東漢竺大力共康孟詳譯《修行本起經》:"迎遮迦越王法,莊嚴國土,面四十里,平治道路,香汁灑地。"(3－461c)西晉竺法護譯《正法華經》卷七:"講堂精舍,樓閣室宅,校飾莊嚴,皆以七寶。"(9－115a)

② 巷陌:街巷的通稱。《南齊書·東昏侯紀》:"巷陌懸幔爲高障,置仗人防守,謂之'屏除'。"

③ 幃幕:即帷幕,乃帷幔、帳幕之義。《後漢書·文苑傳·趙壹》:"時諸計吏多盛飾車馬帷幕,而壹獨柴車草屏,露宿其傍,延陵前坐於車下,左右莫不歎愕。"

④ 嚴飾:裝飾,美飾。東漢曇果共康孟詳譯《中本起經》卷二:"時父王飯佛及比丘僧,嚴飾幢幡,極世之珍,城内整頓,煒煒煌煌。"(4－163b)

⑤ 婇女:宮女。三國吳康僧會譯《六度集經》卷五:"吾爲國王,國大民多,宮寶婇女,諸國爲上,願即響應,何求不得?"(3－28a)

⑥ 行殿:可以移動的宮殿。這裏指一種安穩的大車。《北史·宇文愷傳》:"又造觀風行殿,上容衛者數百人,離合爲之,下施輪軸,推移倏忽,有若神功。"

⑦ 七寶:佛教中指七種珍寶。佛經中説法不一,如《法華經》以金、銀、琉璃、硨磲、瑪瑙、真珠、玫瑰爲七寶;《無量壽經》以金、銀、琉

璃、珊瑚、琥珀、硨磲、瑪瑙爲七寶。

⑧ 莊挍：亦作"莊校"。"挍"爲"校"之異體。莊，莊嚴、裝飾；校，校飾。莊校同義連文，亦裝飾之義。西晉竺法護譯《正法華經》卷三："其佛世界，快樂安隱清淨鮮潔，紺色琉璃以爲其地，諸樹華實七寶合成，普以真珠衆華莊校，平等端嚴衆寶具足。"(9-88a)

⑨ 繒幡蓋：繒，古代絲織品的總稱。《漢書·灌嬰傳》："灌嬰，睢陽販繒者也。"顏師古注："繒者，帛之總名。"幡爲旗幟，蓋爲華蓋，幡蓋泛指幡幢華蓋之類。《南齊書·高帝紀上》："至是又上表禁民間華僞雜物：不得以金銀爲箔……不得用紅色爲幡蓋衣服。"

⑩ 諸天：天爲梵文 Deva 的意譯，音譯作"提婆"，本爲古印度婆羅門教中的神靈，佛教亦加以吸收，指天神。這裏諸天即指佛教中諸天神。

⑪ 彫瑩：雕刻琢磨。彫，有雕刻、雕琢之義，《説文·彡部》："彫，琢文也。"瑩，亦有琢磨之義，《説文·玉部》："瑩，玉色也。"段玉裁注："謂玉光明之皃。引伸爲磨瑩。"《慧琳音義》卷三："磨瑩，……《字書》：細磨曰瑩，或作鎣。"故彫瑩同義連文。

⑫ 虛空：天空，空中。《晉書·天文志上·天體》："日月衆星，自然浮生虛空之中，其行其止皆須氣焉。"

⑬ 天冠：即"通天冠"之簡稱，指古代帝王戴的帽子。南朝梁僧旻、寶唱等集《經律異相》卷三十三："王聞告大臣云：'我弟於外道生信，當以方便令得正解。我欲澡洗，應入浴室，卿可以天冠服飾莊嚴我弟，令登我座。'"

⑭ 翼從：輔翼隨從。《三國志·蜀志·郤正傳》："明年正月，鍾會作亂成都，後主東遷洛陽，時擾攘倉卒，蜀之大臣無翼從者，惟正及殿中督汝南張通，捨妻子單身隨侍。"

⑮ 頭面禮足：以頭部及面部叩禮佛足，是佛教中的最高禮節。後秦鳩摩羅什譯《大智度論》卷十："何以名頭面禮足？答曰：人身中第一貴者頭，五情所著而最在上故；足第一賤，履不淨處，最在下故。是故以所貴禮所賤，貴重供養故。"(25-130c)

⑯ 供具：原爲動詞，表示備供酒食，具設食具、食物之義。後爲

佛教所吸收,指供養佛和菩薩的物品,又稱"供物"。佛教中供具主要分爲兩種:一種屬於廣義的,即包含佛殿中的"莊嚴具"和精神上的供養,如後秦鳩摩羅什譯《妙法蓮華經》卷四云:"於此經卷敬視如佛,種種供養——華、香、瓔珞、末香、塗香、燒香、繒蓋、幢幡、衣服、伎樂,乃至合掌恭敬。"(9-30c)另一種屬於狹義的,則是殿中供養,代表性的説法是《蘇悉地羯羅經·供養次第法品》中所提到的"五種供養":塗香(表示持戒)、施花(表示布施)、燒香(表示精進)、飲食(表示禪定)、燃燈(表示智慧),再加上《大毗盧遮那成佛神變加持經·入漫荼羅具緣真言品》補充的一種——"閼伽"(淨水,表示忍辱),共六種供具,以此和六度(六波羅蜜)相配。

其城西七八里有僧伽藍,名王新寺①。作來八十年,經三王方成。可②高二[1]十五丈,彫文刻鏤,金銀覆上,衆寶合成。塔後作佛堂,莊嚴妙好③,梁柱、户扇④、牎[2]牖⑤皆以金薄⑥。别⑦作僧房,亦[3]嚴麗整飾⑧,非言可盡。嶺東六國⑨諸王,所有上價[4]⑩寶物多作供養,人用者少。

【校勘】

　　[1] 二:七本作"三"。

　　[2] 牎:崇本、毗本、圓本、資本、磧本作"窻",石本作"窓",七本作"忽"。按,"牎""窻""窓"皆"窗"之異體,七本作"忽",當爲"窻"之誤。

　　[3] 亦:石本無此字。

　　[4] 價:石本、七本作"賈"。

【箋注】

　　① 王新寺:《大唐西域記》卷十二:"(于闐)王城西五六里,有娑摩若僧伽藍。中有窣堵波,高百餘尺,甚多靈瑞,時燭神光。"章巽、季羨林等均認爲法顯所見王新寺即玄奘所見之娑摩若僧伽藍。據斯坦

因在其《古代于闐》一書中考證,王新寺遺址位於姚頭岡以西約一英里的 Somiya 村。按,斯坦因所說姚頭岡即今新疆維吾爾自治區和田市巴格其鎮的約特干(Yotkan)遺址,該遺址往西有索米村,蓋斯坦因所言之 Somiya 村。

② 可:大約。唐張鷟《朝野僉載》:"資州資陽縣清弓村山有大石,可三間屋大。"

③ 莊嚴妙好:莊嚴,指建築物壯盛嚴整。《宋書·夷蠻傳·訶羅陁國》:"城郭莊嚴,清淨無穢。"妙好,精巧美好。東漢曇果共康孟詳譯《中本起經》卷一:"迦葉游觀,見池邊兩石,怪而問佛:'今此池邊兩石妙好,此從何出?'"(4-151b)

④ 户扇:户,原指單扇門。《玉篇·户部》:"一扉曰户,兩扉曰門。"户扇即門扇,泛指門。北周庾信《鏡賦》:"始摺屏風,新開户扇。朝光晃眼,早風吹面。"

⑤ 牕牖:亦寫作"窗牖",即窗户。漢枚乘《雜詩》之五:"盈盈樓上女,皎皎當窗牖。"

⑥ 金薄:亦作"金箔",指黃金搥成的薄片。常用以貼飾器物或佛像等。南朝梁宗懍《荆楚歲時記》:"正月七日爲人日,以七種菜爲羹。翦綵爲人,或鏤金薄爲人,以貼屏風,亦戴之頭鬢。"

⑦ 別:另外。《史記·高祖本紀》:"齊軍歸,楚獨追北,使沛公、項羽別攻城陽,屠之。"

⑧ 整飾:整齊有序。南朝梁釋僧祐《出三藏記集·求那毗地傳》:"於建業淮側造正觀寺,重閣層門,殿房整飾,養徒施化,德業甚著。"

⑨ 嶺東六國:嶺東,即葱嶺以東。足立喜六、賀昌群、章巽等均認爲嶺東六國乃指鄯善、且末(今新疆且末縣附近)、精絶(今新疆民豐縣北)、扜彌(今新疆于闐縣附近)、于闐、莎車(今新疆莎車縣)。吳玉貴則認爲此處嶺東六國當爲法顯從長安出發至于闐國一路所經之六國:乾歸國(西秦)、耨檀國(南凉)、張掖鎮(西凉)、鄯善國、焉夷國、于闐國,"不必在此之外再尋六國"。吳說可從。

⑩ 上價:亦作"上賈",即高價之義。《漢書·張禹傳》:"及富貴,

多買田至四百頃,皆涇、渭溉灌,極膏腴上賈。"顏師古注:"賈讀曰價。"

七、子合國　於麾國

既過四月行像,僧韶①一人隨胡道人②向罽[1]賓③。法顯等進向子合國④。在道二十五日,便到[2]其國。國王精進⑤,有千餘僧,多大乘學。住此十五日已⑥,於是南行四日,至[3]葱嶺山⑦,到於麾國⑧安居⑨。

【校勘】

[1] 罽:麗本、金本、崇本、毗本、圓本、資本、磧本作"罽"、石本作"罽",七本作"罽"。按,"罽""罽""罽"均爲"罽"之異體。

[2] 到:石本、七本無此字。

[3] 至:崇本、毗本、圓本、資本、磧本作"入",石本、七本無此字。

【箋注】

① 僧韶:即法顯之前在張掖所遇到的僧紹。

② 胡道人:胡,指西域諸國。道人,這裏指佛教僧人。錢大昕《十駕齋養新錄·道人道士之別》:"六朝以道人爲沙門之稱,不通於羽士。……《南史·宋宗室傳》前稱慧琳道人,後稱沙門慧琳,是道人即沙門。"胡道人即指西域僧人。

③ 罽賓:"賓",同"賓"。罽賓(賓)即梵文 kaśmīra 的音譯,玄奘譯爲迦濕彌羅國,並指出"舊曰罽賓,訛也"。即今之克什米爾。

④ 子合國:又作子合、朱駒波、悉居半、朱俱波、斫駒伽等,故址

在今新疆喀什地區的葉城縣。

⑤ 精進：佛教語。爲"六波羅蜜"之一。梵文 vīrya 的意譯。謂堅持修善法，斷惡法，毫不懈怠。

⑥ 已：完畢。《戰國策·齊策》："左右惡張儀，曰：'儀事先王不忠。'言未已，齊讓又至。"

⑦ 蔥嶺山：即蔥嶺，古代對今帕米爾高原和昆崙山天山西段的統名。漢代屬西域都護統轄，唐代屬安西都護府。《漢書·西域傳》："東則接漢，阸以玉門、陽關，西則限以蔥嶺。"顏師古注引《西河舊事》云："蔥嶺其山高大，上悉生蔥，故以名焉。"

⑧ 於麾國：具體位置不詳。章巽認爲其故址在今奇盤莊（按，一作棋盤莊，今爲新疆葉城西南棋盤鄉）西南庫拉瑪特山口更西南之葉爾羌河中上游一帶。

⑨ 安居：佛教語。又稱坐夏或坐臘。僧徒每年在雨季三個月内不外出，静心坐禪修學。安居的日期，因各地氣候不同，亦不一。《大唐西域記》卷一："而諸僧徒以十二月十六日入安居，三月十五日解安居，斯乃據其多雨，亦是設教隨時也。"

八、竭叉國　度蔥嶺

安居已，山[1]行①二十五日，到竭叉國，與慧景等合。值其國王作般遮越師②。般遮越師，漢言五年大會也。會時請四方沙門，皆來雲集。集[2]已，莊嚴眾僧[3]坐處，懸繒幡[4]蓋，作金銀蓮華，著僧座[5]後，鋪淨坐具③。王及群臣如法④供養[6]。或一月、二月，或三月，多在春時。王作會已，復勸諸群臣設[7]供供養[8]，或一日、二日、三日、五日乃至七日。

供養都⑤畢,王以所乘馬鞍[9]勒⑥自副,使國中貴重臣騎之,并諸白氎[10]⑦、種種珍寶、沙門所須之物,共諸群臣,發願⑧布施⑨衆僧。布施僧已,還從僧贖。

【校勘】

［1］山:崇本、毗本、圓本、資本、磧本作"止",石本、七本作"上"。

［2］集:崇本、毗本、資本、磧本無此字。

［3］僧:崇本、毗本無此字。

［4］幡:磧本作"旛"。按,"旛"即"旛"之省形異體,"旛"又爲"旛"之省形。"旛",同"幡"。《説文・㫃部》:"旛,幅胡也。從㫃番聲。"段玉裁注:"幡即旛之俗。"

［5］僧座:崇本、毗本、資本、磧本作"繒座",七本作"僧坐",石本作"坐"。

［6］養:七本作"飬供"。按,"飬"諸字書未收,當爲"養"之異體。

［7］設:石本作"説"。

［8］供養:石本作"養供"。

［9］鞍:石本作"鞌",當爲"鞌"(同"鞍")之形訛。七本作"安章",係將"鞌"訛分爲"安""革"二字,且將下字"革"訛作"章"。

［10］氎:崇本、毗本、圓本、資本、石本作"繫",七本作"執立"。按,章巽云:"'繫'字爲'氎'字之誤,'氎'字又應作'氎'字。"其説可從。七本誤將"氎"或"繫"訛分爲"執""立"兩字。

【箋注】

① 山行:指在山中行走。南朝梁釋慧皎《高僧傳・神異・晋常山竺佛調》:"有人嘗隨調山行數十里。"

② 般遮越師:梵文 pañcapariṣad 的音譯,又作般遮于瑟、般遮婆瑟、般闍于瑟、般遮跋利沙等。意譯爲無遮大會。"無遮"即無阻攔之義,無遮大會爲定期舉行的一種布施僧衆的法會,所有人不分高低貴賤,不被阻攔,均可平等參加,故云"無遮"。

③ 坐具：佛教語。梵文 niṣīdana 的意譯，又稱隨坐衣。音譯作尼師壇、尼師但那等。指僧人用來護衣、護身、護床席臥具的布巾。《翻譯名義集·沙門服相》："尼師壇，或尼師但那，此名坐具。或云隨坐衣。"

④ 如法：按照一定的方法。北魏慧覺等譯《賢愚經》卷五："諸辟支佛，聞其狗吠，即知來請，便至其家，如法受食。"(4-387a)

⑤ 都：全。《列子·周穆王》："莫知其所施爲也，而積年之疾一朝都除。"

⑥ 鞍勒：鞍子和套在馬頭上帶嚼口的籠頭。三國吳康僧會譯《六度集經》卷三："名象良馬，金銀鞍勒，絡以衆寶。"(3-12a)

⑦ 白氎：又作"白疊"，一種細棉布。《史記·貨殖列傳》"榻布皮革千石"張守節正義："白疊，木棉所織，非中國有也。"三國吳支謙譯《太子瑞應本起經》卷一："久後復曰：'得好白氎，置我中間，兩人觀之，不亦好乎？'"(3-475a)

⑧ 發願：佛教語。謂普度衆生的廣大願心。後亦泛指許下願心。三國吳康僧會譯《六度集經》卷六："天帝覩婦高行，發願無雙，助喜歡善，爲興風雨，住其舟行明日乃臻。"(3-38b)

⑨ 布施：原指施予、施舍。佛教傳入中國後，用作梵文 Dāna 的音譯，表示以慈悲心而施福利與人之義，亦指施與他人以財物、體力、智慧等，爲他人造福成智而求得累積功德，以致解脱之一種修行方法。後世中土文獻中特指向僧道施捨財物或齋食。

其地山寒不生餘穀[1]，唯熟麥耳。衆僧受歲①已，其晨輒霜。故其王每[2]請[3]衆僧，令麥熟然後受歲。其國中有佛唾壺[4]②，以石作之[5]，色似佛鉢。又有佛一齒③，其國中人[6]爲佛齒起塔。有千餘僧徒[7]，盡小乘學。自山以東，俗人被服④類粗與秦土⑤同[8]，亦以氈褐[9]⑥爲異。沙門法用⑦轉勝[10]⑧，不可具記。其國[11]當葱嶺之中。自葱嶺已前，草木果[12]實皆異，唯竹及安石榴[13]⑨、甘[14]蔗三物，與漢地同耳。

【校勘】

［1］穀：七本字有部分殘缺，作"稾"。按，"稾"當爲"䅳"，"䅳"爲"穀"異體，《佛教難字字典·禾部》已收錄該字。石本作"聲"，當爲"䅳"之形訛。

［2］每：石本作"母"。

［3］請：崇本、毗本、圓本、資本、磧本、石本、七本作"讚"。

［4］壺：麗本、金本、崇本、毗本、圓本、資本、磧本作"壺"，石本作"壼"，七本作"壼"。按"壺""壼""壼"均爲"壺"之異體。

［5］之：崇本、毗本、圓本、資本、磧本、石本、七本無此字。

［6］其國中人：崇本、毗本、圓本、資本、磧本、石本、七本作"國人"。

［7］徒：崇本、毗本、圓本、資本、磧本、石本、七本無此字。

［8］類粗與秦土同：崇本、毗本、圓本、資本、磧本、七本作"粗類秦土"，其中"土"七本作"圡"。按，"圡"即"土"之俗寫異體。石本作"粗類秦立"，"立"當爲"圡"之形訛。

［9］氈褐：崇本、毗本、圓本、資本、磧本作"氊褐"，石本、七本作"旃褐"。按，"氊"，同"氈"。"旃"又與"氈"通，朱駿聲《説文通訓定聲·乾部》："旃，叚借爲氈。""褐"爲"褐"之誤。故"氈褐""氊褐"爲同詞異形。

［10］轉勝：崇本、毗本、圓本、資本、磧本、石本、七本作"轉轉勝"。

［11］具記其國：金本作"悉其記國"。

［12］果：石本作"菜"，章巽指出"當是'菓'字之誤"。按，七本正作"菓"，可證章巽之説確切無疑。

［13］榴：崇本、毗本、圓本、資本、磧本、石本、七本作"留"。

［14］甘：七本作"丹"。按，"丹"爲"丹"之異體，當是"甘"之誤。

【箋注】

① 受歲：佛教僧人受戒之後，每年修滿九十日之夏安居而增一法臘，謂之受歲。南朝宋求那跋陀羅譯《雜阿含經》卷五十："我知比丘今日受歲，不同無羞外道受歲，然精進比丘受歲，持衣鉢，明日至餘

處去,此林當空。"(2-367c)

② 唾壺:舊時一種小口巨腹的吐痰器皿。本書中所言"佛唾壺"當指釋迦摩尼佛當時所使用過的唾壺。

③ 佛一齒:即一枚佛牙。相傳釋迦牟尼圓寂之後,全身都變成細粒狀舍利,但牙齒完整無損,佛教徒奉爲珍寶,予以供奉,稱佛牙。

④ 被服:穿着。南朝宋鮑照《擬行路難》詩之三:"中有一人字金蘭,被服纖羅采芳藿。"

⑤ 秦土:猶後文之"漢地"。漢時西域諸國稱呼中國爲"秦",顧名思義,秦土即指我國漢族地區。

⑥ 氍褐:亦寫作"氈褐""氈氀",指用動物毛織成的布,亦指用此毛布製成的衣服。《大唐西域記》卷一:"氣序風寒,人衣氈氀。"氀,一本作"褐"。

⑦ 法用:又稱"法要",是佛教徒舉行法會時的重要儀式,共有誦梵唄、散花、唱梵音、振錫杖等四種。

⑧ 轉勝:轉,更加,愈加。《南齊書·劉瓛傳》:"武陵王曄爲會稽太守,上欲令瓛爲曄講,除會稽郡丞,學徒從之者轉衆。"轉勝,意即更加興盛。

⑨ 安石榴:即石榴。因産自古安息國(今伊朗),故稱。唐段公路《北户録》卷三引晉張華《博物志》卷六:"張騫使西域,還,得大蒜、安石榴、胡桃、蒲桃。"

從此西行向北天竺國[1]。在道一月,得度葱嶺。葱嶺山[2]冬[3]夏有雪。又有毒龍,若失其意①,則[4]吐毒風,雨雪②,飛沙礫石。遇此難者,萬無一全③。彼土人[5]即名爲雪山[6]也。

【校勘】

[1] 國:崇本、毗本、圓本、資本、磧本、石本、七本無此字。

[2] 葱嶺山:崇本、毗本作"葱山",圓本、資本、磧本作"葱嶺"。

［3］冬：石本作"各"。
［4］則：七本無此字。
［5］人：崇本、毗本、圓本、資本、磧本、石本、七本、鐮本作"人人"。
［6］雪山：崇本、毗本、圓本、資本、磧本、石本、七本、鐮本作"雪山人"。

【箋注】

① 失其意："失意"有不合心意之義，如《漢書・韓王信傳》："爲人寬和自守，以温顏遜辭承上接下，無所失意，保身固寵，不能有所建明。"本書中所謂"失其意"，乃指不合毒龍的心意。

② 雨雪：雨，自上而下，像雨一樣地降落。雨雪即指下雪。

③ 萬無一全：萬人中都無一人可以存活，表示完全不能存活。

九、陁歷國

度嶺已，到北天竺。始入其境，有一小國，名陁[1]歷①。亦有衆僧，皆小乘學。其國昔有羅漢②，以神足力③將一巧匠上兜率[2]天④，觀[3]彌[4]勒菩薩⑤長短[5]、色貌，還下，刻木作像。前後三上觀，然後乃成。像長八丈，足跌⑥八尺，齋日⑦常有光明，諸國王[6]競興供養。今故[7]現在。

【校勘】

［1］陁：磧本作"陀"。"陁"即"陀"之俗字。
［2］兜率：崇本、毗本、圓本、資本作"兜術"，磧本作"兠術"，石本作"咒術"，七本作"兠術"。按："兠""兠"均爲"兜"之異體。《正字通・

從古》："兜，俗作兠。""兜"俗字又可作"皃"，《龍龕手鏡·白部》已收。"皃"當爲"皃"增筆之異體。石本作"咒"，當爲誤字。

［3］觀：七本作"覍"。按，七本中"觀"除寫作"覍"外，還可寫作"規"。如本書"三十三、還到巴連弗邑"中"衆僧威儀，觸事可觀"，"觀"七本即寫作"規"。雖然"覍""規"均未見於字書，但不難看出，"規"乃是"觀"將左旁"藿"更換爲簡易字符"尔"而形成的換旁俗字。而"覍"則是由"規"變換部件結構而形成的異體字。

［4］彌：麗本作"弥"，石本、七本、鐮本作"旅"。按，寫本中"弓""方"常相混用，如本書"一、法顯昔在長安"中"弘"作"肱"。故"旅"當爲"弥"（彌）之異體。

［5］短：石本作"桓"，七本無此字。按，寫本中"木""扌"常混用不別，故"桓"即"抯"。"抯"爲"短"之異體，《廣韻·緩韻》："抯"，同"短"。

［6］國王：石本作"王"。

［7］故：石本作"放"。

【箋注】

① 陀歷：梵文 Darada 的音譯，即《大唐西域記》卷三中所記載之"達麗羅川"。故址在今克什米爾西北部印度河北岸達爾德斯坦（Dardistan）。此地是古代中印陸路交通綫上，經過蔥嶺而進入印度的一條重要孔道，我國西行僧人多經此地。

② 羅漢：阿羅漢的簡稱。阿羅漢，梵文 Arhat 的音譯，又作阿盧漢、阿囉呵等，專指小乘佛教中所得之最高果位，能斷盡三界見、思之惑，證得盡智，而堪受世間大供養的聖者。

③ 神足力：即神足通。佛教認爲佛、菩薩、阿羅漢均會獲得自在無礙的神通。其中一種即神足通，指游涉往來非常自在的神通力量。

④ 兜率天：梵文 Tuṣita 的音譯，也可作兜術天、睹史多天、兜駛多天等，意譯作知足天、妙足天、喜足天、喜樂天等。佛教中指欲界六天之第四天。此天有內外兩院，內院是彌勒菩薩的淨土，外院是天上衆生所居之處。

⑤ 彌勒菩薩:梵文 Maitreya Bodhisattva 的音譯,意譯爲慈氏菩薩。佛教菩薩之一。據佛經記載,彌勒出生於婆羅門家庭,後爲佛弟子,先佛入滅,以菩薩身爲天人説法,住於兜率天。

⑥ 足跌:亦作"足跗"。脚背。東漢康孟詳譯《佛説興起行經》卷一:"佛便展右足,木槍便從足跌上下入,徹過入地,地深六萬八千由延。"(4-168c)

⑦ 齋日:齋戒的日子。在家佛教徒於特定之日持八齋戒,謹慎身心,反省行爲,並行善事之精進日,故稱。

於此順嶺西南行十五日。其道艱岨①,崖岸嶮絶②,其山唯[1]石,壁立千仞[2]③,臨之目眩[3],欲進則投足無所[4]④。下有水,名新頭河⑤。昔人有[5]鑿石通路施傍梯[6]⑥者,凡度七百[7],度梯已,躡[8]懸絙[9]⑦過河。河兩岸相去減[10]⑧八十步。九譯⑨所絶[11],漢之張騫[12]⑩、甘英[13]⑪皆不至此[14]。

【校勘】

[1] 唯:石本、七本、鑛本作"以"。

[2] 壁立千仞:石本作"辟空千刃",七本、鑛本作"壁空千刃"。

[3] 目眩:七本作"國眩",石本作"目眪"。

[4] 投足無所:鑛本作"懼投足無所"。

[5] 人有:鑛本作"有人"。

[6] 梯:石本、鑛本作"踶",七本作"䟗"。按,《慧琳音義》卷一百《法顯傳》"梯者"條:"上體低反。《考聲》云:'梯,隥也,可以登也。'古今正字從木,弟聲。傳文從足作踶,非。"據此,"踶"當爲誤字。"䟗"亦"踶"之俗字,並誤。

[7] 百:鑛本作"日"。

[8] 躡:石本作"躆",七本作"躡",鑛本作"踂"。按,七本、鑛本字形均爲"躡"。"聶"異體可作"甬",故從聶之"躡"亦可作"躡"。

[9] 絙:七本作"洹"。

［10］減：石本、七本、鐮本作"滅"。

［11］絶：麗本、金本、圓本、資本、磧本作"記"，崇本、毗本、石本、鐮本作"絶"，七本作"施"，亦當是"絶"之誤。按，當以"絶"爲是。九譯所絶，意謂地極偏遠，雖九譯語言，仍不通也。故據改。

［12］張騫：石本作"旅寒"，七本、鐮本作"旅寨"。

［13］甘：石本作"耳"。"英"：石本作"英"，七本作"美"。

［14］皆不至此：崇本、毗本、圓本、資本、磧本、石本、七本作"皆不至"，鐮本作"皆不能至"。

【箋注】

① 艱岨：岨，同"阻"。艱岨亦即艱阻，艱難險阻。

② 嶮絶：嶮，同"險"，有險要、險惡之義。《集韻·琰韻》："險，《説文》：'阻難也。'或從山。"絶，表示深度深。嶮絶，即險絶，表示非常險惡。南朝梁釋僧祐《出三藏記集·智嚴法師傳》："於是踰涉雪山，寒苦嶮絶，飲冰茹木，頻於危殆。綿歷數載，方達關中。"唐義淨譯《根本説一切有部毗奈耶破僧事》卷十五："其巖嶮絶，一切獼猴皆不能上，何況於人？"(24-176b)

③ 壁立千仞：仞，古時以八尺或七尺爲一仞。壁立千仞，形容危崖高峻，像墙壁般直聳。

④ 投足無所：投足，猶舉步。無所，即没有地方、没有處所。投足無所表示抬脚舉步都没有地方。

⑤ 新頭河：梵文 Sindhu 的音譯，又作信度河、辛頭河等。即今之印度河。發源於中國西藏冈底斯山脉西麓，流經印度、巴基斯坦，最終注入阿拉伯海。也是南亞僅次於恒河的一條大河。

⑥ 傍梯：指依傍山勢，在懸崖峭壁上開鑿出來的登山石階。

⑦ 懸緪：緪，同"絚"。絚，粗索、粗繩。《説文·糸部》："絚，大索。"懸緪即指懸在河流上方的索橋。

⑧ 減：中古文獻中常表示不足、少於等義，故文中云"河兩岸相去減八十步"，意謂河兩岸的距離相去不足八十步。

⑨ 九譯：輾轉翻譯。《文選·張衡〈東京賦〉》："重舌之人九譯，

斂稽首而來王。"薛綜注:"重舌謂曉夷狄語者。九譯,九度譯言,始至中國者也。"後引申指邊遠地區或外國。《晉書·江統傳》:"周公來九譯之貢,中宗納單于之朝。"

⑩ 張騫:字子文,西漢成固(今陝西省城固縣)人。武帝時以軍功封博望侯,旋拜中郎將,出使烏孫,分遣副使至大宛、康居、大夏等,自此西北諸國方與漢交通,使漢朝能與中亞交流,並打通前往西域的南北兩條通路,引進優良馬種、葡萄及苜蓿等。《漢書》有傳。

⑪ 甘英:東漢人。初爲西域都護班超屬吏。和帝時,奉班超命出使大秦(羅馬帝國),至條支的西海(今波斯灣),爲海所阻,乃還。參見《後漢書·西域傳》。

眾僧問法顯:"佛法東過,其始可知耶?"顯云:"訪問彼土人,皆云古[1]老①相傳,自立彌勒菩薩像後,便有天竺沙門賫[2]經律②過此河者。像立在佛泥洹③後三百許年,計於周氏平王④時。由茲而言,大教宣流⑤,始自此像。非夫彌勒大士[3]⑥繼軌[4]⑦釋迦,孰能令三寶⑧宣通,邊人⑨識法。固知[5]冥運之開,本非人事,則漢明帝[6]⑩之夢,有由[7]而然矣[8]。"

【校勘】

[1] 古:鑣本作"右"。

[2] 賫:章巽云"麗本作'齎'",不確。麗本仍作"賫"。

[3] 士:石本作"土"。

[4] 軌:七本、鑣本作"軓",石本作"帆"。按,"軓""帆"均爲"軌"之俗寫異體,《敦煌俗字譜》中均已收錄。

[5] 知:石本、七本作"如",鑣本作"始"。

[6] 漢明帝:崇本、毗本、圓本、資本、磧本、石本、七本、鑣本作"漢明"。

[7] 由:七本作"田"。

[8] 矣:石本、七本、鑣本無此字。

【箋注】

① 古老:古,通"故"。故老,老年人。北魏酈道元《水經注·資水》:"水南十里有井數百口……古老相傳,昔人以杖撞地,輒便成井。"

② 經律:佛教典籍分爲經、律、論三個部分。其中"經"即"經典"之意,是佛一生所説的言教的彙編,它是佛教教義的基本依據,上契諸佛之理,下契衆生之機,有關佛陀教説之要義,皆屬於經部類。"律"是佛所制定之律儀,能治衆生之惡,調伏衆生之心性,有關佛所制定的教團之生活規則,皆屬於律部類。"論"是對經、律等佛典中教義的解釋或重要思想的闡述。它在佛教中一般被認爲是菩薩或各派的論師所作。有時候,經律也泛指佛經。如北齊顔之推《顔氏家訓·歸心》:"俗僧之學經律,何異士人之學《詩》《禮》?"南朝梁釋僧祐《弘明集·文宣王書與孔中丞稚珪釋疑惑》:"君非不睹經律所辨,何爲偏志一方,埋没通路?"

③ 泥洹:梵文 nirvāṇa 的音譯,又作涅槃、泥曰、泥畔等,意譯爲圓寂、寂滅、滅度等。是佛教全部修習所要達到的最高理想,一般指熄滅生死輪回後的境界。

④ 周氏平王:即東周時期的周平王。周平王,姓姬名宜臼,幽王之子,幽王被犬戎所殺,諸侯迎立爲王,東遷雒邑,是爲東周,周室自此衰微。在位五十一年崩,謚曰平。

⑤ 大教宣流:大教,指佛教。南朝梁釋僧祐《出三藏記集·支謙傳》:"越以大教雖行,而經多胡文,莫有解者,既善華戎之語,乃收集衆本,譯爲漢言。"宣流,流布,流傳。《三國志·魏志·夏侯玄傳》:"吏者民命,而常頑鄙,今如並之,吏多選清良者造職,大化宣流,民物獲寧。"

⑥ 大士:佛教對菩薩的通稱。唐湛然《法華文句記》卷二:"大士者,《大論》稱菩薩爲大士,亦曰開士。"(34-180c)

⑦ 繼軌:謂接繼前人之軌迹。南朝梁釋僧祐《出三藏記集》卷一《胡漢譯經文字音義同異記》:"至曇讖之傳《涅槃》,跋陀之出《華嚴》,辭理辯暢,明踰日月,觀其爲美,繼軌什公矣。"

⑧ 三寶：佛教語。指佛、法、僧。"佛"即釋迦摩尼佛，也泛指一切佛；"法"即佛教之教義；"僧"指繼承、宣揚佛教教義的僧衆。"三寶"一詞後亦泛指佛教。

⑨ 邊人：即指邊民，邊境地區的老百姓。古印度佛教徒稱恒河中流一帶的中印度爲"中國"，而以遠方之地爲"邊地"，人爲邊人或邊地人。

⑩ 漢明帝：即東漢明帝劉莊。相傳漢明帝曾夢見神人，醒來後有人告之所夢神靈爲佛。明帝於是派遣中郎將蔡愔等十八人去西域求取佛經，並在洛陽建立起中國第一座佛教寺廟——白馬寺。即所謂"漢明帝之夢"。

十、烏長國　宿呵多國

度[1]河便到烏長[2]國①。其[3]烏長國是正北天竺也。盡作中天竺語。中天竺，所謂中國②。俗人衣服、飲食[4]亦與中國同。佛法甚盛。名衆僧止住[5]③處爲僧伽藍。凡④有五百僧伽藍，皆小乘學。若有客[6]比丘⑤到，悉供養三日。三日過已，乃令自求所安。

【校勘】

[1] 度：鐮本作"渡"。

[2] 長：崇本、毗本、圓本、資本、磧本作"萇"，石本作"荕"，七本作"苌"，鐮本作"茛"。按，此三字均爲同一字，楷定可作"萇"，當爲"萇"之省形。

[3] 其：崇本、毗本、圓本、資本、磧本、石本、七本、鐮本無此字。

［4］食：石本作"含"。按，"含"爲"會"之異體。

［5］止住：崇本、毗本、圓本、資本、磧本、石本、七本作"住止"，鐮本作"住上"。

［6］客：石本、七本作"容"。

【箋注】

① 烏長國：烏長，梵文 Udyāna 的音譯，又作烏萇、烏場、烏仗那、烏長那等。烏長國是位於古印度北部的古國名。其故址位於今巴基斯坦斯瓦特河（Swāt）流域，包括現代的 Pangkora，Bijāwar，Swat 與 Buna 等四縣。國都瞢揭釐城，位於 Mangalaor 西南約五英里處的 Mingora。

② 中國：指中天竺，即古印度中部地區。

③ 止住：止、住均有停留義，故"止住"同義連文，表示停留、居留之義。東漢曇果共康孟詳譯《中本起經》卷二："是時城中有長者子五百同輩，聞佛來垂訓，止住柰園，即皆俱行，詣佛聽法。"（4 - 161c）晉張華《博物志》卷二："此奴常游走於民間，無止住處，今不知所在。"

④ 凡：總計；總共。《後漢書·皇甫規傳》："所著賦、銘、碑、讚、禱文、弔、章表、教令、書、檄、牋記，凡二十七篇。"

⑤ 客比丘：比丘，梵文 Bhikṣu 的音譯，又作苾刍、苾蒭、比邱等。意譯"乞士"，以上從諸佛乞法，下就俗人乞食得名，爲佛教出家"五衆"之一。指已受具足戒的男性，俗稱和尚。客比丘即指外來的和尚。

常傳言，佛至北天竺，即到此國也[1]。佛遺足跡於此①，或長或短[2]，在人心念，至今[3]猶[4]爾。及曬衣石、度惡龍處②，悉亦現在。石高丈四尺[5]，闊[6]二丈許，一邊平。慧景[7]、慧達、道整三人先發向佛影那竭[8]國③。法顯等住此國夏[9]坐。

【校勘】

［1］也：圓本、資本、磧本、石本、七本、鐮本作"已"。

［2］或長或短：崇本、毗本、圓本、資本、磧本、石本、七本、鐮本此四字前有一"迹"字。"短"，石本、七本作"挃"，鐮本作"桓"。"挃""桓"，均爲"短"。參見本書"九、陁歷國"中"短"條校勘記（第29頁）。

［3］今：石本作"念"。

［4］猶：石本、七本、鐮本作"猶"。按，"猶"，同"猶"。

［5］丈四尺：崇本、毗本、圓本、資本、磧本、鐮本均作"丈四"，石本、七本作"大四"。

［6］闊：崇本、毗本、石本、七本、鐮本作"長"。

［7］景：七本作"量"。

［8］竭：鐮本作"謁"。章巽《法顯傳校注》中作"揭"。按，無論是章巽所依據底本圓本，還是其他如麗本、金本、崇本、毗本、資本、磧本、石本、七本、鐮本等均作"竭"而不作"揭"。

［9］夏：石本作"憂"，七本作"复"。

【箋注】

① 佛遺足迹於此：《洛陽伽藍記》卷五、《大唐西域記》卷三等於此均有記載。遺址在今斯瓦特河上游西岸 Tirat 村，石高1米，寬0.87米，厚1.3米，足迹下部刻有佉盧文題銘"釋迦牟尼足迹"。

② 曬衣石、度惡龍處：曬衣石之傳說詳見北魏楊衒之《洛陽伽藍記》卷五所引《宋雲行紀》有關記載："水東有佛曬衣處。初，如來在烏場國行化，龍王瞋怒，興大風雨，佛僧迦梨表裏通濕。雨止，佛在石下東面而坐，曬袈裟。年歲雖久，彪炳若新，非直條縫明見，至於細縷亦彰。乍往觀之，如似未徹；假令刮削，其文轉明。佛坐處及曬衣所，並有塔記。水西有池，龍王居之。"度惡龍之傳說詳見失譯《菩薩本行經》卷中："爾時，世尊明日晨朝，著衣持鉢入城乞食，詣於龍泉食訖洗鉢，洗鉢之水澍於泉中。龍大瞋恚即便出水，吐於毒氣吐火向佛，佛身出水滅之；復雨大雹，在於虛空化成天花；復雨大石，化成琦飾；復雨刀劍，化成七寶；化現羅刹，佛復化現毗沙門王，羅刹便滅。龍復化

作大象鼻捉利劍，佛即化作大師子王，象便滅去。適作龍像，佛復化作金翅鳥王，龍便突走。盡其神力不能害佛，突入泉中，密迹力士舉金剛杵打山，山壞半墮泉中。欲走來出，佛化泉水盡成大火。急欲突走，於是世尊蹈龍頂上，龍不得去。龍乃降伏，長跪白佛言：'世尊！今日特見苦酷。'佛告龍曰：'何以懷惡苦惱眾生？'龍便頭面作禮稽首佛足，長跪白佛言：'願見放捨，世尊所勅我當奉受'。"(3-116b)《佛所行贊》《大智度論》卷九等亦有記載。

③ 那竭國：古印度北部的一個國家。那竭國中佛影窟最為著名，故稱"佛影那竭國"。詳見本書"十三、那竭國"中相關介紹。

　　坐訖，南下，到宿呵[1]多國①。其國佛法亦盛。昔天帝釋②試菩薩，化作鷹、鴿，割肉貿[2]鴿③處。佛既[3]成道④，與諸弟子[4]游行，語云："此本是吾割肉貿[5]鴿處。"國人由是得知[6]，於此處起塔，金銀挍飾[7]⑤。

【校勘】

[1] 呵：崇本作"阿"，石本、七本、鐮本作"哥"。"哥"，同"呵"。

[2] 貿：石本、鐮本作"貟"。"貟"為"貿"之俗字，《干祿字書·去聲》："貟貿，上俗下正。"七本作"質"，當是"貿"之形訛。

[3] 既：崇本、毗本、圓本、資本、磧本、石本、七本、鐮本均作"即"。

[4] 諸弟子：毗本作"諸第子"，鐮本作"諸佛弟子"。章巽校注云，東本（即崇本）亦作"諸第子"，不確。

[5] 貿：鐮本作"留"。

[6] 知：麗本作"如"，金本、崇本、毗本、圓本、資本、磧本、石本、七本、鐮本作"知"。故據改。

[7] 挍飾：崇本、毗本、圓本、資本作"校餝"，磧本作"校飾"，七本作"挍餝"，石本作"救餝"。按，"挍"為"校"之異體，"飾""餝"亦互為異體。又，章巽云："鐮本作'救餝'。"不確。章巽所云鐮本（即鐮本），實作"挍餝"，其中"餝"當為"餝"之誤。

【箋注】

① 宿呵多國:古印度北部的一個國家。故址位於今印度河和斯瓦特河之間,即今稱爲斯瓦斯梯(Swastene)的地方。

② 天帝釋:又稱帝釋天、帝釋。梵文 Sakro devānām indraḥ 音譯名爲釋迦提桓因陀羅,略稱釋提桓因、釋迦提婆。佛教護法神之一。佛家稱其爲三十三天(忉利天)之主,居於須彌山頂善見城。

③ 割肉貿鴿:貿,交換、交易。割肉貿鴿是著名的佛本生故事,講述了釋迦摩尼佛前世爲尸毗王,樂善好施,甘願捨身割肉以救護一隻被餓鷹追逐的鴿子的故事。詳見《賢愚經》卷一、《六度集經》卷一等。今敦煌莫高窟 254 窟北壁繪有此内容的壁畫。

④ 成道:成佛得道之略稱。即完成佛道之意。又作成佛、得佛、得道、成正覺。謂菩薩完成修行,成就佛果。據傳佛陀歷六年苦行後,於菩提樹下吉祥草之金剛座上成道,此處即稱爲成道處。《後漢書·襄楷傳》:"天神遺以好女,浮屠曰:'此但革囊盛血。'遂不眄之。其守一如此,乃能成道。"

⑤ 挍飾:亦寫作"校飾",即裝飾之義。《三國志·吴志·諸葛恪傳》:"鉤落者,校飾革帶,世謂之鉤絡帶。"《宋書·禮志》:"第六品以下,加不得服金鏤、綾、錦、錦繡、七緣綺、貂豽裘、金叉鐶鉺、及以金校飾器物、張絳帳。"

十一、揵陁衛國　竺刹尸羅國

從此東下五日行,到揵[1]陁衛國①。是阿育王②子法益③所治處。佛爲菩薩時,亦[2]於此國以眼施人④。其處亦起大塔,金銀挍餝[3]。此國人多小乘學。

自此東行七日,有國,名竺刹尸羅⑤。竺刹尸羅,漢言截頭也。佛爲菩薩時,於此處以頭施人⑥,故因以[4]爲名。復東行二日,至投身餧餓虎[5]⑦處。此二處亦起大塔,皆衆寶挍飾。諸國王、臣民競興供養,散華然[6]燈,相繼不絶。通⑧上二塔,彼方人亦名爲四大塔也。

【校勘】

　　[1] 揵:崇本、毗本、圓本、資本、磧本作"犍"。
　　[2] 亦:石本作"尒"。按,"尒"爲"亦"之草書楷化俗字。
　　[3] 挍餙:崇本、毗本、圓本、資本、磧本作"校餙";石本原作"挍餙","挍"旁有朱筆改字作"挍";鐮本作"挍銙"。
　　[4] 因以:石本作"因"。
　　[5] 投身餧餓虎:石本於"投身"後衍一"餙"字,且"虎"作"甹";七本"虎"作"席"。"甹""席"均爲"虎"之異體。
　　[6] 然:石本、七本作"燃"。

【箋注】

　　① 揵陁衛國:揵、犍可通,陁亦作陀,故揵陁衛亦寫作"犍陀衛""犍陁衛"等,爲梵文 Gandhavat 的音譯。在其他古代典籍中又作乾陀羅(參見《洛陽伽藍記》卷五)、乾陀(《魏書·西域傳》)、健駄邏(《大唐西域記》卷二)、建陀羅(《往五天竺國傳》)等。《慧琳音義》卷二十二"乾陀羅國"條:"又云乾陀是香,羅謂陀羅,此云遍也。言遍此國内多生香氣之花,故名香遍國。"(54-447c)該國位於今斯瓦特河與喀布爾河交匯處一帶,相當於今巴基斯坦北部及其毗連的阿富汗東部一帶。公元前4世紀末,馬其頓亞歷山大入侵後,受希臘文化影響。公元前3世紀,摩揭陀國孔雀王朝的阿育王遣僧人到此傳布佛教。公元2世紀初,貴霜王國强盛時,爲迦膩色迦王統治的中心。

　　② 阿育王:梵文 Aśoka 的音譯,又作阿輸迦、阿恕伽等。意譯爲無憂王。爲中印度摩揭陀國孔雀王朝第三代國王,是古印度名王旃

陀羅笈多(Candra Gupta)之孫,賓頭沙羅(Bindusāra)之子。在位期間,除了印度半島南端外,幾乎統一了印度全境。阿育王初奉婆羅門教,後皈依佛教,崇佛教爲國教。頒布許多以佛教治國的敕令,刻在山巖或石柱上,並派人到國外傳教,是保護佛教最有力之統治者,對以後佛教的發展有很大影響。

③ 法益:即阿育王之太子。其梵文原名作 Dharmavivardhana,意譯爲法益或法增。别名爲 Kuṇāla,音譯作拘浪拏、拘那羅或鳩那羅。

④ 以眼施人:佛本生故事之一。詳見南朝梁僧旻、寶唱等集《經律異相》卷十:"佛語賢者阿難:'乃往過去時,世有王,號日月明,端正姝好,威神巍巍。從宫而出,道見盲者,窮困飢餓,隨道乞丐。往趣王所,白王言曰:王獨尊貴,安隱快樂。我獨貧窮,加復眼盲。王見哀之,謂於盲者:有何等藥,得療卿病?盲者答曰:唯得王眼,能愈我眼。時王自取兩眼,持施盲者。其心清然,無一悔意。月明王者,即我身是。'佛言:'須彌山尚可知斤兩,我眼布施不可稱計。'"(出《彌勒所問本願經》)

⑤ 竺剎尸羅:梵文 Takṣaśilā 的音譯,又作呾叉始羅、得叉始羅、呾尸羅等。故址位於今巴基斯坦印度河與傑赫勒姆(Jhelum)河之間,距拉瓦爾品第新城西北約二十英里。

⑥ 以頭施人:佛本生故事之一。詳見《佛説月光菩薩經》。其大意云,於過去世時,北印度有大城名賢石,國王名月光。國王以種種財物,普施一切。有一位名叫惡眼的婆羅門來到國王處索求國王之頭,並不顧群臣以七寶之頭代替國王之頭施捨的請求,堅持要求國王以頭施捨。最終國王至摩尼寶苑,將頭髮繫在無憂樹上,親自用利劍割下自己頭顱,施與惡眼婆羅門。此國王即佛陀的前世。

⑦ 投身餧餓虎:餧,喂養、飼養。《玉篇·食部》:"餧,飼也。"投身餧餓虎也是佛本生故事之一。詳見《佛説菩薩投身飴餓虎起塔因緣經》。其大意云,於過去世時,有一大國名乾陀摩提,國王有一太子於山中修行。一日,在山下有絶崖深谷之處,見一虎新產七子。由於天降大雪,母虎已多日不得求食,欲自食其子。太子見此,生大悲心,

欲以自身肉血救彼餓虎，遂解下鹿皮之衣以纏頭目，合手投身虎前。最終母虎得食，與幼虎俱活。捨身飼虎的太子即佛陀的前世。

⑧ 通：合計，總計。北周庾信《周大將軍崔說神道碑》："進爵爲公，改封萬年縣，通前二千四百户。"

十二、弗樓沙國

從揵陁衛國南行四日，到弗樓[1]沙國①。佛昔將諸弟子游行此國，語阿難②云："吾[2]般泥[3]洹③後，當有國王，名罽膩[4]伽，於此處起塔。"後罽膩伽王[5]④出世[6]，出行游觀時，天帝釋欲開發其意，化作[7]牧牛小兒[8]，當道起塔。王問言："汝作何等⑤？"答言："作佛塔[9]。"王言："大善。"於是王即於小兒塔上起塔，高四十餘丈，衆寶挍飾。凡所經見[10]塔廟，壯麗[11]威嚴，都無此比。傳[12]云："閻浮提⑥塔，唯此塔爲上。"王作塔成已，小塔即自傍[13]出⑦大塔南，高三尺許。

【校勘】

[1] 樓：石本、七本作"樹"。

[2] 吾：七本作"五"。

[3] 泥：麗本、金本、七本作"泹"，鐮本作"涅"。按，"尼"俗寫常作"𡰪"，故"泹"爲"泥"之異體。

[4] 罽：麗本、金本、崇本、毗本、圓本、資本、磧本、石本作"𦋍"，七本作"𦋋"，鐮本作"𦋌"。按，"罽"異體可作"𦋍"。《正字通·网部》："𦋍，同罽。""𦋍""𦋋""𦋌"均爲"罽"之形訛。故據改。"膩"：石本、鐮

本作"膱",七本作"膱"。按,"膱"當爲"膱"之訛。"膱"爲"膩"之俗字,《龍龕手鏡·貝部》已收錄。

[5] 罽膩伽王:崇本、毗本、圓本、資本、磧本作"膩伽王",石本、鐮本作"膱伽王",七本作"熾伽王"。

[6] 出世:石本、七本、鐮本作"出迎"。其中七本"出"作"岀"。按,"岀"爲"出"之俗字,《正字通·山部》:"出,俗從兩山作岀。"

[7] 作:石本作"徣"。

[8] 牧牛小兒:崇本、毗本作"牧牛兒",石本、七本作"牛羊兒"。其中石本"羊"作"羋"。按,"羋"當爲"羊"之訛。

[9] 作佛塔:鐮本作"作塔"。

[10] 見:石本、七本、鐮本作"東"。按,"界"俗字可作"畀",魏晉碑刻中已見,如東晉永和四年《王興之及妻宋和墓志》中"界"即寫作"畀"。敦煌寫卷中亦見,如敦研178《佛説幻士仁賢經》:"其於畀(芥)子,無所罣礙,亦無毁壞。""東"當爲"畀"之形訛。

[11] 壯麗:石本、七本、鐮本作"妝麗"。按,"妝"乃"莊"之異體。"妝麗"當爲"壯麗"之誤。

[12] 傳:石本、七本作"便"。

[13] 傍:石本、七本、鐮本作"旁"。

【箋注】

① 弗樓沙國:弗樓沙,梵文 Puruṣapura 的音譯,又作富婁沙富羅、布路沙布邏、不流沙等。意譯爲丈夫土、丈夫城。故址位於今巴基斯坦喀布爾河南岸白沙瓦之西北。

② 阿難:"阿難陀"(梵文 Ānanda 的音譯)的略稱。意譯爲歡喜、慶喜、無染等。係佛陀之堂弟,出家後二十餘年間常隨佛陀,爲佛陀十大弟子之一。善記憶,對於佛陀之説法多能朗朗記誦,故被譽爲多聞第一。

③ 般泥洹:亦作般涅洹,略稱涅槃。佛教語。謂超脱生死的境界,也指僧尼的圓寂。

④ 罽膩伽王:即佛教史上著名的迦膩色迦王。迦膩色迦,梵文

Kaniṣka 的音譯,又作罽膩迦、壇罽膩吒、迦膩瑟吒等。迦膩色迦王是古代印度貴霜王朝的第三代國王。在印度佛教史上,與阿育王並稱爲護持佛法之二王。在位期間,其領土東至瓦拉那西,南至頻陀山脈,北及中亞細亞、伊朗等地。曾與中國、希臘、羅馬文化密切接觸,造成東西文化之融合。迦膩色迦王初時信奉瑣羅亞斯德教,後因受馬鳴菩薩之感化始歸依佛教,並極力保護佛教,於迦濕彌羅結集三藏。於其治世,佛教普遍弘傳,高僧輩出,促進了大乘經典之編纂。

⑤ 何等:什麼,表示疑問。東漢荀悦《漢紀・孝成皇帝紀三》:"或問温室中樹皆何等木,光默然不應,更答以他語。"

⑥ 閻浮提:梵文 Jambudvīpa 的音譯,又作閻浮利、贍部提、閻浮提鞞波。閻浮,梵語 jambu,乃樹之名;提,梵語 dvīpa,意譯爲洲。梵漢兼譯則作剡浮洲、閻浮洲、贍部洲、譫浮洲等。略稱閻浮。此洲爲須彌山四大洲之南洲,故又稱南閻浮提、南閻浮洲、南贍部洲。後亦泛指人間世界。

⑦ 傍出:亦即旁出,表示從旁邊出來或生出。《魏書・西域傳・大秦》:"其海傍出,猶勃海也,而東西與勃海相望,蓋自然之理。"

佛鉢①即在此國。昔月氏王②大興兵衆,來伐此國,欲取佛鉢。既伏[1]此國已,月氏王等[2]篤信佛法,欲持鉢去,故大興[3]供養。供養三寶畢[4],乃挍飾大象,置[5]鉢其上,象便伏地,不能得前。更作四輪車載鉢,八象[6]共牽,復不能進。王知與鉢緣[7]未至,深自③愧歎。即於此處起塔及僧伽藍,并留鎮守,種種④供養,可有七百餘僧。日將欲[8]中,衆僧[9]則出鉢,與白衣⑤等種種供養,然後中食⑥。至暮燒香時,復爾。可容二斗[10]許,雜色而黑多,四際[11]分明,厚可二分,甚光澤[12]。貧人[13]以少[14]華⑦投中便滿。有大富者,欲以多華供養[15],正復[16]⑧百千萬斛⑨,終不能滿。

【校勘】

［1］伏：石本、七本、鑛本作"服"。

［2］等：崇本、毗本、圓本、資本、磧本、石本、七本、鑛本無此字。

［3］故大興：崇本、毗本、圓本、資本、磧本、七本、鑛本作"故興"，石本作"放興"。

［4］供養三寶畢：石本無"畢"字，七本、鑛本無"供養"二字。

［5］置：石本原作"量"，其側有改字作"置"；七本作"䈞"。"䈞"同"置"，《佛教難字字典・罒部》已收錄該字。

［6］八象：鑛本作"須復以八象"。

［7］緣：鑛本作"无緣"，衍一"无"字。

［8］欲：崇本、毗本、圓本、資本、磧本、石本、七本、鑛本無此字。

［9］衆僧：鑛本作"食時衆僧"。

［10］斗：石本、七本、鑛本作"外"。

［11］四際：石本作"四除"。

［12］甚光澤：圓本、資本、磧本作"瑩徹光澤"，石本、七本無此三字。

［13］貧人：石本、七本、鑛本作"其先貧人"。

［14］少：七本作"小"。

［15］欲以多華供養：崇本、毗本、石本、七本、鑛本作"欲以多華欲供養"，圓本、資本、磧本作"欲以多華而供養"。

［16］正復：磧本作"正後"，石本、七本作"正"，鑛本作"復正"。

【箋注】

① 佛鉢：佛陀所用的鉢盂。據《太子瑞應本起經》卷下記載，佛陀初成道時，四天王各獻頞那山之石鉢，佛受此四鉢，置於左手中，右手按其上，以神力使其合爲一鉢，故有四際分明。佛陀涅槃後，佛鉢受到供養禮拜。

② 月氏王：月氏，古族名，曾於西域建月氏國。其族先游牧於敦煌、祁連間。漢文帝前元三至四年時，遭匈奴攻擊，西遷塞種故地（今新疆西部伊犁河流域及其迤西一帶）。西遷的月氏人稱大月氏，少數

没有西遷的人入南山(今祁連山),與羌人雜居,稱小月氏。公元1世紀中葉大月氏五部之一貴霜部翕侯丘就卻統一五部,建立貴霜王朝,並越過興都庫什山,進入喀布爾河流域和今克什米爾地區。丘就卻死後,經其子閻膏珍以及閻膏珍繼任者迦膩色伽王的經營,貴霜王朝的勢力到達了頂點。章巽認爲,本書中所説月氏王當爲迦膩色伽王之前的貴霜王,或即丘就卻,但也有可能指貴霜王朝建國前中亞之月氏王。

③ 深自:即深深。自,用在某些單音節副詞後,無實在意義,僅與這些單音節副詞構成雙音節副詞。如南朝宋劉義慶《世説新語·雅量》:"公曰:'不然,觀其情貌,必自不凡,吾當試之。'"其中"必自"即必,亦即必定之義。

④ 種種:用在動詞前,表示方式,猶言"千方百計""想法設法""盡力"。舊題三國吴支謙譯《撰集百緣經》卷六:"時兒父母,悲號涕哭,心情懊惱,不能自制,即抱死屍,往詣塚間,號泣而言:'……我寧隨死,不能歸家。'時諸親屬種種諫曉,故不肯歸。"(4-228c)"種種諫曉"猶千方百計地勸説。《全晋文·康獻褚皇后〈收于法開令〉》:"帝小不佳,昨呼於公視脉,但到門不前,種種辭憚。宜收付廷尉。""種種辭憚"猶想方設法地推辭。

⑤ 白衣:本指世俗之人所穿的白色衣服,因佛教徒着緇衣,後以"白衣"指代未信奉佛教的世俗之人。東漢曇果共康孟詳譯《中本起經》卷一:"憂陀答王:'佛教比丘,莫親白衣、戀於家居,道俗異故。'"(4-154b)楊維中指出:"印度古代社會以鮮白爲貴,一般人皆著白衣。佛陀當初傳教嚴格禁斷僧尼著白衣,因此,白衣成爲佛教對於在家之人的通稱。至於印度佛教僧尼袈裟的顔色,歷史上變化極多,未盡統一。以'淄(校者按,當爲緇)衣'爲僧尼的通稱,是中國佛教從南北朝以後逐漸形成的,在印度並非如此。"

⑥ 中食:指佛教徒於中午進齋食。《釋氏要覽·中食》引《僧祇律》云:"時食,謂時得食,非時不得食。今言中食。以天中日午時得食,當日中,故言中食。"

⑦ 少華:即少量的花。

⑧ 正復：雙音節假設連詞，表示讓步，乃"即使""縱然"之義。"正"又作"政""整"；復，助詞，無實義，起調整音節、加強語氣的作用，常用於其他單音節詞後構成雙音詞。作"正復"者，如《三國志·魏志·王粲傳》："（王粲）善屬文，舉筆便成，無所改定，時人常以爲宿構，然正復精意覃思，亦不能加也。"南朝宋劉義慶《世說新語·規箴》"謝鯤爲豫章太守"條下劉孝標注引《晉陽秋》："敦曰：'正復殺君等數百，何損于時！'"作"政復"者，如《北史·西域傳·于闐》："朕承天理物，欲令萬方各安其所，應敕諸軍，以拯汝難。但去汝遐阻，政復遣援，不救當時之急，是以停師不行，汝宜知之。"

⑨ 斛：量詞。多用於稱量糧食。古代一斛爲十斗，南宋末年改爲五斗。《三國志·魏志·武帝紀》："是歲穀一斛五十餘萬錢，人相食，乃罷吏兵新募者。"

寶雲、僧景止[1]供養佛鉢便還。慧景、慧達[2]、道整先向那竭國，供養佛影、佛齒及頂骨。慧景病，道整住看。慧達一人還，於弗樓沙國相見。而慧達、寶雲、僧景遂還秦土。慧應[3]在[4]佛鉢寺無常①。由是②，法顯獨進，向佛頂骨所。

【校勘】

［1］止：崇本、毗本、圓本、資本、磧本作"只"，石本、七本、鐮本作"正"。

［2］慧景、慧達：石本作"惠景、惠達"。下文"慧景病""慧達一人還"中，"慧"，石本均作"惠"。

［3］慧應：麗本、金本作"慧景"，石本、七本、鐮本作"慧應"，崇本、毗本、圓本、資本、磧本作"慧景應"。按，前文云慧景病於那竭國，後文亦言及凍死於小雪山。關於慧應，其後無記載，故在佛鉢寺無常者，當爲慧應。崇本等誤衍"景"字，麗本、金本誤，當從石本、七本、鐮本等作"慧應"。故據改。

［4］在：七本作"右"。

【箋注】

① 無常:梵文 anitya 的意譯,音譯作阿你怛也。佛教認爲世間一切事物都處在生起、變異、壞滅的過程中,遷流不停,絶無常住性,故名無常。亦指一切事物都是由因緣和合而成,是遷流不息的,没有固定不變的東西。後亦用來作人死的婉辭,如唐段成式《酉陽雜俎續集・支諾皋上》:"貧道已力衰弱,無常將至。君前所求物,聊用爲别。"

② 由是:於是,因此。南朝宋劉義慶《世説新語・言語》:"由是釋然,無復疑慮。"

十三、那竭國

西[1]行十六由延①,至[2]那[3]竭國②界醯[4]羅城③。城[5]中有佛頂骨④精舍⑤,盡以金薄、七寶校飾。國王敬重頂骨,慮⑥人抄奪⑦,乃取國中豪姓⑧八人,人持一印,印封守護。清晨,八人俱到,各視其印,然後開户。開户已,以香汁⑨洗手,出佛頂骨,置[6]精舍外高座[7]上,以七寶圓礩⑩礩下[8],瑠璃鍾[9]⑪覆上,皆珠璣校飾。骨黃白色,方圓[10]四寸,其[11]上隆起。每[12]日出後,精舍人則登高樓,擊大鼓,吹蠡[13]⑫,敲銅鈸[14]。王聞已,則詣精舍,以華香供養。供養已,次第頂戴⑬而去。從東門入,西門出。王朝朝[15]如是供養、禮拜⑭,然後聽國政⑮。居士⑯、長者⑰亦先供養,乃修家事。日日如是,初無⑱懈倦[16]⑲。供養都訖,乃還頂骨於精舍。中有七寶解脱[17]⑳塔,或開或閉[18],高五尺[19]許,以盛之。精舍門前,朝朝恒有賣華香人[20]。凡欲供養者,種種買焉。諸國王[21]亦恒遣使供養。精舍處方三[22]十步,雖復㉑天震地裂,此處不動。

【校勘】

[1] 西:石本、七本、鐮本無此字。

[2] 至:崇本、毗本、圓本、資本、磧本、石本、七本、鐮本作"便至"。

[3] 那:麗本、金本作"邨"。"邨"爲"那"之異體,魏晋碑刻中已見,如北魏孝昌二年《元過仁墓誌》中"那"即寫作"那"。

[4] 醢:石本、鐮本作"醯",七本作"醞"。

[5] 城:崇本、毗本、圓本、資本、磧本、石本、七本、鐮本無此字。

[6] 置:鐮本作"景"。

[7] 高座:石本、七本、鐮本作"高坐"。按,"坐""座",乃古今字。

[8] 圓礎礎下:七本、鐮本作"圓椹椹下",石本此句作"圓椹下",疑脱一"椹"字。

[9] 瑠璃鍾:崇本、毗本、圓本、資本、磧本作"琉璃鍾",石本作"流離種",七本、鐮本作"流離鍾"。

[10] 圓:石本作"囗"。按,"囗"即"円",《佛教難字字典·囗部》收録"円",以爲"圓"之異體。

[11] 其:七本作"甚"。

[12] 每:石本作"母"。

[13] 蠡:崇本、毗本、圓本、資本、磧本作"螺",石本作"螽",七本、鐮本作"蠡"。按,"螽""蠡"均同"蠡"。"蠡"同"蠃",《文選·班昭〈東征賦〉》:"諒不登樔而椓蠡兮。"李善注:"蠡與蠃,古字通。""蠃"又爲"螺"之異體,《慧琳音義》卷八"螺蝸"條:"螺,俗字也,正作蠃。"據此,"蠡""蠃""螺"均爲一字之異體。今常寫作"螺"。

[14] 敲銅鈸:麗本、金本作"敲銅鉢",崇本、毗本、圓本、資本、磧本作"敲銅鈸",石本作"歐銅欽",七本作"敲銅鈫",鐮本作"嚮銅鈫"。按,鈸爲打擊樂器。銅製,圓形,中部隆起如半球狀,其徑約當全徑的

二分之一。以兩片爲一副，相擊發聲。初流行於西域，南北朝時傳至内地。"鈸"有時訛作"鉳"，石本、七本、鑣本中"**鈙**"當爲"鉳"之省形異體。"鉢"爲鉢盂，是一種食器。據文意，當以"銅鈸"爲是。故據改。

　　[15] 朝朝：石本作"朝"。

　　[16] 懇倦：崇本、毗本、圓本作"懈倦"，資本、磧本作"懈惓"，石本、鑣本作"懇惓"，七本作"懃惓"。

　　[17] 脱：石本、鑣本作"随"，七本作"**隨**"。

　　[18] 或閏：磧本作"或閉"，石本無此二字。

　　[19] 尺：崇本、毗本作"丈"。

　　[20] 人：崇本、毗本、石本、七本、鑣本無此字。

　　[21] 國王：石本作"國"。

　　[22] 三：七本作"四"。

【箋注】

　　① 由延：梵文 yojana 的音譯，又作由旬、踰闍那、踰繕那、瑜膳那等，是古印度計算里程的單位。一由旬的長度，我國古有八十里（1 里＝0.5 千米）、六十里、四十里等諸説。見《翻譯名義集·數量》。足立喜六《法顯傳考證》中也有詳細的考釋，可參看。

　　② 那竭國：古印度北部的一個國家，爲梵文 Nagarahāra 的音譯，又作那揭羅曷、那迦訶羅、那乾訶羅等。故址在今阿富汗賈拉拉巴德（Jelālābād），位於喀布爾河南岸，西起亞格達拉克山隘（Jagdalak Pass），東至開博爾山隘（Khyber Pass），南對沙非德嶺（Safed Koh）。

　　③ 醯羅城："醯羅"爲梵文 Hilo 的音譯，Hilo 爲 Haḍḍa 的音轉，Haḍḍa 爲骨，因此地供養佛頂骨而得名。故址位於今阿富汗賈拉拉巴德城南約五英里處。

　　④ 佛頂骨：頂骨，頭頂部的骨頭。略呈扁方形，左右各一塊。佛頂骨即佛陀的頂骨。

　　⑤ 精舍：梵文 vihāra 的意譯。佛教徒修行的住所。《晋書·孝武帝紀》："六年春正月，帝初奉佛法，立精舍於殿内，引諸沙門

以居之。"

⑥ 慮:憂慮,擔心。《漢書·溝洫志》:"瓠子決兮將奈何？浩浩洋洋,慮殫爲河。"顔師古注:"慮,猶恐也。"

⑦ 抄奪:搶劫掠奪。《後漢書·劉虞傳》:"虞所賚賞典當胡夷,瓚數抄奪之。"

⑧ 豪姓:指豪門大族。《後漢書·黨錮傳·苑康》:"遷太山太守。郡内豪姓多不法,康至,奮威怒,施嚴令,莫有干犯者。"

⑨ 香汁:以香花或香木浸泡所成之水。西晉竺法護譯《生經》卷一:"釋梵四王,華香妓樂,於上供養,香汁灑地。"(3-76a)

⑩ 圓磓:磓,同"椹"。椹,本義爲墊物所用的砧板,以木製爲"椹",以石製則爲"磓"。本句中"圓磓"即圓形砧板,其中"磓"爲名詞。下文"磓下"之"磓"則爲動詞,義爲墊、襯。

⑪ 瑠璃鍾:瑠璃,亦寫作"琉璃""流離",本爲寶石名,後亦指一種燒製成的釉料或玻璃。楊維中指出,此處提到的"瑠璃鍾"實際上應該是一座微型塔,形制爲印度常見的覆鉢形,法顯以"鍾形"描述之。

⑫ 吹蠡:即"吹螺",佛教亦稱"吹法螺""吹大法螺",佛事法會的儀式之一。吹奏螺號,以示莊嚴。唐義淨譯《根本説一切有部毗奈耶》卷九:"若聞莊嚴寶座擊鼓吹螺,大衆集時毋當來至。"(23-673a)螺本爲海中軟體動物。殼呈螺旋狀,殼壁很厚,長約一尺。殼頂穿孔,可吹奏,發聲響亮。古時用作軍隊號角、宗教法器等。

⑬ 頂戴:敬禮,感恩。南朝梁釋僧祐《出三藏記集·鳩摩羅什傳》:"什進到沙勒國,頂戴佛鉢,心自念言:'鉢形甚大,何其輕耶？'"

⑭ 禮拜:對所信仰的宗教神聖物行敬拜禮。佛教中常指合掌叩頭以表示恭敬。禮拜對象不限於對佛,如對塔,對長老、和尚等,均可以禮拜表達恭敬之意。禮拜之種類及禮式作法上有種種不同,大抵而言,自印度以來,於各種禮拜法中,以"五體投地"爲最殷重、最恭敬之禮法。其他有立一脚而跪拜之禮,稱爲蹲踞禮;僅以膝部略加彎曲以爲禮式,稱爲起居禮;采取坐式之叩頭禮,稱爲坐禮;等等。南朝宋劉義慶《世說新語·排調》:"何次道往瓦官寺禮拜甚勤,阮思曠語之

曰：'卿志大宇宙，勇邁終古。'"

⑮ 聽國政：國政，國家政事。聽國政即指坐朝處理政務，執政。

⑯ 居士：古代稱有德才而隱居不仕或未仕的人。後佛教中用來作梵文 Gṛhapati 的意譯，表示古印度吠舍種姓工商業中的富人，或在家佛教徒之受過"三歸""五戒者"。隋慧遠《維摩義記》卷一："居士有二：一廣積資產，居財之士名爲居士；二在家修道，居家道士名爲居士。"(38-441b)

⑰ 長者：本義原指年紀大或輩分高的人。後佛教中通稱富豪或年高德劭者爲長者。《慧琳音義》卷二十八："長者：案天竺國俗多以商估爲業，游方履險，不憚艱辛，彌積歲年，必獲珍異，上者奉王，餘皆入己，財盈一億，德行又高，便稱長者，爲王輔佐。"(54-496c)

⑱ 初無：毫不，全無。初，全、都，表示範圍、程度的副詞，常與"無""不"等否定副詞連用，表示全面的否定。《後漢書·吳漢傳》："每當出師，朝受詔，夕即引道，初無辦嚴之日。"南朝宋傅亮《光世音應驗記·沙門帛法橋》："後遂誦五十餘萬言，聲音如鐘，初無衰竭。"本書"十七、僧伽施國"中亦有其例："此處別有佛塔，善鬼神常掃灑，初不須人功。"

⑲ 懈倦：懈，同"懈"。《集韻·卦韻》："懈，或書作懈。""倦""惓"互爲異體，《集韻·線韻》："倦，《說文》：'罷也。'或作惓。"故懈倦亦即懈倦，乃鬆懈倦怠之義。《宋書·彭城王義康傳》："義康亦自強不息，無有懈倦。"

⑳ 解脫：梵文 mokṣa 的意譯，音譯爲木叉。指擺脱煩惱業障的系縛而復歸自在。亦指斷絶"生死"原因，同"涅槃""圓寂"的含義相通。

㉑ 雖復：中古雙音節假設連詞，表示讓步，猶"即使""縱然"。復，助詞，無實義，起調整音節、加強語氣的作用，常用於其他單音節詞後構成雙音詞。《史記·孝文本紀》："妾傷夫死者不可復生，刑者不可復屬，雖復欲改過自新，其道無由也。"《後漢書·宦者傳·呂強》："宫女無用，填積後庭，天下雖復盡力耕桑，猶不能供。"

從此北行一由延,到那竭國城①。是菩薩本以銀錢[1]貿[2]五莖[3]華②,供養定光[4]佛③處。城中亦有佛齒塔[5],供養如頂骨法。城東北一由延,到一谷口。有佛錫杖④,亦起[6]精舍供養。杖以牛頭旃檀⑤作,長丈六七許,以木筒盛之,正復百千人,舉不能移。入谷口西[7]行,有佛僧伽梨⑥,亦起[8]精舍供養。彼國土[9]亢旱⑦時,國人相率⑧出衣,禮拜[10]供養,天即大雨。

【校勘】

[1] 銀錢:七本作"鉢錢",鐮本作"金錢"。

[2] 貿:麗本、金本、七本、鐮本作"貧",崇本、毗本、圓本、資本、磧本作"貿",石本作"賣"。按,"貧""貿"均爲"貿"之俗字。《干祿字書·去聲》:"貧俗貿正。"《字彙·貝部》:"貿,俗貿字。"石本作"賣",當誤。

[3] 莖:麗本作"**莖**",即"莖"字。石本、七本、鐮本作"莖",當爲"莖"之形訛。

[4] 光:石本作"先"。

[5] 塔:崇本、毗本、石本、七本、鐮本無此字。

[6] 起:崇本、毗本、石本、七本、鐮本無此字。

[7] 西:石本、七本、鐮本無此字。

[8] 亦起:崇本、毗本、圓本、資本、磧本、石本、七本無此二字,鐮本作"亦"。

[9] 國土:麗本、金本作"國土俗"。據崇本、毗本、圓本、資本、磧本、石本、七本、鐮本等改。

[10] 禮拜:崇本作"禮佛"。

【箋注】

① 那竭國城:即那竭國的國都。又被稱之爲那竭城、燈光城。故址位於今阿富汗賈拉拉巴德西南約二英里(約3.2千米)處。

② 五莖華：莖，本義爲草木的主幹部分，後引申爲稱量草木的量詞。五莖華即五枝蓮花。詳見下文。

③ 定光佛：又作錠光佛、然燈佛、燃燈佛、普光佛等，梵文 Dīpaṃkara 的意譯，音譯作提和竭羅、提洹竭，爲過去世諸佛之一。佛經說他生時周身光明如燈，故名。文中所云菩薩買五莖華供養定光佛，爲佛本生故事之一。據三國吳支謙譯《佛說太子瑞應本起經》記載，於過去世時，釋迦摩尼尚爲菩薩，名曰儒童，虔誠敬佛。曾花費重金購買了五莖蓮花，供養定光佛。定光佛爲釋迦摩尼授來世成道之記："汝自是後，九十一劫，劫號爲賢，汝當作佛，名釋迦文。"

④ 錫杖：梵文 khakkharaka 的意譯，音譯爲隙棄羅、吃棄羅。又作聲杖、有聲杖、智杖、德杖、鳴杖、金錫等。略稱杖。比丘十八物之一。即比丘行於道路時，應當攜帶之道具。原用於驅趕毒蛇、害蟲等，或乞食之時，振動錫杖，使人遠聞即知。後世則成爲法器之一。錫杖由錫、木柄、錞（又作鐓、鐏，即矛戟等兵器柄下之銅套）三部分組成。錫是杖頭，成塔婆形，附有大環，亦懸數個小環，搖動時，則發"錫錫"之聲，故云錫杖或稱有聲杖。

⑤ 牛頭旃檀：旃檀，梵文 candana 的音譯，全稱爲旃檀娜、旃彈那、旃檀那等。《本草綱目》稱爲白檀、檀香。屬檀香科。爲常綠之喬木，幹高數丈，其材芳香，可供雕刻；研根爲粉末，可爲檀香，或製香油。《玄應音義》卷二十三："旃彈那：徒旦反。或作旃檀那。此外國香木也。有赤、白、紫等諸種也。"牛頭旃檀，梵文 gośīrṣa-candana，爲旃檀中之最具香氣者。據《正法念處經》卷六十九記載，鬱單越有十大山，其第五爲高聚山，有五大峰，其第二峰名銀峰，盛產牛頭旃檀，以此山峰狀似牛頭，故稱所產之旃檀爲牛頭旃檀。

⑥ 僧伽梨：梵文 saṃghāṭī 的音譯，又作僧伽胝、僧伽致等。爲佛教比丘穿着的三衣之一，用九條至二十五條布縫製而成。因必須割截後始製成，故稱重衣、複衣、重複衣。因其條數多，故稱雜碎衣。爲比丘外出及其他莊嚴儀式時穿着，如入王宮、聚落、乞食，及升座說法、降伏外道等諸時所穿，故稱入王宮聚落衣。又以其爲諸衣中

最大者,故稱大衣。東漢竺大力共康孟詳譯《修行本起經》卷二:"太子被震越,柔軟鮮且潔,顧視僧伽梨,過佛無差別,於是遂入山。"(3-469b)

⑦ 亢旱:亢有極度、非常之義,故亢旱即大旱。《三國志·吳志·陸遜傳》:"縣連年亢旱,遜開倉穀以振貧民,勸督農桑,百姓蒙賴。"

⑧ 相率:相繼,一個接一個。《漢書·溝洫志》:"又民利其溉灌,相率治渠,雖勞不罷。"

那竭城南半由延有石室,博[1]山①西南向,佛留影此中。去十餘步觀之,如佛[2]真形,金色相好②,光明炳著③,轉近轉微[3]④,髣髴[4]⑤如有。諸方國王遣工畫師⑥摹[5]寫⑦,莫能及。彼國人傳云,千[6]佛⑧盡當於此留影。影[7]西四[8]百步許,佛在時剃髮剪[9]爪⑨。佛自與諸弟子共造塔,高七八丈,以爲將來塔法。今猶在。邊有寺,寺中有七百餘僧。此處有諸羅漢、辟支佛⑩塔乃千數。

【校勘】

[1] 博:麗本、金本、七本作"愽",崇本、毗本、圓本、資本、磧本作"博",石本、鐮本作"愽"。按,"尃"爲"專"之俗字,秦公輯《碑別字新編》收錄此字,引例爲《隋張浚墓志》。因此麗本、金本、七本中"愽"即"博"字。由於"専""尃"形近,文獻用字常相混,俗寫中"忄""十"旁也經常混用不別,故"愽""愽""博"實爲一字。然"愽山"不詞,當從崇本等作"博山"爲是。故據改。

[2] 佛:石本無此字。

[3] 轉近轉微:石本、鐮本作"轉微"。

[4] 髣髴:石本作"髣髴",七本作"髣髴",鐮本作"髣髴"。上述諸字形,第一字中,石本中"髣"、鐮本中"髣"均爲"髣"字,而七本中"髣"則爲"髮"字,誤;第二字中,石本中"髴"、七本中"髴"當爲"髴"之

省形,"鬏"又爲"剃"之異體,誤。

[5] 摹:崇本、毗本、圓本、資本、磧本作"模"。
[6] 千:七本作"十"。
[7] 影:石本無此字。
[8] 四:崇本、毗本、圓本、資本、磧本、七本、鐮本無此字。
[9] 剪:石本作"前羽",七本作"鬋"。"鬋",同"剪"。

【箋注】

① 博山:章巽據《慧琳音義》定爲"搏山",同時引磧本《法顯傳字音》:"搏,補莫反,附近也。"附近亦接近、靠近之義,故"搏山"即靠着山。是説可從。博、搏均以"尃"爲聲符,二字可通。故"博山"與"搏山"同。又,博、搏皆與"傅"通,朱駿聲《説文通訓定聲·手部》:"搏,讀如《詩》'亦傅於天'之'傅'。"博、搏、傅又與"附"通,《説文·手部》:"搏,一曰至也。"段玉裁注:"此别一義。蓋搏亦爲今之附近字。許則云駙者、近也。《左傳》則作傅。"《集韻·遇韻》:"附,近也,通作搏。"博、搏、傅、附又與"扶"通,《釋名·釋言語》:"扶,傅也,傅近之也。"《漢書·天文志》:"晷長爲潦,短爲旱,奢爲扶。扶者,邪臣進而正臣疏,君子不足,奸人有餘。"顏師古注引晉灼曰:"扶,附也。小臣佞媚附近君子之側也。"因此,"博山""搏山"並與"傅山""附山""扶山"等同,即依山、靠山之義。

② 相好:相,梵文 lakṣaṇa 的意譯,謂釋迦摩尼佛肉身所具有的特殊容貌中之最顯而易見者,可分三十二相。好,梵文 vyañjana 的意譯,爲釋迦摩尼佛肉身形貌之微細難見者,共有八十種好。兩者並稱,即爲相好。

③ 炳著:明白顯著。東漢竺大力共康孟詳譯《修行本起經》卷二:"太子生多奇異,形相炳著,當君四天下,爲轉輪聖王,四海顒顒,冀神寶至。何棄天位,自投山藪?必有異見,願聞其志。"(3-468b)

④ 轉近轉微:轉,更加。"轉……轉……"連用,相當於"越……越……"。如白居易《贈皇甫賓客》詩:"始信淡交宜久遠,與君轉老轉相親。"

⑤ 髣髴:隱約,依稀。晋陶潛《桃花源記》:"山有小口,髣髴若有光。"

⑥ 工畫師:即工師與畫師的合稱。"師"在佛經中常表示指專精某種技藝或從事某種職業的人。工師即工匠,畫師即畫匠。如東晋佛陀跋陀羅譯《大方廣佛華嚴經》卷十:"譬如工畫師,分布諸彩色,虛妄取異色,四大無差别。"(9-465c)後秦鳩摩羅什譯《大智度論》卷二十四:"人命終時,是業來蔭覆其心,如大山映物。是業能與種種身,如工畫師作種種像。"(25-238b)

⑦ 摹寫:依樣描畫。《後漢書·蔡邕傳》:"及碑始立,其觀視及摹寫者,車乘日千餘兩,填塞街陌。"

⑧ 千佛:即佛教中的賢劫千佛。佛教稱過去爲莊嚴劫,未來爲星宿劫,現在爲賢劫。賢劫千佛指賢劫出現的一千尊佛。有關千佛出世之本緣,或謂此千佛乃轉輪聖王之千子,或千手觀音之化現,或以爲千佛各别出生等,經論中所説各異。賢劫千佛之崇信在佛教傳播地區極爲盛行,如龜兹之千佛洞、于闐之千佛洞等,皆刻有賢劫千佛。敦煌莫高窟中亦有不少千佛壁畫。又如河南鞏縣之石窟存有北魏以來所塑造之千佛,山東歷城之摩崖亦有東魏所造立千佛之摩崖像。

⑨ 爪:人的指甲。《史記·蒙恬列傳》:"及成王有病甚殆,公旦自揃其爪以沈於河。"

⑩ 辟支佛:梵文 Pratyeka-buddha 的音譯,即辟支迦佛陀的略稱。佛教三乘中的中乘(緣覺乘)聖者。因其觀十二因緣法而得道,故亦意譯爲"緣覺";因其身出無佛之世,潛修獨悟,又意譯爲"獨覺"。

十四、度小雪山

　　住此冬三月，法顯等三人南度小雪山[1]①。雪山冬夏[2]積雪。山北陰②中，遇[3]寒風暴起③，人皆噤戰④。慧景一人不堪復進，口出白沫[4]，語法顯云："我亦不[5]復活，便可時⑤去，勿得俱死。"於是遂終。法顯撫之悲號："本圖⑥不果⑦，命也奈何。"復自力前，得[6]過嶺。

【校勘】

　　[1] 山：鐮本作"此"。
　　[2] 夏：石本作"复"。
　　[3] 遇：圓本、資本、磧本、七本、鐮本作"過"。
　　[4] 沫：七本作"津"。
　　[5] 不：鐮本作"不能"。
　　[6] 得：石本作"復"。

【箋注】

　　① 小雪山：即今阿富汗賈拉拉巴德城以南的沙非德山脈（Safed Koh）。
　　② 北陰：謂山的北面。北魏酈道元《水經注·河水》："常以十二月，采冰於河津之隘，峽石之阿，北陰之中。"
　　③ 暴起：突然升起或興起。《論衡·感虛篇》："此穀生於草野之中，成熟垂委於地，遭疾風暴起，吹揚與之俱飛，風衰穀集，墮於中國。"
　　④ 噤戰：咬緊牙關打顫。後秦鳩摩羅什譯《大智度論》卷十六："呵婆婆、呵羅羅、睺睺，此三地獄，寒風噤戰，口不能開，因其呼聲而

以名獄。"(25-177b)

⑤ 時:副詞,及時。《三國志·魏志·明帝紀》:"及宣王至遼東,霖雨不得時攻,群臣或以爲淵未可卒破。"

⑥ 本圖:本來的意圖,本心。《三國志·魏志·楊阜傳》:"轉運之勞,擔負之苦,所費以多,若有不繼,必違本圖。"《北齊書·王琳傳》:"雖本圖不遂,鄴人亦以此重之,待遇甚厚。"

⑦ 不果:没有成爲事實;終於没有實行。《孟子·公孫丑下》:"固將朝也,聞王命而遂不果。"《漢書·吴王濞傳》:"歸報吴王,猶恐其不果,乃身自爲使者,至膠西面約之。"

十五、羅夷國 跋那國 毗茶國

南到羅夷國①。近②有三千僧,兼大小乘學。住此夏坐。坐訖,南下,行[1]十日,到跋那國③。亦有三千許僧,皆小乘學。從此東行三日,復渡新頭河,兩岸皆平地。過河[2]有國,名毗茶[3]④。佛法[4]興盛,兼大小乘學。見秦道人⑤往,乃大憐愍,作是言:"如何邊地⑥人,能知出家爲道,遠求佛法?"悉⑦供給所須,待[5]之如法。從此東南行減[6]八十由延,經歷諸寺甚多,僧衆萬數。

【校勘】

[1] 行:崇本、毗本、石本、七本、鑛本無此字。

[2] 河:鑛本無此字。

[3] 毗茶:崇本、毗本作"毗茶",石本、七本作"略荼"。按,"略"爲"毗"之形訛,荼爲"茶"之異體,《佛教難字字典·艸部》已收。

[4] 佛法：石本、七本、鐮本作"佛法學"。
[5] 待：石本作"侍"。
[6] 減：石本作"滅"。

【箋注】

① 羅夷國：據英國學者薩繆爾·比爾（Smauel Beal）研究，自阿富汗東部蘇萊曼諸山（Solimāni hills）直至印度河間主要諸部落，總稱爲羅哈尼人（Lohanis）。昔日印度地理學者所稱的羅哈（Lohàs）與法顯所說的"羅夷"大概就是羅哈尼人。

② 近：副詞，大概。《三國志·魏志·方技傳》："後太祖親理，得病篤重，使佗專視。佗曰：'此近難濟，恒事攻治，可延歲月。'"

③ 跋那國：即《大唐西域記》卷十一中所記載的"伐剌拏國"。故址位於今巴基斯坦北部的班努（Bannu）。

④ 毗茶：據薩繆爾·比爾（Smauel Beal）研究，毗茶國的故址有兩種可能性：一是毗茶爲梵文 Pañcanada（即 Pañjab）音譯之略。原名意爲"五河地區"，一般譯作"旁遮普"，主要部分在今巴基斯坦東北部，小部分在今印度北部。二是毗茶也可能是傑盧姆河（Jhelam R.）［按，當爲傑赫勒姆河（Jhelum R.）］邊毗達城（Bhiḍa）之音譯，此城曾在一段時間中爲旁遮普數婆羅門國王之都城，其位置位於班努（Bannu）與摩頭羅（Mathurā）。

⑤ 秦道人：來自秦土的道人，即來自中國的僧人。

⑥ 邊地：本義爲靠近國界或地區邊界綫的地方。對於古印度人而言，他們稱呼中國爲"支那"，其中一層含義就是"邊地"。馮承鈞原編、陸峻嶺增訂《西域地名》中即指出："支那……梵文邊鄙之稱。"故此處的"邊地"與"中國"或本書中所言"漢地"等詞義同。

⑦ 悉：盡其所有。《漢書·蕭何傳》："爲上在軍，拊循勉百姓，悉所有佐軍，如陳豨時。"顔師古注："悉，盡也，盡所有糧食資用出以佐軍也。"

十六、摩頭羅國

過是諸處已,到一國,國名摩頭羅①。又經蒱那河[1]②,河邊左右有二十僧伽藍,可有三千僧,佛法轉盛。

凡沙河已西,天竺諸國,國王皆[2]篤信佛法,供養衆僧時,則脱天冠,共諸宗親③、群臣手自④行食⑤。行食已,鋪氈[3]於地,對上座⑥前坐,於衆僧前不敢坐牀。佛在世時諸王供養法式⑦,相傳至今。

【校勘】

[1] 又經蒱那河:崇本、毗本、石本、七本、鏽本作"有遙捕那河",圓本、磧本、資本作"又經捕那河"。

[2] 皆:鏽本無此字。

[3] 氈:石本作"栴",七本作"栴",均爲"旃"之誤。"旃"通"氈"。參見本書"八、竭叉國 度葱嶺"中"氈褐"條箋注(第27頁)。

【箋注】

① 摩頭羅:梵文 Mathurā 的音譯,《大唐西域記》卷四作"秣兔羅"。都城故址在今印度朱木拿河(Jumna River)西岸,即印度北方邦西部摩特拉市(Muttra)西南之馬霍里(Maholi)。是古代印度與西方通商之路上的重要地點。

② 蒱那河:章巽認爲此河即今印度摩特拉城東之朱木拿河(Jumna River),亦即《大唐西域記》卷五所記載的閻牟那河。此河古名作 Yamunā,其中第一音節 Ya 當譯作"遥""搖"或"閻",故應當作"遥捕那河"。足立喜六則指出,梵文 Yamunā 有縛義,故此河又名縛

河,又有附語尾之 na 於縛上而作縛那河、捕那河。蒱,通"捕"。

③ 宗親:同宗室的親屬。《漢書·辛慶忌傳》:"於是司直陳崇舉奏其宗親隴西辛興等侵陵百姓,威行州郡。"

④ 手自:親手,親自。手,親手。自,無實在意義。《後漢書·樊宏傳》:"宏所上便宜及言得失,輒手自書寫,毁削草本。"《三國志·蜀志·向朗傳》:"乃更潛心典籍,孜孜不倦。年逾八十,猶手自校書,刊定謬誤,積聚篇卷,於時最多。"

⑤ 行食:分發遞送食物。北魏慧覺等譯《賢愚經》卷二:"梵音聲暢。呪願既竟,次當行食,欲隨上座,作次付之。佛又告言:'先與汝師。'即便持食,從六師付,食皆忽上,住虚空中,各當其上,取不可得;行食與佛並僧遍訖,食乃還下,各在其前。"(4-361a)北魏吉迦夜共曇曜譯《雜寶藏經》卷四:"正值節日,衆人皆送種種飲食,往與衆僧。衆僧食飽,到長者舍。時長者子,手自行食,上座言:'少著。'次第皆言少著,至訖下行。"(4-469b)

⑥ 上座:梵文 sthavira 的意譯,音譯作悉他薛羅、悉提那。又稱長老、上臘、首座、尚座、住位等。乃三綱之一,指寺院中統領僧衆,職掌事務,法臘高而居上位之僧尼。《重治毗尼事義集要》卷十二:"《毗尼母經》云:無臘至九臘,名下座;十臘至十九臘,名中座;二十臘至四十九臘,名上座;過五十臘以上,名耆舊長宿。"(X40-443a)

⑦ 法式:法度,制度。《漢書·律曆志》:"準繩連體,衡權合德,百工繇焉,以定法式,輔弼執玉,以翼天子。"

　　從是以南,名爲中國①。中國寒暑調和,無霜雪。人民殷樂②,無户籍官[1]法③,唯耕[2]王地者乃輸[3]地利④。欲去便去,欲住便住。王治不用刑罔[4]⑤,有罪者但⑥罰其錢,隨事輕重。雖復謀爲惡逆⑦,不過截右手而已。王之侍衛、左右皆有供禄⑧。舉國人民悉不殺[5]生,不飲酒[6],不食葱蒜[7],唯除[8]旃荼[9]羅⑨。旃[10]荼羅,名爲惡人,與人别居⑩,若入城市,則擊木[11]以自異⑪,人則[12]識而避之,不相搪揆[13]⑫。國中不養豬[14]雞，不賣生口⑬，市無屠店及沽酒者[15]，貨易⑭則用貝齒⑮。唯旃[16]荼羅、獵師[17]⑯賣[18]肉耳。

【校勘】

[1] 官：石本作"官"。

[2] 耕：石本、七本作"秄"。按，"秄"爲"耕"之異體。

[3] 輸：石本、七本作"輪"。

[4] 刑罔：麗本、金本作"刑斬"，崇本、毗本、圓本、資本、磧本作"刑罔"，石本、七本作"刑綱"。按，"刑斬"不詞，據崇本等改。又，石本於此二字下衍"有罪者但罰其錢，隨事輕重雖不用刑綱"十六字。

[5] 殺：石本、七本作"敚"。按，"殺"異體可作"煞"，《廣韻・黠韻》："殺，殺命。……煞，俗。"《集韻・怪韻》："殺，疾也，削也。或作煞。""敚"爲"煞"之形變，故亦爲"殺"之異體。

[6] 酒：石本作"酒"，七本作"酒"。

[7] 蔥蒜：崇本、毗本、圓本、資本、磧本作"蔥蒜"，石本、七本作"蔥蒜"。按，"蔥"爲"蔥"之異體，《玉篇・艸部》："蔥，同蔥。俗。""蒜"爲"蒜"之異體，《玉篇・艸部》："蒜，葷菜也。俗作蒜。"

[8] 唯除：石本作"唯唯"。

[9] 荼：崇本、毗本、圓本、資本、磧本作"茶"。

[10] 旃：七本作"栴"。

[11] 木：崇本、毗本、圓本、資本作"水"。

[12] 則：石本作"則則"。

[13] 搪揆：崇本、毗本、圓本、資本作"唐突"，石本作"湯窔"，七本作"湯窔"。"窔""窔"均爲"突"之俗寫。"窔"楷定作"窔"，《龍龕手鏡・穴部》："窔，俗；突，正。""窔"楷定作"窔"，秦公、劉大新輯《碑別字新編》(修訂本)亦收錄此字，引例爲《唐楊氏君夫人烏氏墓志》。

[14] 豬：麗本、金本作"豬"。"豬"，同"豬"。《玉篇・肉部》："豬，豕也。亦作豬。"

[15] 市無屠店及沽酒者：崇本、毗本、圓本、資本、七本作"市無屠估及估酒者"，磧本作"市無屠估及酤酒者"，石本作"市無屠沽及沽酒者"。"估""酤""沽"三字相通，本字當作"酤"。"酤"本義爲買酒。《説文·酉部》："酤，買酒也。"又可表示賣酒之義，《玉篇·酉部》："酤，賣酒也。"章巽認爲此當作"市無屠酤及估酒者"，又云"市無屠酤"四字文意已足，"及估酒者"四字疑衍。按，若依麗本及金本，則文從字順。所謂"市無屠店及沽酒者"，意即集市上無屠宰之店及買賣酒水之人。

[16] 旃：石本作"衯"，七本作"㫋"。

[17] 獵師：麗本、金本作"漁獵師"，崇本、毗本、圓本、資本、磧本作"獵師"。石本作"獦"，爲"獵"字；七本作"獦"，爲"獵"之形變異體。按，"獦"，同"獵"。《顔氏家訓·書證》："自有訛謬，過成鄙俗……'獵'化爲'獦'，'寵'變成'寵'。"石本、七本當有脱文。章巽從崇本等作"獵師"。是。

[18] 賣：磧本作"賈"。

【箋注】

① 中國：指恒河中流一帶的中印度，佛教徒譯稱中國。

② 殷樂：富足快樂。

③ 官法：國家的法規、法度、法律。《後漢書·公孫瓚傳》："太守劉君坐事檻車徵，官法不聽吏下親近，瓚乃改容服，詐稱侍卒，身執徒養，御車到洛陽。"

④ 輸地利：輸，交出、獻納。《漢書·江充傳》："於是貴戚子弟惶恐，皆見上叩頭求哀，願得入錢贖罪。上許之，令各以秩次輸錢北軍，凡數千萬。"地利，耕種土地所獲得的收益。輸地利，意謂繳納耕地所得的收益，相當於繳納租税。

⑤ 刑罔："罔"亦爲"網"之異體，《廣雅·釋器》："罔謂之罟。"王念孫疏證："罔，又作網。"故刑罔即刑網，猶法網，指嚴密的法律條規。《魏書·刑罰志》："既定中原，患前代刑網峻密，乃命三公郎王德除其法之酷切於民者，約定科令，大崇簡易。"

⑥ 但:只,僅。《史記·李斯列傳》:"天子所以貴者,但以聞聲,群臣莫得見其面,故號曰'朕'。"

⑦ 惡逆:奸惡逆亂。《漢書·師丹傳》:"丹惡逆暴著,雖蒙赦令,不宜有爵邑,請免爲庶人。"

⑧ 供祿:猶俸祿。唐釋道宣《續高僧傳》卷二:"未幾授昭玄都,俄轉爲統,所獲供祿,不專自資,好起慈惠,樂興福業。設供飯僧,施諸貧乏,獄囚繫畜,咸將濟之。"

⑨ 旃荼羅:梵文 Caṇḍāla 的音譯,又作旃陀羅,意譯爲屠者、嚴熾、執暴惡人等。古印度社會階級種姓制度中,居於首陀羅階級之下位者,乃最下級之種族,專門從事獄卒、販賣、屠宰、漁獵等職。根據摩奴法典所載,旃陀羅係指以首陀羅爲父、婆羅門爲母之混血種。

⑩ 別居:另居一處,分開居住。《漢書·西域傳·烏孫國》:"初,昆莫有十餘子,中子大祿彊,善將,將衆萬餘騎別居。"

⑪ 自異:異有區別之義,自異即自相區別。北魏《元譚墓志》:"惟公雅識沉毅,儁明獨步,在高而卑,居益而損,不以公子敖物,不以王孫自異。"《初學記》卷一七〇引謝承《後漢書·魏霸傳》:"婦親蠶桑,子躬耕,與兄弟同苦樂,不得自異。"

⑫ 搪揬:冒犯,衝突。今考該詞本作"盪突"。"盪",本義爲滌器。《說文·皿部》:"盪,滌器也。"段玉裁注:"凡注水於器中,搖蕩之去滓,或以磽垢瓦石和水吮潯之皆曰盪。盪者,滌之甚者也。"因水之滌器即用水震蕩、衝擊器物。水與器物必將觸碰、衝撞,故"盪"引申有觸、推或衝撞之義。如《南史·蕭穎冑傳》:"時江祏專執朝權,此行由祏,穎冑不平,曰:'江公盪我輩出。'"清顧炎武《日知錄·縴盪舟》:"古人以左右衝殺爲盪陣。""突",從犬,從穴,表示狗從洞穴中猛然竄出。《說文·穴部》:"突,犬從穴中暫出也。"引申則有衝撞、冒犯之義,如《荀子·彊國》:"汙漫、突盜以爭地。"楊倞注:"突,謂相凌犯也。"《文選·張衡〈西京賦〉》"突棘藩"李周翰注:"突,觸也。"故盪、突同義並列,"盪突"即衝突、冒犯之義。文中大意謂旃荼羅出入城市擊木以提示他人,這樣其他人就能避開,二者就能不相衝突,互不冒犯了。文獻中這一詞語的形式還有"蕩突""碭突""搪突""樘突""騰突"

"僸僡""唐突""湯突"等。

⑬ 生口：指奴隸。《後漢書·東夷傳》："安帝永初元年，倭國王帥升等獻生口百六十人，願請見。"

⑭ 貨易：貿易；交易。《後漢書·東夷傳》："凡諸貨易，皆以鐵爲貨。"（貨易，一本作貿易）三國吳康僧會譯《六度集經》卷四："童儒曰：'斯紫磨金也，盡吾貨易之可乎？'"（3-19b）

⑮ 貝齒：腹下潔白，有刻如魚齒的貝。也稱齒貝。古人有時以此作爲貨幣使用。《梁書·諸夷傳》："林邑國者……又出瑇瑁、貝齒、吉貝、沉木香。"唐義淨譯《根本說一切有部毗奈耶》卷三十二："童子得樵合爲一擔，詣市賣之，所得貝齒並買豌豆，悉皆熬熟，瓶持冷水，還之舊處以待樵人。"（23-800b）

⑯ 獵師：以打獵爲生的獵人。西晉竺法護譯《普曜經》卷四："遂進前行，逢兩獵師，心自念之：'吾已出家不與俗同。'脫身所服，貿鹿皮衣，著之而去。"（3-508b）。

自佛般泥洹後，諸國王、長者、居士爲衆僧起精舍[1]，供給[2]田宅、園圃、民户、牛犢[3]，鐵券①書錄，後王王[4]相傳，無敢廢[5]者，至今不絕。衆僧住止[6]②房舍、牀蓐[7]③、飲食、衣服都無④闕乏[8]⑤，處處皆爾。衆僧[9]常以作功德爲業[10]，及誦經、坐禪[11]⑥。客僧往到，舊僧迎逆[12]⑦，代擔[13]衣鉢，給洗足水、塗足油⑧，與非時漿⑨。須臾，息已，復問[14]其臘數⑩，次第得房舍、臥具，種種如法。衆僧住處，作舍利弗⑪塔、目連⑫、阿難塔，并阿毗曇⑬、律、經塔。安居後一月，諸希福之家勸化供養僧，行[15]非時漿[16]。衆僧大會説法。説法已，供養舍利弗塔，種種華香[17]，通夜⑭然燈[18]。使伎樂人[19]⑮作舍利弗大婆羅門[20]時詣[21]佛求出家。大目連、大迦葉⑯亦如是。諸比丘尼⑰多供養阿難塔，以⑱阿難請世尊⑲聽⑳女人出家故[22]。諸沙彌㉑多供養羅雲㉒。阿毗曇師㉓者，供養阿毗曇。律師㉔者，供養律。年年[23]一供養，各自有日。摩訶衍人㉕則供養般若波羅蜜㉖、文殊師利㉗、觀世音㉘等。衆僧受歲竟㉙,長者、居士、婆[24]羅門等各將[25]種種衣物、沙門所須,以用布施衆僧[26]。僧受[27],亦自各各布施。佛泥洹已來,聖衆所行威儀法則,相承[28]㉚不絕。

【校勘】

[1] 起精舍:崇本、毗本、圓本、資本、磧本作"起精舍供養"。

[2] 供給:崇本、毗本、石本、七本無此二字。

[3] 牛犢:石本作"檀"。

[4] 王王:崇本、毗本作"王"。

[5] 廢:石本作"度"。

[6] 止:石本作"上"。

[7] 牀蓐:崇本、毗本、圓本、資本、磧本作"床褥",石本作"林蓐",七本作"牀蓐"。

[8] 闕乏:崇本、毗本作"渴乏",圓本、資本、磧本作"缺乏",石本作"渇乏",七本作"渇足"。章巽釋石本"渇"爲"湯"字,不確。"渇"乃"渴"之形變異體,故石本仍作"渇乏"。七本中"足"爲"足"字,"渴足"不詞,"足"當爲"乏"之訛。據文意,當以"闕乏"爲是。

[9] 衆僧:石本、七本作"衆"。

[10] 業:石本、七本作"葉"。

[11] 坐禪:石本作"以禪",七本作"禪"。

[12] 逆:石本作"送"。

[13] 擔:崇本、毗本、圓本、資本作"檐"。按,寫本中"木""扌"常混用不別,故"擔"亦訛作"檐"。

[14] 問:石本作"門",誤。章巽錄文作"間",並誤。

[15] 行:崇本、毗本、圓本、資本、磧本、石本、七本作"作"。

[16] 漿:七本作"將水"。

[17] 華香:崇本、毗本、圓本、資本、磧本作"香華"。

[18] 然燈:石本、七本作"燃燈"。然,"燃"之古字。

[19] 伎樂人:崇本、毗本、圓本、資本、磧本、石本、七本作"彼人"。

［20］作舍利弗大婆羅門：崇本、毗本、圓本、資本、磧本、石本、七本作"作舍利弗本婆羅門"，鑲本作"作樂舍利弗本爲婆羅門"。

［21］詣：石本作"諸"。

［22］故：石本作"敵"。

［23］年年：七本作"年"。

［24］婆：石本作"波"。

［25］將：崇本、毗本、圓本、資本、磧本、石本、七本、鑲本作"持"。

［26］以用布施衆僧：崇本、毗本、圓本、資本、磧本、石本、七本、鑲本作"以布施僧"。

［27］僧受：崇本、毗本、圓本、資本、磧本、石本、七本、鑲本作"衆僧"。

［28］承：石本作"豕"，七本、鑲本作"豙"。按，石本中"豕"即"豙"，爲"遂"之異體。

【箋注】

① 鐵券：古時君王頒賜給功臣，授以世代享受某種特權的鐵契。《後漢書·祭遵傳》："死則疇其爵邑，世無絶嗣，丹書鐵券，傳於無窮。"《東觀漢記·桓帝紀》："八年，妖賊蓋登稱'太皇帝'，有璧二十，珪五，鐵券十一，後伏誅。"

② 住止：猶止住。参見本書"十、烏長國　宿呵多國"中"止住"條箋注（第35頁）。

③ 牀蓐：牀，同"床"。牀蓐，指床席，亦可泛指臥具。晉李密《陳情表》："而劉夙嬰疾病，常在牀蓐，臣侍湯藥，未曾廢離。"

④ 都無：都，副詞，用在否定句中加強否定語氣，相當於全然、一點兒也（不）。都無即全然沒有。南朝宋劉義慶《世説新語·言語》："司馬太傅齋中夜坐，於時天月明淨，都無纖翳，太傅歎以爲佳。"東晉干寶《搜神記》卷十八："至曉，士解金鈴繫其臂，使人隨至家，都無女人。"

⑤ 闕乏：同"缺乏"。《魏書·食貨志》："十一年，大旱，京都民飢。加以牛疫，公私闕乏，時有以馬驢及橐駝供駕輓耕載。"

⑥ 坐禪：佛教語，禪爲禪那（梵文 dhyāna）之略稱，意譯靜慮。結跏趺坐，不起思慮分别，繫心於某一對象，端身正坐而入禪定，稱爲坐禪。

⑦ 迎逆：猶迎接。《三國志·蜀志·後主傳》："十年，涼州胡王白虎文、治無戴等率衆降，衛將軍姜維迎逆安撫，居之於繁縣。"

⑧ 塗足油：即用來塗脚的香油。《釋氏六帖》卷十九引《法華經》云："以西天地熱，跣足須塗油涼，復不皴裂。"據此，塗足油當爲防止脚皴裂而塗抹的油。一説，古印度風俗，常以香油之類塗脚，以預防風患。

⑨ 非時漿：佛教自印度始，即有正午以後不攝食之規定，故正午以後，皆稱非時，於律典中規定，凡比丘須持非時食之戒。非時漿即指非時所飲用的酥油、蜜、石蜜、果汁等。東晉佛陀跋陀羅共法顯譯《摩訶僧祇律》卷十二："士即勅使人與破屋、弊床褥，不供給煖水、洗足及塗足油，亦不與非時漿，亦不問訊安慰，夜不然燈。"（22-329c）

⑩ 臘數：僧臘之數，指僧尼出家受戒後的年歲。

⑪ 舍利弗：梵文 Śāriputra 的音譯，又作舍利弗多、舍利弗羅、舍利弗怛羅、舍利弗多羅等。意譯爲鶖鷺子、秋露子、鴝鵒子等。梵漢兼譯則稱舍利子、舍梨子。爲釋迦牟尼十大弟子之一，號稱智慧第一。東晉僧伽提婆譯《增壹阿含經》卷三："智慧無窮，決了諸疑，所謂舍利弗比丘是。"（2-557b）

⑫ 目連：摩訶目犍連（梵文 Mahāmaudgalyāyana）的略稱。又作大目犍連、大目連、目犍連、目伽略等，釋迦牟尼十大弟子之一。被譽爲神通第一。自幼與舍利弗交情甚篤。後舍利弗因逢佛陀弟子阿説示，而悟諸法無我之理，並告目犍連，目犍連遂率弟子一同拜謁佛陀，蒙其教化，時經一月，證得阿羅漢果。傳説他神通廣大，能飛抵兜率天。母死，墮餓鬼道中，爲救母脱離餓鬼道之苦，以神通之力親往救之。

⑬ 阿毗曇：梵文 Abhidharma 的音譯。又譯作阿毗達磨、阿鼻達磨、毗曇等。意譯爲對法、大法、無比法、論等，與經、律合稱爲三藏（佛教經典之總稱）。南朝宋劉義慶《世説新語·文學》："提婆初至，爲東亭第講阿毗曇。"劉孝標注："阿毗曇者，晉言大法也，道標法師曰：'阿毗曇者，秦言無比法也。'"

⑭ 通夜：猶通宵、徹夜。三國魏曹植《與吴質書》："時有所慮，至通夜不瞑。"

⑮ 伎樂人：伎樂指音樂舞蹈，伎樂人當爲表演歌舞的藝人。元魏瞿曇般若流支譯《正法念處經》卷六十一："不近博戲人，不近伎樂人，不近小兒。"(17-363b)唐義淨譯《根本説一切有部毗奈耶破僧事》卷十八："當時南天竺國有伎樂人來，將至王所作諸伎樂。"(24-191a)

⑯ 大迦葉：摩訶迦葉波（梵文 Mahākāśyapa）的略稱。又作迦葉波、迦攝波、迦葉等，爲釋迦牟尼十大弟子之一。佛陀入滅後佛教結集三藏時，他是召集人兼首座。中國禪宗又説他是傳承佛法的第一代祖師，西土二十八祖之始祖。禪宗以其爲佛弟子中修無執着行之第一人，特尊爲頭陀第一；又以"拈花微笑"之故事，至今傳誦不絶。

⑰ 比丘尼：梵文 Bhikṣuṇī 的音譯。又作苾芻尼、比邱尼、比呼尼等。意譯乞士女、除女、薰女。或簡稱爲尼。俗稱尼姑。原指出家得度，受具足戒之女性，其後泛指出家之女子。《魏書·李彪傳》："及彪亡後，婕妤果入掖庭，後宮咸師宗之。世宗崩，爲比丘尼，通習經義，法座講説，諸僧歎重之。"

⑱ 以：因爲。《史記·張釋之馮唐列傳》："以不能取容當世，故終身不仕。"

⑲ 世尊：梵文 Bhagavat 的意譯，爲世間所尊重者之意，亦指世界中之最尊者。音譯作婆伽婆、婆哦縛帝、薄伽梵等。是佛教中對釋迦牟尼的尊稱，爲如來十號之一。三國吳康僧會譯《六度集經》卷三："共詣佛所，本末陳之。世尊默然。"(3-12a)

⑳ 聽：同意，允許。《三國志·吳志·吳主傳》："權曰：'此皆孤所不用，而可得馬，何苦而不聽其交易？'"南朝宋劉義慶《世説新語·賢媛》："後遇赦得還，充先已取郭配女，武帝特聽置左右夫人。"

㉑ 沙彌：舊説認爲是梵文 śrāmaṇera 的音譯之略稱，全稱作室羅摩拏洛迦、室羅末尼羅等。另一種觀點認爲，早期漢譯佛經里的梵文借詞都不是直接從梵文譯過來的，而是經過中亞古代語言的媒介，發生了變化，所以讀音和梵文原字不相符合。沙彌一詞應爲古代龜兹語 sanmir 的音譯。季羨林、章巽等皆持此觀點。沙彌指佛教僧團（即僧伽）中，已受十戒，未受具足戒，年齡在七歲以上、未滿二十歲之出家男子。

㉒ 羅雲：即羅睺羅（梵文 Rāhula）之略。又作羅侯羅、羅護羅等。意譯作覆障、障月等。爲佛陀十大弟子之一，是佛陀出家前之子。十五歲出家當沙彌，爲佛教有沙彌之始。因"不毀禁戒、誦讀不懈"，故稱"密行第一"。

㉓ 阿毗曇師：即論師。佛教中指博通論藏，又擅長論議者。

㉔ 律師：又作持律師、律者。佛教中指專門研究、解釋、讀誦戒律之人。後則指通達戒律之人，與經師、論師、法師、禪師等相對。東晉佛陀跋陀羅共法顯譯《摩訶僧祇律》卷四十："時巴連弗邑有五百僧，欲斷事而無律師，又無律文，無所承案。"（22－548b）

㉕ 摩訶衍人："摩訶衍"即"摩訶衍那（大乘）"之略。參見本書"六、于闐國"中"大乘"條箋注（第15頁）。摩訶衍人即大乘的宗信者。

㉖ 般若波羅蜜：梵文 Prajñā-pāramitā 的音譯，又作般若波羅蜜多、般羅若波羅蜜。"般若"（梵文 prajñā）義爲"智慧"，"波羅蜜"（梵文 pāramitā）義爲"到達彼岸"。般若波羅蜜意即開啓智慧已到達涅槃解脱的彼岸，爲佛教六波羅蜜之一。文中所謂"般若波羅蜜"當指般若諸經。

㉗ 文殊師利：梵文 Mañjuśrī 的音譯，略稱文殊，又作曼殊室利。意譯爲妙德、妙吉祥、妙樂等。象徵佛陀智慧的菩薩。在中國，文殊和觀音、地藏、普賢並稱四大菩薩。中國佛教徒相傳山西五臺山是文殊師利的道場。其外形爲頂結五髻、手持寶劍的童子。

㉘ 觀世音：崇本、毗本、七本、鐮本作"光"，石本作"先"。章巽認爲石本"先"爲"先"字，不確。細辨圖版，"先"起筆爲點，當仍爲"光"字。觀世音，梵文 Avalokiteśvara 的意譯，音譯作阿縛盧枳低濕伐羅、阿婆盧吉低舍婆羅等。以慈悲救濟衆生爲本願之菩薩。又作觀自在菩薩、觀世自在菩薩、觀世音自在菩薩等，略稱觀音菩薩。與大勢至菩薩同爲西方極樂世界阿彌陀佛之脅侍，世稱西方三聖。凡遇難衆生誦念其名號，菩薩即時觀其音聲前往拯救，故稱觀世音菩薩。又因其於理事無礙之境，觀達自在，故稱觀自在菩薩。"光世音"爲"觀世音"舊譯。南朝梁釋僧祐《出三藏記集》卷一《前後出經異記》："舊經光世音，新經觀世音。"

㉙ 竟：終了，完畢。北魏慧覺等譯《賢愚經》卷二："還往佛前，從佛作次，爾乃水出，咸得洗手。洗手既竟，次當呪願。"（4-361a）

㉚ 相承：先後繼承，遞相沿襲。北齊顏之推《顏氏家訓・勉學》："世中書翰，多稱匆匆，相承如此，不知所由。"《魏書・西域傳》："康國者，康居之後也。遷徙無常，不恒故地，自漢以來，相承不絕。"

自度[1]新頭河，至南天竺，迄[2]于南海，四五萬里，皆平坦，無大山川。正①有河水耳[3]。

【校勘】

[1] 度：崇本、毗本、圓本、資本、磧本、七本、鑛本作"渡"，石本脱此字。

[2] 迄：石本、鑛本作"訖"，七本作"逌"。按，"逌"爲"迢"之俗字，《龍龕手鏡・辵部》已收。"迢"於義不通，當爲"迄"之誤。

[3] 正有河水耳：崇本、毗本、圓本、資本、磧本、七本作"正有河水"，石本作"正有何水"，鑛本作"上有河水"。

【箋注】

① 正：副詞。僅；只。南朝宋劉義慶《世説新語・自新》："乃自吴尋二陸，平原不在，正見清河。"

十七、僧伽施國

從此東南行十八由延，有國，名僧迦[1]施①。佛上忉利天②三月[2]爲母説法③來下處。佛上忉利天，以神通力④，都不使諸弟子知[3]。未[4]滿七日，乃放神足。阿那律⑤以天眼⑥遥見世尊，即語尊者⑦大目[5]連："汝可往問訊[6]⑧世尊。"目連即往，頭面禮足，共[7]相問訊。問[8]訊已，佛語目連："吾卻後⑨七日，當下閻浮提。"目連既還，于時八國大王及諸臣民不見佛久，咸皆⑩渴仰⑪，雲集此國，以待世尊。時優鉢羅比丘尼⑫即自心念："今日國王、臣民皆當迎佛[9]，我是女人，何由⑬得先見佛？"即以神足，化作轉輪聖王⑭，最前禮佛。

【校勘】

［１］迦：崇本、毗本、圓本、資本、磧本作"伽"。

［２］月：圓本、資本作"日"。

［３］知：石本作"如"。

［４］未：麗本、金本、崇本、毗本、石本、七本作"來"。圓本、資本、磧本、鑱本作"未"。據文意，佛陀爲母説法三月，此處"未滿七日"意謂未滿三月之前的七日。大目連於此時問訊佛陀，佛陀對大目連説："吾卻後七日當下閻浮提。"故此處當以"未"字於義爲長。據圓本等改。

［５］目：石本作"日"。

［６］訊：石本、鑱本作"訙"，七本作"𧩮"。按，"訙"爲"訊"之異體，《廣韻·震韻》已收。"𧩮"亦"訊"之俗寫異體，敦煌寫卷中已見，如S.388《正名要錄》中已見該字。

［７］共：七本作"夨"。按，"夨"爲"失"及"矢"之異體，七本作"夨"，當爲"共"之形近而訛。

［８］問：石本作"門"。

［９］迎佛：崇本、毗本、圓本、資本、磧本作"奉迎佛"，石本、七本、鑱本作"奉迎"。

【箋注】

① 僧迦施：梵文 Sāṃkāśya 的音譯。又作僧迦舍、僧伽尸等，亦即《大唐西域記》中的劫比他國。其故址位於今印度北方邦法魯迦巴德（Farrukhābād）縣的桑吉沙（Sankīsa）村。

② 忉利天：忉利爲梵文 trāyas-triṃśa 音譯之略，全稱作怛唎耶怛唎奢。忉利天，梵漢兼譯，即三十三天，六欲天之一。佛教謂須彌山頂四方各有八天城，合中央帝釋所居天城，共三十三處，故云。即相當於一般所說的天堂。

③ 爲母説法：指釋迦摩尼成道之後升至忉利天宮，爲其生母摩耶夫人宣説佛法。摩耶夫人，即摩訶摩耶（梵文 Mahamaya），是天臂城釋種善覺長者的長女，淨飯王的夫人。在生下釋迦太子七日後就亡故了。傳説其死後至忉利天安住。

④ 神通力：佛教語。梵文 abhijñā 的意譯，亦作神通、神力、通力、通等。即依修禪定而得的無礙自在、超人間的、不可思議之作用。共有神足、天眼、天耳、他心、宿命等五神通（五通、五旬、般遮旬），加漏盡通，共爲六神通（六通）。此外，又特指神足通爲神通。

⑤ 阿那律：梵文 Aniruddha 的音譯，又作阿尼盧陀、阿那律陀、阿難律、阿樓陀等。意譯作如意、無障等。乃佛陀十大弟子之一。古代印度迦毗羅衛城之釋氏，佛陀之從弟。阿那律嘗於佛説法中酣睡，爲佛所呵責，遂立誓不眠，而罹眼疾，至於失明。然以修行益進，心眼漸開，終成佛弟子中天眼第一，能見天上地下六道衆生。

⑥ 天眼：即天眼通。"六神通"之一。能照見自地及下地六道中之遠近粗細等諸物。

⑦ 尊者：佛教中指尊者、聖者，亦泛指具有較高的德行、智慧的僧人。宋元照《四分律行事鈔・資持記》："尊者，謂臘高德重，爲人所尊。"（40-394b）

⑧ 問訊：問候、請安。問訊是佛教禮儀之一，即向師長、尊上合掌曲躬而請問其起居安否。西晋竺法護譯《生經》卷一："便復執華，則見四仙人坐於樹下。前爲作禮，問訊起居、聖體萬福。"（3-78a）舊題三國吴支謙譯《撰集百緣經》卷二："云南方國，有乾闥婆王，名曰善

愛,快能彈琴,作樂戲笑,今在門外,致意問訊。"(4-211b)

⑨ 卻後:過後。南朝宋劉義慶《世說新語·假譎》:"卻後少日,公報姑云:'已覓得婚處,門地粗可,壻身名宦,盡不減嶠。'"

⑩ 咸皆:全都。南朝齊求那毗地譯《百喻經》卷一:"時諸世人卻後七日聞其兒死,咸皆歎言:'真是智者,所言不錯。'"(4-544c)北魏楊衒之《洛陽伽藍記·城内·永寧寺》:"見浮圖於海中,光明照耀,儼然如新,海上之民,咸皆見之。"

⑪ 渴仰:意即殷切企盼,非常嚮往。南朝齊求那毗地譯《百喻經》卷一:"往昔之世,有富愚人,癡無所知,到餘富家,見三重樓,高廣嚴麗,軒敞疏朗,心生渴仰。"(4-544b)

⑫ 優鉢羅比丘尼:優鉢羅,梵文 Utpala 的音譯,又作烏鉢羅、優鉢剌等,意譯作青蓮花或紅蓮花。《大唐西域記》卷四作"蓮花色苾蒭尼"。據《五分律》卷四和《根本説一切有部毗奈耶雜事》卷三二所載,蓮花色比丘尼昔日嫁與一年少居士,後其夫私通其母,蓮花色忍恨撫養女兒至八歲,然後離開了丈夫。未幾,蓮花色又嫁與了一長者。八年之後,此長者於外地討債而另取一女爲妾。而此女正是蓮花色當年所生之女。蓮花色哀歎道:"昔與母共夫,今與女同婿,生死迷亂,乃至於此!"因此因緣而皈依佛陀,出家爲尼。

⑬ 何由:如何,怎能。《三國志·吳志·魯肅傳》:"昔高帝區區欲尊事義帝而不獲者,以項羽爲害也。今之曹操,猶昔項羽,將軍何由得爲桓文乎?"南朝齊陸杲《繫觀世音應驗記》"會稽庫吏姓夏"條:"夏曰:'緣械甚重,何由得去?'"

⑭ 轉輪聖王:梵文 Cakravartī-rāja 的意譯,又作轉輪王、轉輪聖帝、輪王等。音譯作斫迦羅伐辣底遏羅闍、遮迦羅跋帝、遮加越等。轉輪聖王爲印度古代神話中的國王。此王即位時,自天感得輪寶,轉其輪寶,威伏四方。佛教也采用其説,説世界到一定時期,有金、銀、銅、鐵四輪王先後出現,金輪王統治四大部洲,銀輪王統治三洲,銅輪王統治二洲,鐵輪王統治一洲。他們各御寶輪,轉游治境,故名。亦泛指有威德的國王。

佛從忉利天上來[1]向下。下時，化作三道寶階①。佛在中道七寶階上行；梵天王②亦化作白銀階，在右邊執白拂③而侍；天帝釋化作紫金階，在左邊執七寶蓋④而侍。諸天無數從佛來下[2]。佛既下[3]，三階俱没于地，餘有七級而現[4]。後阿育王欲知其根際⑤，遣人掘看，下至黄泉，根猶[5]不盡。王益敬信[6]⑥，即於階上起精舍，當中階作丈六立像。精舍後立石柱，高二[7]十肘⑦，上作師子⑧，柱内四邊有佛像，内外暎[8]徹⑨，淨若琉[9]璃。

【校勘】

［1］來：崇本、毗本、石本、七本、鐮本作"東"。

［2］來下：崇本、毗本、石本、七本、鐮本無此二字。圓本、資本、磧本作"下"。

［3］佛既下：崇本、毗本、石本、七本作"既下"，鐮本作"即下"。

［4］七級而現：崇本、毗本、圓本、資本、磧本、七本、鐮本作"七級現"，石本作"七七級現"。

［5］猶：七本作"猶"。"猶"爲"猶"之異體，《佛教難字字典·犬部》已收錄該字。七本中"酉""西"不分，如"酒"作"洒"（參見本書"十六、摩頭羅國"中"酒"字下校勘記）。其右半部分構件與此處"猶"之右半部分構件完全相同。

［6］敬信：崇本、毗本、圓本、資本、磧本、石本、七本、鐮本作"信敬"。

［7］二：七本作"三"。

［8］暎：七本作"膜"。

［9］琉：七本作"孫"，鐮本作"瑠"。

【箋注】

① 寶階：謂以珍寶作成之階梯，即指釋尊從忉利天降世時走過的階梯。

② 梵天王：梵文 Brahmā 的意譯，又稱大梵天、梵王、大梵、梵童子、娑婆世界主等。是色界初禪天之天王。常侍佛之右邊，手持白拂，也是佛教的護法神。

③ 白拂：白色的拂塵。廣義而言，即指一切白色獸毛製成之拂塵；狹義言之，則指白牦牛尾長毛所製之拂塵，又作牦牛拂、白牦拂。白牦牛係産於喜馬拉雅山之長毛牛，其尾毛所製之拂，爲各種拂塵中之最珍貴者，通常又與"白馬尾拂"並稱白拂。

④ 七寶蓋：用七寶裝飾的傘蓋。一般懸於佛菩薩或戒師等之高座上，作爲莊嚴具。西晋竺法護譯《普曜經》卷三："時有梵志名曰火炎，於是其父與五百眷屬圍繞，執七寶蓋貢白淨王。"(3-497c)

⑤ 根際：際有邊緣之義，根際相當於根的邊緣、根的盡頭。

⑥ 敬信：尊敬和信任。《三國志·魏志·司馬芝傳》："太守郝光素敬信芝，即以節代同行，青州號芝'以郡主簿爲兵'。"

⑦ 肘：梵文 hasta 的意譯，古印度長度單位。據《俱舍論》卷十二載，七麥爲指節，三節爲一指，橫布二十四指爲肘。《大唐西域記》卷二："分一弓爲四肘，分一肘爲二十四指。"

⑧ 師子：即獅子。師，"獅"的古字。《漢書·西域傳》："烏弋地暑熱莽平……而有桃拔、師子、犀牛。"

⑨ 暎徹："暎"同"映"，"暎徹"即"映徹"。本指照映深透，後亦形容物體晶瑩剔透。如《魏書·西域傳》："世祖時，其國人商販京師，自云能鑄石爲五色瑠璃，於是采礦山中，於京師鑄之。既成，光澤乃美於西方來者。乃詔爲行殿，容百餘人，光色暎徹，觀者見之，莫不驚駭，以爲神明所作。"西晋崔豹《古今注·草木》："酒杯藤，出西域，藤大如臂，葉似葛，花、實如梧桐，實花堅，皆可以酌酒，自有文章，暎徹可愛。"

有外道①論師②與沙門諍③此住處。時沙門理屈，於是共立誓言："此處若是沙門住處者，今當[1]有靈[2]驗。"作是言已，柱頭師子乃大鳴吼見驗[3]。於是外道憎[4]怖⑤，心伏[5]⑥而退。佛以受天食⑦三月故，身作天香⑧，不同世人。

即便浴身,後人於此處起浴室,浴室猶[6]在。優鉢羅比丘尼[7]初禮佛處,今亦起塔。佛在世時,有剪[8]髮、爪作塔,及過去三佛⑨并釋迦文佛⑩坐處、經行⑪處及作諸佛形像⑫處[9],盡有塔,今悉在。天帝釋、梵天王從佛下處,亦起塔。

【校勘】

[1] 當:鐮本自此字下殘缺至本書"二十五、五河合口"之"一"字止。

[2] 靈:石本、七本作"露"。

[3] 見驗:崇本、毗本、圓本、資本、磧本、石本、七本作"見證"。

[4] 慴:崇本、毗本、圓本、資本、磧本、石本、七本作"懼"。

[5] 心伏:崇本、毗本、石本、七本作"心服"。

[6] 猶:石本作"㳑"。

[7] 優鉢羅比丘尼:石本作"復鉢羅比丘丘"。

[8] 剪:崇本、毗本、圓本、資本、磧本、石本、七本作"翦"。按,"翦""剪"互爲異體。《玉篇·羽部》:"翦,俗作剪。"

[9] 處:石本無此字。

【箋注】

① 外道:佛教徒稱本教以外的宗教及思想爲外道。南朝梁沈約《湘州栖園寺刹下石記》:"魔衆稽顙,外道屈膝;抽薪止火,折劍摧鋒。"

② 論師:即前文所言阿毗曇師。參見本書"十六、摩頭羅國"中"阿毗曇師"條箋注(第70頁)。

③ 諍:通"爭"。爭訟;爭論。晋葛洪《抱朴子·内篇·塞難》:"彼誠以天下之必無仙,而我獨以實有而與之諍,諍之彌久,而彼執之彌固。"

④ 見驗:見,稱代性副詞,置於動詞前,隱括動詞後的賓語。驗爲驗證之義。見驗即驗證這件事。結合前文,此處大意謂,柱頭師子發出

⑤ 憎怖："憎"同"懾"，故憎怖即懾怖，乃恐懼之義。《隸釋·漢巴郡太守張納碑》："搏則有獲，群醜憎怖。"《慧琳音義》卷六十三："憎怖：上占葉反，《爾雅》云，憎，懼也。或作懾字。《東都賦》云，八靈爲之震憎也。形聲字也。"(54-727a)

⑥ 心伏：猶心服。北周庾信《謝趙王賚絲布啓》："妾遇新縑，自然心伏；妻聞裂帛，方當含笑。"

⑦ 天食：指天界之妙食。即人界所無與倫比之美味妙食。西晉竺法護譯《普曜經》卷二："懷菩薩時，諸天供養至見生矣，以服天食不甘世養，本福應然。"(3-494c)

⑧ 天香：天上之香。西晉竺法護譯《正法華經》卷八："天上世間，所有珍琦，天華、天香及天伎樂，空中雷震，暢發洪音。"(9-117a)

⑨ 過去三佛：佛教認爲在釋迦牟尼成佛前就有成佛的，其中拘留孫佛（梵文 Krakucchanda）、拘那含牟尼佛（梵文 Kanakamuni）、迦葉佛（梵文 Kāśyapa）合稱過去三佛。

⑩ 釋迦文佛：釋迦牟尼佛的別稱。

⑪ 經行：梵文 caṅkramana 的意譯，指在一定的場所中往復回旋之行走。通常在食後、疲倦時，或坐禪昏沉瞌睡時，即起而經行，爲一種調劑身心之安靜散步。唐義淨《南海寄歸內法傳》卷三："五天之地，道俗多作經行。直去直來，唯遵一路，隨時適性，勿居鬧處。一則痊痾，二能銷食。"

⑫ 形像：肖像或塑像。《東觀漢記·高彪傳》："畫彪形像，以勸學者。"《論衡·解除篇》："神，荒忽無形，出入無門，故謂之神。今作形像，與禮相逢，失神之實，故知其非。"

此處僧及尼可有千人，皆同眾食，雜大小乘學。住處有[1]一白[2]耳龍，與此眾僧作檀越，令國內[3]豐熟[4]①，雨澤以時，無諸災害，使眾僧得安。眾僧感[5]其惠[6]，故爲作龍舍，敷置②坐處。又爲龍設[7]福食③供養。眾僧日日[8]眾中別差三人，到龍舍中食。每至夏坐訖，龍輒化形作一小[9]

蛇,兩耳邊白。衆僧識之,銅盂[10]盛酪[11]④,以龍置中。從上座[12]至下座行之,伏若問訊,遍便化去。每年[13]一出。

【校勘】

[1] 有:崇本、毗本、圓本、資本、磧本、石本、七本無此字。

[2] 白:石本作"日"。

[3] 内:石本無此字。

[4] 熟:七本作"𤌶",即"㷻"字。㷻,亦作"㷅",爲"熟"之異體。

[5] 感:七本作"威"。

[6] 惠:石本、七本作"慧"。

[7] 設:石本作"説"。

[8] 日日:石本作"昌",誤合二字爲一字。

[9] 小:石本作"乘"。

[10] 盂:崇本、毗本、石本作"杅",七本作"紆"。按,"紆"當爲"杅"之訛。"杅""盂"互爲異體。《廣雅·釋器》:"盩,盂也。"王念孫疏證:"杅與盂同。"

[11] 酪:石本、七本作"酪"。按,"酪"爲"酪"之異體。據石本及七本中字例,日本古寫本中"酉"旁多寫作"酉"。如"酒",石本作"酒"。

[12] 座:石本、七本作"坐"。後文"下座"中"座",石本、七本亦作"坐"。

[13] 每年:崇本、毗本、圓本、資本、磧本、石本、七本作"年年"。

【箋注】

① 豐熟:猶豐收。《史記·趙世家》:"甘露降,時雨至,年穀豐熟,民不疾疫,衆人善之,然而賢主圖之。"

② 敷置:"敷"通"鋪",敷置即鋪置,猶布置。北魏慧覺等譯《賢愚經》卷三:"王即使於平坦地敷置坐處。"(4-372b)東晋佛陀跋陀羅共法顯譯《摩訶僧祇律》卷八:"比丘即助莊嚴形像,懸繒花蓋,敷置床座。"(22-298a)

③ 福食:供祀神用的食物。《太平廣記》卷三二引《法苑珠林》:"願父兄勤爲功德,作福食時,務使鮮潔。"

④ 酪:用牛羊馬等的乳汁煉製成的食品,有乾濕二種,乾者成塊,濕者爲漿。本文中當爲後者。

其國豐饒[1]①,人民熾盛②,最樂無比。諸國人來,無不經理,供給所須。寺西北五十由延[2],有一寺,名大墳[3]。大墳者,惡鬼名也。佛本化是惡鬼,後人於此處起精舍,布施[4]阿羅漢。以水灌手,水[5]瀝滴③地,其處故在。正復掃除,常現不滅。此處別有佛塔,善鬼神常掃灑,初不④須人功[6]⑤。有邪[7]見⑥國王言:"汝能如是者,我當多將兵衆住此,益積糞穢,汝復能除不⑦?"鬼神即起大風,吹之令淨,此處有百枚[8]小塔,人終[9]日數之,不能得知。若至意⑧欲知者[10],便一[11]塔邊置[12]一人已,復計數⑨人,人或多或少,其不可得知。有一僧伽藍,可六七百僧。此中有辟支佛食處、泥洹地[13],大如車輪,餘處生草,此處獨不生;及曬衣地處,亦不生草。衣條著地迹,今故現在。

法顯在[14]龍精舍夏坐。

【校勘】

[1] 饒:七本作"鐃"。

[2] 寺西北五十由延:崇本、毗本、圓本、資本、磧本、七本作"寺北五十由延",石本作"等北寺五十由延"。

[3] 大墳:崇本、毗本、圓本、資本、磧本、石本、七本作"火境"。下文"大墳"崇本等亦作"火境"。

[4] 布施:崇本、毗本、圓本、資本、磧本、石本、七本於此二字前有"以精舍"三字。

[5] 水:崇本、毗本、石本、七本無此字。

[6] 功:崇本、毗本、圓本、資本、磧本作"工"。

［7］邪：石本作"耶"。

［8］枚：石本作"枚"。

［9］終：石本、七本作"衆"。

［10］若至意欲知者：七本作"若意故知者"。

［11］一：七本作"至一"。

［12］置：石本作"量"。

［13］泥洹地：麗本作"泥地"，金本、崇本、毗本、圓本、資本、磧本、石本、七本作"泥洹地"。按，當從金本等作"泥洹地"爲是，故據改。

［14］在：崇本、毗本、圓本、資本、磧本、石本、七本作"住"。

【箋注】

① 豐饒：豐裕富饒。漢蔡邕《黃鉞銘》："於是儲廩豐饒，室馨不懸。"

② 熾盛：興旺；繁盛。《論衡·超奇篇》："文章之人，滋茂漢朝者，乃夫漢家熾盛之瑞也。"東晉干寶《搜神記》卷二十五："諸羌神之，推以爲豪，其後種落熾盛續也。"

③ 瀝滴：水下滴。《文選·木華〈海賦〉》："瀝滴滲淫，薈蔚雲霧。"李善注引《説文》："瀝滴，水下滴瀝也。"

④ 初不：一點兒都不。參見本書"十三、那竭國"中"初無"條箋注（第51頁）。

⑤ 人功：人力。《漢書·溝洫志》："昔大禹治水，山陵當路者毀之，故鑿龍門，辟伊闕……此乃人功所造，何足言也！"

⑥ 邪見：佛教指無視因果道理的謬論，不正之執見。三國吳康僧會譯《六度集經》卷五："太子棄國，勤於山林，邪見之徒，咸謂狂惑，謗聲非一。"（3-30b）

⑦ 不：通"否"。語末助詞，表詢問。《史記·袁盎晁錯列傳》："上問曰：'道軍所來，聞晁錯死，吳楚罷不？'"

⑧ 至意：至有極義，表示程度深。至意即表示極深的心意。文中用作動詞，指懷有極深的心意。如北魏慧覺等譯《賢愚經》卷五："我生以來，遭羅苦難，墮水魚吞，垂死得濟，今我至意，欲得出家，唯

願父母,當見聽許。"(4-385c)後秦佛陀耶舍共竺佛念等譯《四分律》卷三十七:"爾時有比丘受七日出界外,爲其母所留,至意欲還,而遂不及七日。"(22-835a)

⑨ 計數:計算。《史記·秦始皇本紀》:"自今已來,除諡法。朕爲始皇帝。後世以計數,二世三世至於萬世,傳之無窮。"

十八、 䥏饒夷城　沙祇大國

　　坐訖,東南行七由延,到䥏饒[1]夷城①。城接②恒水③,有二僧伽藍,盡小乘學。去城西六七里,恒水北岸,佛爲諸弟子説法處。傳云:説無常、苦空[2]④,説身如泡沫⑤等。此處起塔猶在。度恒水,南行三由延,到一村,名呵梨⑥。佛於此中説法、經行、坐處,盡起塔。

　　從此東南行十由延,到沙祇大國⑦。出沙祇城南門,道東,佛[3]本在此嚼楊枝⑧,已,刺[4]土中,即生長七[5]尺,不增不減[6]。諸外道婆羅門嫉妬,或斫或拔,遠棄之,其處續生如故。此中亦有四佛⑨經行、坐處,起塔故在。

【校勘】

[1] 饒:石本作"鐃",七本作"鐃"。

[2] 空:崇本、毗本、圓本、資本、磧本、石本、七本無此字。

[3] 佛:石本、七本無此字。

[4] 刺:石本作"刺",七本作"刾",亦爲"刺"之缺筆。按,"刺"爲"刾"之異體。《廣韻·眞韻》:"刾:針刺。……刺:俗。"

[5]七：石本作"士"。

[6]滅：石本作"滅"。

【箋注】

① 罽饒夷城：罽饒夷，梵文作Kanyākubja，又作"羯若鞠闍"，意譯曲女、妙童女，爲中印度之古國。罽饒夷城即《大唐西域記》中羯若鞠闍曲女城。故址位於今印度北方邦西部根瑙杰城（Kannauj）。據《大唐西域記》卷五載，此國都城原名拘蘇磨補羅，梵授王時，有大樹仙人慕王女而求之；王之百女中，唯最年幼者自請當之，仙人懷怒，便出惡咒，使九十九女一時腰曲（即駝背），故後名曲女城。玄奘游此時，戒日王曾設無遮大會，佛教甚爲興盛。

② 接：靠近。《魏書·釋老志》："敦煌地接西域，道俗交得其舊式，村塢相屬，多有塔寺。"

③ 恒水：恒河。又作殑伽河、强伽河。梵文作Gaṅgā。《慧琳音義》卷三十二："强伽：舊名恒河是也。亦名殑伽。從阿耨大池東面象口出，流入東海，其沙細，與水同流。"（54－524c）該河發源於喜馬拉雅山南坡，流經印度、孟加拉國入海。印度人多視爲聖河、福水。

④ 苦空：佛教語。謂人世間一切皆苦，凡事俱空。南朝梁武帝蕭衍《摩訶般若懺文》："觀夫常樂我淨，蓋真常之妙本；無常苦空，乃世相之累法。"

⑤ 身如泡沫：佛教語。以水泡比喻世上事物無常，一切皆空。佛陀在宣講佛法時常用"泡沫"作比喻，如東漢曇果共康孟詳譯《中本起經》卷一："佛告衆人：'且自觀身，觀他何爲？色欲無常，合會有離，如泡如沫，愚者戀著，殃禍由生。身爲苦器，衆生皆然。'"（4－149c）。

⑥ 呵梨：梵文Hari的音譯，即《大唐西域記》卷五中所載羯若鞠闍國大城東南納縛提婆矩羅城。其故址位於今印度北方邦根瑙杰城東南三十五公里的邦格阿爾毛（Bangarmau）以北的奈瓦爾（Newal）。

⑦ 沙祇大國：沙祇大，梵文Sāketa的音譯。一般認爲，沙祇大即古印度北部拘薩羅國（Kosala）的古都。相傳拘薩羅國最早的都城爲阿踰陀，後遷娑枳多，最後又遷至舍衛。學者們認爲沙祇大即娑枳

多,故址在今印度北方邦中部法扎巴德(Faizabad)以東的卡克拉河(Ghāghara River)旁阿约提亞(Ajodhya)。

⑧ 嚼楊枝:古印度有咀嚼楊樹嫩枝以清潔口腔和牙齒的習慣。楊枝,亦作齒木。《釋氏要覽》卷一:"嚼楊枝:《僧祇律》名齒木。嚼一頭碎,用剔刷牙齒中滯食也。《毗奈耶》云,嚼(楊枝)有五利:一口不苦;二口不臭;三除風;四除熱;五除痰癊。又五利:一除風;二除熱;三令口滋味;四消食;五明目。《僧祇律》云,若口有熱氣及生瘡,應嚼楊枝咽汁。"(54-276c)《大唐西域記》卷二亦云:"饌食既訖,嚼楊枝而爲淨。"唐實叉難陀譯《大方廣佛華嚴經》卷十一:"初嚼楊枝具十德者:一、銷宿食;二、除痰癊;三、解衆毒;四、去齒垢;五、發口香;六、能明目;七、澤潤咽喉;八、脣無皴裂;九、增益聲氣;十、食不爽味。"(10-713b)

⑨ 四佛:即過去四佛,指拘留孫佛(梵文 Krakucchanda)、拘那含牟尼佛(梵文 Kanakamuni)、迦葉佛(梵文 Kāśyapa)和釋迦牟尼佛。

十九、 拘薩羅國舍衛城

從此南行[1]八由延,到拘薩羅國①舍衛城②。城內人民希曠[2],都③有二百餘家,即波[3]斯匿王④所治城也。大愛道⑤故精舍處,須達長者⑥井壁及鴦掘魔⑦得道、般泥洹、燒身處,後人起塔,皆在此城中。諸外道婆[4]羅門生嫉妒心,欲毀壞之,天即雷電霹靂[5],終不能得壞。

出城南門千二百步,道西,長者須達起精舍。精舍東[6]向開門,門戶兩邊[7]有二石柱。左柱[8]上作輪形,右柱[9]上作牛形。精舍左右[10],池流清淨,樹林[11]尚茂,衆華異色⑧,

蔚然可觀，即所謂祇[12]洹精舍⑨也。

【校勘】

[1] 南行：今學者一般認爲，"南行"當爲"北行"之誤。如足立喜六即指出："舍衛城確爲今 Balrampur 之 Saheth-Mahrth 地，倘法顯由 Kannauj 東南行十三由延後更向南行，則無論如何，必不能達到舍衛城。舍衛城（Balrampur）在 Ajodhyā 之北（五十哩），八由延則與五十二哩略等。"

[2] 曠：石本、七本作"曠"。

[3] 波：石本作"彼"。

[4] 婆：七本作"波"。

[5] 霹靂：石本、七本作"礔礰"。按，"礔礰"亦作"礔礰"，古同"霹靂"。

[6] 東：石本無此字。

[7] 門户兩邊：崇本、毗本作"户户兩廂"，圓本、資本作"門户兩廂"，磧本作"户兩廂"，石本、七本作"户户兩相"。

[8] 左柱：石本、七本作"石柱"。

[9] 右柱：石本、七本作"石柱"。

[10] 精舍左右：崇本、毗本、圓本、資本、磧本、石本、七本無此四字。

[11] 樹林：崇本、毗本、圓本、資本、磧本、石本、七本作"林木"。

[12] 祇：磧本作"祇"。

【箋注】

① 拘薩羅國：梵文 Kosala 的音譯，又作憍薩羅國、居薩羅國、拘薛羅國等，中印度古王國，爲古印度十六大國之一。此國以薩羅踰河爲界，一分爲二，舍衛城所在的稱爲北憍薩羅，以別於南憍薩羅。同時如果不特別指明，一般典籍所稱的憍薩羅國，均指北憍薩羅國。

② 舍衛城：梵文 Śrāvastī 的音譯，爲拘薩羅國的都城。《大唐西域記》中作室羅伐悉底國。此處是古印度重要的文化中心和商業中

心,但後來逐漸衰落。唐代玄奘法師到此地時,已是城郭荒頹,伽藍圮毁,滿目荒涼了。其故址位於今印度北方邦境内拉普提(Rāpti)河南岸奥德(Oudh)境内貢達(Gonda)與巴赫賴奇(Bahraich)二縣邊界上的沙赫特(Sāheṭh)、馬赫特(Māheṭh)二村。

③ 都:總,總共。《漢書·食貨志下》:"而桑弘羊爲治粟都尉……置平準於京師,都受天下委輸。"

④ 波斯匿王:波斯匿,梵文 Prasenajit 的音譯,《大唐西域記》中作鉢邏犀那恃多王。意譯作勝軍王、勝光王、和悦王、月光王、明光王等,爲中印度拘薩羅國國王,約與釋尊生活於同一時期。波斯匿王贊助佛教,敬慕釋迦牟尼佛,對佛教初期的發展起了重要的推動作用。

⑤ 大愛道:梵文 Mahāgautamī 的意譯,又作摩呵憍曇彌、摩訶波闍波提等。爲古印度天臂城善覺王之女。即佛母摩呵摩耶之妹,釋迦牟尼佛之姨母。釋迦牟尼出生七日,母摩耶夫人即謝世,由姨母大愛道代爲養育。釋迦牟尼成道後第五年,淨飯王命終,大愛道率耶輸陀羅及五百釋迦族女,請求隨釋迦牟尼出家,爲佛門有比丘尼之始。大愛道出家後親自統理比丘尼,住於精舍附近之尼院,爲請求出家之女衆授具足戒,助佛陀化導甚多。

⑥ 須達長者:須達,梵文 Sudatta 的音譯,《大唐西域記》卷六作"蘇達多",亦作"須達多"。意譯作善授、善與、善施等。爲中印度舍衛城之長者,波斯匿王之大臣。其性仁慈,夙憐孤獨,好行布施,人稱之爲"給孤獨長者"。他皈依佛陀後,欲覓一地爲佛陀建築精舍,見逝多太子(Jeta)花園頗爲清净閑曠,乃欲購之,然爲太子所拒。太子爲令長者卻步,遂以黄金鋪滿花園爲出售之條件,須達長者乃以象馱黄金鋪地,太子爲其誠心所感,遂將園中所有林木奉施佛陀,故以二人名字命名爲祇樹給孤獨園。又太子乃憍薩羅國波斯匿王之子,因太子誕生之日,王大破敵軍,故以"勝"爲太子之名;以樹林爲太子勝所有,故稱祇園爲勝林、勝子林、勝子樹。精舍竣工後,佛陀曾於此度過許多雨季,大多數之經典亦説於此。祇園精舍(即後文"祇洹精舍")與王舍城之竹林精舍並稱爲佛教最早之兩大精舍。

⑦ 鴦掘魔:梵文 Angulimāla 的音譯,又作鴦掘魔羅、央掘摩羅、

央掘魔羅等,意譯爲指鬘、指髻,梵漢兼譯則稱鴦崛鬘、鴦崛髻。是佛陀的弟子之一。據《鴦掘魔羅經》記載,鴦掘魔曾受蠱惑而殺人,每殺一人則取一指爲華鬘,殺至九百九十九人時,欲弑其母以成一千之數。佛陀遥知而憫,遂前往化度之,鴦掘魔見佛陀前來,執劍趨前,意欲害之,後經佛陀爲説正法,乃改過懺悔而入佛門,後證得羅漢果。

⑧ 異色:不同顔色。《文選・左思〈蜀都賦〉》:"百果甲宅,異色同榮。"

⑨ 祇洹精舍:又稱祇樹給孤獨園,略稱祇園或祇樹、祇園精舍、只陀林、逝多林等。是須達長者和逝多太子一起奉獻給佛陀的住所。參見本節"須達長者"條箋注(第 86 頁)。

佛上忉利天爲母説法九十日,波斯匿王思見佛,即刻牛頭栴[1]檀作佛像,置佛坐處。佛後還入精舍,像即避出迎佛。佛言:"還坐。吾般泥洹後,可爲四部衆①作法式。"像即還[2]坐。此像最是衆像之始,後人[3]所法者也。佛於是移住南邊小精舍,與像異處,相去二十步。祇洹精舍本有七層,諸國王、人民競興[4]供養[5],懸繒幡蓋,散華[6]燒香,燃[7]燈續明,日日[8]不絶。鼠啣[9]燈炷②,燒[10]幡蓋,遂及精舍,七重③都盡。諸國王、人民皆大悲惱,謂④栴檀像已燒。卻[11]後四五日,開東邊[12]小精舍户,忽見本像,皆大歡喜。共治⑤精舍,得作兩重,還移像本處。

【校勘】

[1] 栴:石本無此字。

[2] 還:石本無此字。

[3] 人:石本作"久"。

[4] 興:石本作"與"。

[5] 供養:七本作"養"。"供"字誤植到下文"懸繒幡蓋"後。

[6] 華:石本作"花"。

[7] 燃：崇本、毗本、圓本、資本、磧本作"然"。
[8] 日日：石本作"日月"。
[9] 含：崇本、毗本、圓本、資本、磧本、石本、七本作"衘"。
[10] 燒：圓本、資本、磧本作"燒花"，石本、七本作"炷香"。
[11] 卻：七本作"劫"。
[12] 邊：崇本、毗本、圓本、資本、磧本、石本、七本無此字。

【箋注】

① 四部衆：佛教語。指構成佛教教團之四種弟子衆：比丘、比丘尼、優婆塞、優婆夷，或僅指出家四衆，即比丘、比丘尼、沙彌、沙彌尼。亦省稱"四衆"。

② 燈炷：即燈心。《梁書·諸夷傳·扶南》："復東行漲海千餘里，至自然大洲。其上有樹生火中，洲左近人剝取其皮，紡績作布……或作燈炷，用之不知盡。"

③ 重：量詞。層；道。南朝齊求那毗地譯《百喻經·三重樓喻》："木匠答言：'無有是事，何有不作最下重屋而得造彼第二之屋？不造第二，云何得造第三重屋？'"（4-544b）

④ 謂：認爲，以爲。南朝宋劉義慶《世説新語·識鑒》："周伯仁母，冬至舉酒賜三子曰：'吾本謂度江託足無所，爾家有相，爾等並羅列吾前，復何憂！'"

⑤ 治：修建，修繕。《三國志·魏志·辛毗傳》："帝報曰：'二虜未滅而治宮室，直諫者立名之時也。'"

　　法顯、道整初到祇洹精舍，念昔[1]世尊住此二十五年，自傷①生在邊地[2]，共諸同志②游歷諸國，而或有還者，或有無常者，今日乃見佛空③處，愴[3]然心悲。彼衆僧出，問法顯[4]等言："汝等[5]從何國來？"答曰[6]："從漢地來。"彼衆僧歎曰："奇哉，邊國[7]④之人乃⑤能求法至此！"自相謂言："我等諸師、和上[8]⑥相承以來，未見漢道人來到此也。"

精舍西北四里,有林[9],名曰得眼。本有五百盲人⑦,依精舍住此。佛爲説法,盡還⑧得眼。盲人[10]歡喜,刺[11]杖著地,頭面作禮。杖遂生長大,世人重之,無敢伐者,遂成爲林,是故以得眼爲名。祇洹衆僧中食後,多往彼林中坐禪。

【校勘】

　　[1] 昔:石本作"音"。

　　[2] 邊地:崇本、毗本、石本、七本作"邊城",圓本、資本、磧本作"邊夷"。

　　[3] 愴:七本作"搶"。

　　[4] 問法顯:崇本、毗本、圓本、資本、磧本、石本作"問顯",七本作"門顯"。

　　[5] 等:崇本、毗本、圓本、資本、磧本、石本、七本無此字。

　　[6] 曰:崇本、毗本、圓本、資本、磧本、石本、七本作"云"。

　　[7] 國:崇本、毗本、圓本、資本、磧本、石本、七本作"地"。

　　[8] 上:磧本作"尚"。

　　[9] 林:崇本、毗本、圓本、資本、磧本作"榛",石本、七本作"椋"。

　　[10] 人:石本、七本作"人人"

　　[11] 刺:石本作"刾",七本作"刉"。按,"刾"同"刺"。《龍龕手鏡·刀部》已收録該字。"刉"當爲"刺"之誤。

【箋注】

　　① 自傷:自我傷感。《後漢書·應奉傳》:"及黨事起,奉乃慨然以疾自退。追愍屈原,因以自傷,著《感騷》三十篇,數萬言。"

　　② 同志:志趣相同的人。晋葛洪《抱朴子·内篇·黄白》:"今將載其約而効之者,以貽將來之同志焉。"文中法顯所謂"同志"指與法顯一同從長安出發的慧景、道整、慧應、慧嵬等四人,以及在張掖、于闐等途中加入西行求法隊伍的智嚴、慧簡、僧紹、寶雲、僧景、慧達等六人。

③ 空：没有，不存在。《後漢書·孔融傳》："坐上客恒滿，尊中酒不空，吾無憂矣。"文中"佛空處"意謂佛已不在的地方。

④ 邊國：外國。南朝齊求那毗地譯《百喻經·構驢乳喻》卷四："昔邊國人不識於驢，聞他説言驢乳甚美，都無識者。"（4-555a）

⑤ 乃：副詞。竟然，居然。晋陶潜《桃花源記》："問今是何世，乃不知有漢，無論魏晋。"

⑥ 和上：即和尚。南朝齊王琰《冥祥記》："（張應）欲呼師名，忘曇鎧字，但唤：'和上救我！'"

⑦ 五百盲人：《大唐西域記》卷六記載："伽藍西北三四里，至得眼林，有如來經行之迹，諸聖習定之所，並樹封記，建窣堵波。昔此國群盜五百，横行邑里，跋扈城國。勝軍王捕獲已，抉去其眼，棄於深林。群盗苦逼，求哀稱佛。是時如來在逝多精舍，聞悲聲，起慈心，清風和暢，吹雪山藥，滿其眼已，尋得復明。"其中被勝軍王挖去雙眼的五百群盗即法顯所云"五百盲人"。

⑧ 還：回復、還復。南朝宋鮑照《代陸平原君子有所思行》詩："年貌不可還，身意會盈歇。"

祇洹精舍東北六七里，毗舍佉母①作精舍，請佛及僧，此處故在。祇洹精舍大援落[1]② 有二門，一門東向，一門北向[2]。此園即須達長者布金錢買地處[3]。精舍當③中央[4]，佛住此處[5]最久。説法、度人、經行、坐處，亦盡起塔，皆有名字。及[6]孫[7]陀利④殺身謗佛處。

出祇洹東門，北行七十步，道西，佛昔共九十六種外[8]道⑤論議，國王、大臣、居[9]士、人民皆雲集而聽。時外道女，名旃遮[10]摩那⑥，起嫉妬⑦心，乃[11]懷[12]衣著腹前，似若妊[13]身⑧，於衆會中謗佛以非法。於是天[14]帝釋即化作白鼠，嚙[15]其腰帶，帶[16]斷，所懷[17]衣墮地，地即裂[18]，生入地獄。及調達⑨毒爪欲害佛⑩，生入地獄處，後人皆幖幟[19]⑪之。又於論議處起精舍，高[20]六丈許。中[21]有坐佛像[22]。

【校勘】

　　[1] 援落：麗本、金本作"院各"，崇本、毗本、圓本、資本、磧本作"援落"，石本作"㧞落"，七本作"㨤落"。按，"院各"不詞，據崇本等改。

　　[2] 一門北向：石本、七本無此四字。

　　[3] 處：崇本、毗本、圓本、資本、磧本、石本、七本作"處也"。

　　[4] 央：石本作"夬"，七本作"夬"。按，石本與七本字形均爲"央"的行草字形。

　　[5] 此：崇本、毗本、石本、七本無此字。

　　[6] 及：崇本、毗本、圓本、資本、磧本作"乃"。

　　[7] 孫：石本、七本作"殊"。

　　[8] 外：七本無此字。

　　[9] 居：石本、七本作"君"。

　　[10] 遮：崇本、毗本作"柘"，石本、七本作"祐"。

　　[11] 乃：崇本、毗本、圓本、資本、磧本、石本、七本作"及"。

　　[12] 懷：七本作"壞"。

　　[13] 妊：石本、七本作"任"。

　　[14] 天：七本無此字。

　　[15] 齧：崇本、毗本、圓本、資本、磧本作"齧"，石本、七本作"齧"。

　　[16] 帶：崇本、毗本、圓本、資本、磧本、七本無此字。

　　[17] 懷：石本、七本作"壞"。

　　[18] 裂：崇本、毗本作"霹裂"，圓本、資本、磧本作"劈裂"，石本作"礔裂"，七本作"啓裂"。按，七本中"啓"爲"啓"之異體，《干祿字書》已見。

　　[19] 幖幟：崇本、毗本、圓本、資本、磧本作"標識"，金本作"摽識"，石本作"樹識"，七本作"樹識"。

　　[20] 高：崇本、毗本、圓本、資本、磧本、石本、七本作"精舍高"。

　　[21] 中：崇本、毗本、圓本、資本、磧本、石本作"裏"，七本作"裏"。

　　[22] 像：崇本、毗本、圓本、資本、磧本無此字，石本、七本作"象"。

【箋注】

① 毗舍佉母：毗舍佉，梵文 Viśākhā 的音譯。"母"爲尊稱。毗舍佉原爲鴦伽國長者之女，嫁彌伽羅之子，後勸其翁彌伽羅歸依佛門，彌伽羅甚爲歡喜，遂呼毗舍佉爲母，後人由此而稱其爲彌伽羅母（Mṛgāra-mātṛ）。後生一子名鹿，故又名"鹿母"或"鹿子母"。一説，"彌伽羅"被誤作"彌羅伽"（Mṛga），而 Mṛga 爲"鹿"的意思，故又將毗舍佉母稱之爲"鹿母"或"鹿子母"。據《四分律》卷十記載，鹿子母曾向佛陀發八大願，即供食外來之比丘、遠行之比丘、病中之比丘，施藥物予病中之比丘，供食予看護病人者，施粥予比丘，施雨衣、澡浴之衣等。結婚時，又捐價值九億錢之嫁衣，請求建造精舍，獲得佛之允許，由目犍連監督工事，歷時九月而成，上下二層，各有五百室，稱爲東園鹿子母講堂，或稱鹿母講堂。

② 援落：應作"堧落"。"堧"即"院"之俗字，《龍龕手鏡·土部》："堧，俗，音院。"故"堧落"即院落，指房屋前後用墙或柵欄圍起來的空地。因"土"旁與"扌"形近相混，故文獻中"堧"常訛作"援"。如釋可洪《新集藏經音義隨函録·〈摩訶僧祇律〉卷二九音義》："塔堧，音院。"《摩訶僧祇律》卷二九"臥蘇毗羅漿時……不得安著塔院中"，正作"塔院"。而《大正藏》校記謂"院"字日本宮內廳圖書寮本作"援"。此亦是"堧"的訛字。

③ 當：介詞，相當於"在"。《晏子春秋·內篇·雜下六》："梟當陛，布翼，伏地而死。"

④ 孫陀利：梵文 Sundarī 的音譯，又作須陀利、酸陀利、酸陀難提等，意譯爲好首、可愛。相傳，外道欲陰謀誹謗佛陀，故意派遣淫女孫陀利去祇洹精舍聽佛陀説法。後來又將其殺害，埋於祇洹精舍，並聲稱佛陀與孫陀利私通而殺人滅口。但陰謀最終沒有得逞，真相也得以大白於天下。這也是佛陀遭受的"十難"之一。

⑤ 九十六種外道：佛教徒稱本教以外的宗教及思想爲外道。相傳，佛陀創立佛教之時，有所謂"六師外道"，即富蘭那迦葉、末伽梨拘舍梨、珊闍耶毗羅胝子、阿耆多翅舍欽婆羅、迦羅鳩馱迦旃延、尼犍陀若提子，六師外道各有十六種之所學法，一法自學，餘之十五種各教

十五弟子,師徒合論爲九十六種。

⑥ 旃遮摩那:梵文 Ciñca-Māṇavikā 的音譯,亦作旃遮、旃闍、戰遮等,意譯爲暴志。此女嫉妒大衆敬信佛陀,將一只木盂繫於懷中,假裝懷有身孕,當衆誹謗佛陀與其私通,致其懷孕。即後文所言"於衆會中謗佛以非法"。

⑦ 嫉妎:妎,同"妒"。故嫉妎即嫉妒。

⑧ 妊身:懷孕。《後漢書·王昌傳》:"母故成帝謳者,嘗下殿卒僵,須臾有黄氣從上下,半日乃解,遂妊身就館。"東漢支婁迦讖譯《阿閦佛國經》卷一:"遍三千大千世界諸妊身女人皆安隱産、盲者得視、聾者得聽。"(11-753c)

⑨ 調達:梵文 Devadatta 的音譯,亦作提婆達多、提婆達兜、地婆達兜、調婆達多等。調達是佛陀之堂弟,爲佛陀叔父斛飯王之子,阿難之兄長。幼時與佛陀、難陀共習諸藝。佛陀成道後,隨佛陀出家,於十二年間善心修行,精勤不懈。後因未能得聖果而退轉其心,漸生惡念。曾欲替代佛陀領導僧團,未果。後調達率五百徒衆脱離僧團,遂破僧伽之和合。佛經中多載調達之所作所爲,謂調達於命終之後墮入地獄中。

⑩ 毒爪欲害佛:此事又見於《大唐西域記》卷六:"提婆達多惡心不捨,以惡毒藥置指爪中,欲因作禮以傷害佛。"

⑪ 幖幟:幖,後寫作"標"。《説文·巾部》:"幖,幟也。"段玉裁注:"凡物之幖識亦曰徽識。今字多作標牓。標行而幖廢矣。"故"幖幟"即"標幟",義爲標志、標記。東晉佛陀跋陀羅共法顯譯《摩訶僧祇律》卷三十八:"沙門衣者,賢聖幖幟。"(22-528a)

其[1]道東有外道天[2]寺,名曰影覆。與論議處精舍夾[3]道相對,亦高六丈[4]許。所以名影覆者,日在西時,世尊精舍影則暎[5]外道天寺;日[6]在東時,外道天寺影則北暎,終不能[7]得暎佛精舍也。外道常遣人守其天寺,掃灑、燒香、然[8]燈供養。至明旦①,其燈輒移在佛[9]精舍中。婆羅門恚②言:"諸沙門取我燈,自供養佛。"爲爾不止。婆羅門於是夜自伺候③,見其所事天神將[10]燈繞佛精舍三匝[11]④供養[12]。供養佛已,忽然不見。婆羅門乃知佛神大[13],即捨家入道。傳云:近有此事。繞祇洹精舍有十八[14]僧伽藍,盡有僧住[15],唯一處空。

【校勘】

[1] 其:石本、七本無此字。

[2] 天:崇本、毗本、石本、七本無此字。

[3] 夾:麗本、金本作"袂",崇本、毗本、圓本、資本、磧本、石本、七本作"夾"。按,當以"夾"爲是,故據改。

[4] 丈:七本作"大"。

[5] 暎:崇本、毗本、圓本、資本、磧本、石本、七本作"映"。按,"暎"同"映",《集韻·映韻》:"映,亦從英。"

[6] 日:七本作"白"。

[7] 能:崇本、毗本、圓本、資本、磧本、石本、七本無此字。

[8] 然:崇本、毗本、圓本、資本、磧本作"燃",石本、七本作"燒"。

[9] 佛:石本、七本無此字。

[10] 將:崇本、毗本、圓本、資本、磧本、七本作"持",石本作"時"。

[11] 匝:崇本、毗本、圓本、資本、磧本作"帀"。按,帀,同"匝"。

[12] 供養:崇本、毗本、圓本、資本、磧本、石本、七本無此二字。

[13] 大:崇本、毗本、石本、七本無此字。

[14] 十八:崇本、毗本、圓本、資本、磧本作"九十八"。

[15] 住:崇本、毗本、圓本、資本、磧本、石本、七本作"住處"。

【箋注】

① 明旦:天亮。《史記·孟嘗君列傳》:"君獨不見夫趣市朝者乎?明旦,側肩爭門而入;日暮之後,過市朝者掉臂而不顧。"

② 恚:憤怒,怨恨。《史記·淮南衡山列傳》:"衡山王以此恚,與

奚慈、張廣昌謀,求能爲兵法候星氣者,日夜從容王密謀反事。"

③ 伺候:守候觀望。南朝宋劉敬叔《異苑》卷三:"乃具以語蠻,於是相與執杖伺候。須臾虎至,即格殺之。"

④ 三匝:匝,量詞,周、圈之義。《東觀漢紀·明德馬皇后傳》:"明帝馬皇后美髮,爲四起大髻,但以髮成,尚有餘,繞髻三匝,復出諸髮。"右繞佛精舍,或繞塔數圈,爲古印度敬禮之法。唐義淨《南海寄歸内法傳》卷三:"若其右繞佛殿,旋游制底,別爲生福,本欲虔恭。"

此中國有九[1]十六種外[2]道,皆知今世、後世[3],各有徒衆,亦皆乞食,但不持[4]鉢。亦復求福,於曠路側立福德舍①,屋宇、牀[5]臥②、飲食,供[6]給行路人及出家人、來去客,但所期[7]異耳。調達亦有衆在,常[8]供養過去三佛,唯不供養釋迦文佛。

舍衛城東南四里,琉璃[9]王③欲伐舍夷國④,世尊當道側立⑤,立處起塔。

【校勘】

[1] 九:崇本、毗本無此字。

[2] 外:崇本、毗本、七本無此字。

[3] 後世:磧本無此二字。

[4] 持:石本作"時"。

[5] 牀:石本、七本作"林"。

[6] 供:石本作"供養"。

[7] 期:石本作"斯"。

[8] 常:崇本、毗本、圓本、資本、磧本、石本、七本無此字。

[9] 琉璃:崇本、毗本、圓本、資本、磧本作"瑠璃",石本作"琉瑠"。

【箋注】

① 福德舍：即福舍，是佛教所設布施修福的處所。

② 牀臥：亦作"床臥"。即供人睡臥的家具。東漢康孟詳譯《佛說興起行經》卷一："自今已去，衣被、飲食、床臥、醫藥，常從我受，當爲我故，受我請。"（4-166a）

③ 琉璃王：梵文 Virūḍhaka 音譯之略，亦作毗琉璃王、毗流離王、毗盧釋迦王、毗婁勒王等。爲拘薩羅國波斯匿王之太子。據《增一阿含經》《根本説一切有部毗奈耶雜事》《大唐西域記》等記載，波斯匿王受迦毗羅國釋迦族的欺騙，迎娶了一名婢女所生之女爲王后，不久産下一子，即琉璃王。當初，波斯匿王迎娶此婢女所生之女時，其母曾預言此女"必當喪我憍薩羅城"。後此女生下琉璃王后，便根據波斯匿王母親的預言而名其爲惡生，故琉璃王又稱惡生王。琉璃王八歲時，曾奉父命至迦毗羅城釋迦族處，在那裏受到了釋迦族人的侮辱，被斥爲"婢子"，並逐出門外。琉璃王即位後，即進兵迦毗羅城，屠殺釋迦族人，以致血流成河。

④ 舍夷國：即迦維羅衛城（梵文 Kapilavastu），是佛陀釋迦牟尼的出生地。據足立喜六考證，"舍夷"一詞譯自巴利語 Sakki，爲"證者""聖人"之義，故舍夷國即證者之國，指釋迦牟尼之國。

⑤ 世尊當道側立：據《根本説一切有部毗奈耶雜事》卷八記載，佛陀聽聞琉璃王將要進攻舍夷國，乃立於道側枯木之下見之。

二十、都維、那毗伽等三邑

城西五十里，到一邑[1]，名都維[2]①，是迦葉佛②本生處。父子相見處、般[3]泥洹處，皆悉③起塔。迦葉如來④全[4]身舍利⑤亦起大塔。從舍衛城東南行十二由延,到一邑,名那毗伽⑥,是拘[5]樓秦佛⑦所生處。父子相見處、般泥洹處,亦皆起塔[6]。從此北行,減[7]一由延,到一邑,是拘那含[8]牟尼佛⑧所生處。父子相見處、般泥洹處,亦皆起塔。

【校勘】

[1] 邑:七本作"色"。

[2] 維:石本作"絕",七本作"陁"。

[3] 般:石本、七本作"能"。

[4] 全:七本作"金"。

[5] 拘:七本作"抅"。

[6] 皆起塔:崇本、毗本、石本、七本作"有僧伽藍",圓本、資本、磧本作"有僧伽藍起塔"。

[7] 減:石本作"滅"。

[8] 含:七本作"舍"。

【箋注】

① 都維:英國學者薩繆爾·比爾(Smauel Beal)引克寧漢的考證,認爲都維即今印度北方邦奧德境内沙赫特－馬赫特(Sāhet-Māhet)以西的 Tadwa 村。

② 迦葉佛:是釋迦牟尼佛以前之佛,佛教中"過去七佛"之一,傳說爲釋迦牟尼前世之師,曾預言釋迦將來必定成佛。

③ 皆悉:盡、全都。《後漢書·南蠻傳》:"至永興元年,太守應奉以恩信招誘,皆悉降散。"

④ 如來:梵文 Tāthagata 的意譯,音譯作多陀阿伽陀、多陀阿那陀、多他阿伽陀耶、多他阿伽度、怛薩阿竭等。諸佛的通號之一。"如"指如實,"如來"即從如實之道而來,以達到覺悟。《成實論》卷一:"如來者,乘如實到來成正覺,故曰如來。"

⑤ 舍利:梵文 Śarīra 的音譯,又作實利、設利羅、室利羅等,意譯

作身骨、遺身。通常指釋迦牟尼佛遺體火化後結成的堅硬珠狀物,故又稱佛骨、佛舍利。後來也泛指高僧死後焚燒所遺之骨頭。《魏書·釋老志》:"佛既謝世,香木焚屍。靈骨分碎,大小如粒,擊之不壞,焚亦不燋,或有光明神驗,胡言謂之'舍利'。弟子收奉,置之寶瓶,竭香花,致敬慕,建宮宇,謂爲'塔'。"

⑥ 那毗伽:具體所指不詳。據《大唐西域記》卷六記載,迦羅迦村馱佛(即拘樓秦佛)、本生故城在劫比羅伐窣堵國王城南五十餘里,其東北三十餘里爲迦諾迦牟尼佛(即拘那含牟尼佛)本生故城。

⑦ 拘樓秦佛:梵文 Krakucchanda 的音譯,又作拘留孫佛、俱留孫佛、鳩樓孫佛、迦羅鳩村馱等。爲過去七佛中之第四佛。

⑧ 拘那含牟尼佛:梵文 Kanakamuni 的音譯,又作那含佛、迦那伽牟尼、拘那含牟尼等。爲過去七佛中之第五佛。

二十一、迦維羅衛城

從此東行,減[1]一由延,到迦維[2]羅衛城①。城中都無王、民,甚丘[3]荒②,止[4]有眾僧、民户[5]③數十家而已。白淨王④故[6]宮處,作太子母⑤形像,及[7]太子乘[8]白象[9]入母胎時。太子出城東門,見病人迴車[10]還處,皆起塔。阿夷⑥相太子處。與難陁⑦等撲[11]象⑧、擲[12]⑨、射處,箭[13]東南去三十里入地,令[14]泉水出,後世人治作井,令行人飲[15]。佛得道,還見父王處。五百釋子⑩出家,向優波[16]離⑪作禮,地六種震動⑫處。佛爲諸天說法,四天王⑬等[17]守四門,父王不得入處[18]。佛在尼拘律樹⑭下,東向坐,大愛道布施佛僧伽梨處,此樹猶在。瑠[19]璃王煞⑮釋種[20]⑯,釋種先[21]盡得須陁洹⑰,立塔,今亦在。城東北數里有王田,太子坐[22]樹下觀[23]耕者處。

【校勘】

[1] 減:石本、七本作"减"。

[2] 維:七本作"稚"。

[3] 甚丘:崇本、毗本作"甚坵",圓本、資本、磧本作"甚如坵",石本作"其枺",七本作"其逝"。

[4] 止:崇本、毗本、圓本、資本、磧本作"只",石本、七本作"正"。

[5] 户:石本作"尸"。

[6] 故:石本作"放"。

[7] 及:崇本、毗本、圓本、資本、磧本、石本、七本作"乃"。

[8] 乘:章巽指出石本作"棄"。按,石本該字作"𠂇",細辨該字實爲"乘"。七本中該字作"乘",則更爲明顯。"乘"爲乘之異體,《隸辨·平聲·蒸韻》引《魯峻碑陰》中已見。

[9] 象:石本、七本作"像"。

[10] 迴車:七本作"迥車"。

[11] 撲:圓本作"僕",石本作"㯱",七本作"樸",皆爲"撲"。按,"撲",同"撲"。《佛教難字字典·手部》已收錄該字。

[12] 拘:麗本、金本作"捅",石本、七本作"角",崇本、毗本、圓本、資本、磧本作"拘"。按,當以"拘"爲是。故據改。

[13] 箭:崇本、毗本作"箭處"。

[14] 令:圓本、資本作"今"。

[15] 飲:崇本、毗本、圓本、資本、磧本、七本作"飲之",石本作"餘之"。

[16] 波:石本、七本作"婆"。

[17] 等:崇本、毗本、圓本、資本、磧本、石本、七本無此字。

[18] 處:石本、七本無此字。

[19] 瑠:圓本、石本、七本作"琉"。

[20] 釋種：崇本、毗本、圓本、資本、磧本、石本、七本作"釋種子"，下同。

[21] 先：麗本、金本作"死"，崇本、毗本、圓本、資本、磧本、石本、七本作"先"。按，當以"先"爲是。故據改。

[22] 坐：崇本、毗本、圓本、資本、磧本、石本、七本無此字。

[23] 觀：七本作"覓"。

【箋注】

① 迦維羅衛城：迦維羅衛，梵文 Kapilavastu 的音譯，又作迦毗羅衛。即《大唐西域記》卷六所載劫比羅伐窣堵國，爲佛祖釋迦牟尼誕生地。其故址或以爲在今尼泊爾南部的提勞勒科脱（Tilaura Kot），或以爲在今印度北方邦巴斯提區（Basti）北部的比普拉瓦（Piprāwā）。

② 丘荒：空曠；荒涼。漢王符《潛夫論·實邊》："邊地遂以丘荒，至今無人。"

③ 民户：民家。北魏楊衒之《洛陽伽藍記》卷五《宋雲行記》："復西行三日，至佛沙伏城。川原沃壤，城郭端直，民户殷多，林泉茂盛。土饒珍寶，風俗淳善。"

④ 白淨王：梵文 Suddhodana 的意譯，音譯首圖駄那、輸頭檀那、閱頭檀、悦頭檀等。又作淨飯王、真淨王。是迦維羅衛國的國王，佛陀釋迦牟尼的生父。

⑤ 太子母：即釋迦牟尼之母摩訶摩耶。因釋迦牟尼未成佛前爲迦維羅衛國的太子，故稱其母爲太子母。

⑥ 阿夷：梵文 Asita 音譯之略，又作阿私陀、阿斯陀、阿氏多等。《大唐西域記》卷六作"阿私多仙"，爲迦毗羅衛國仙人。釋迦牟尼降生時，阿夷嘗爲之占相，預言其將成佛。三國吴支謙譯《太子瑞應本起經》卷一中記載了阿夷的預言："王者生子，而有三十二大人相者，處國當爲轉輪聖王，主四天下，七寶自至，行即能飛，兵仗不用，自然太平。若不樂天下，而棄家爲道者，當爲自然佛，度脱萬姓。"（3-474a）

⑦ 難陁：亦作"難陀"，梵文 Nanda 的音譯，又作難努、難屠、難提。釋迦牟尼的姨母之子，也是他的異母兄弟。未出家時曾娶妻孫陀利（梵文 Sundari），又稱之爲孫陀羅難陀。其身長一丈五尺四寸，容貌端正，具三十相（唯缺佛相中之白毫相，又耳垂較佛稍短）。佛陀於尼拘律園度其出家，然而難陀出家後猶難忘其妻，屢歸妻處。此事被佛陀知道後，佛陀就親自去對難陀講道，始斷除愛欲，證阿羅漢果。於佛弟子中，被譽爲調和諸根第一者。

　　⑧ 撲象：撲，擊、打。《淮南子·説林訓》："蔭不祥之木，爲雷電所撲。"高誘注："撲，擊也。"東漢竺大力共康孟詳譯《修行本起經》中記載："太子即與優陀、難陀、調達、阿難等五百人，執持禮樂射藝之具，當出城門，安置一象，當其城門，決有力者。調達先出，見象塞門，扠之一拳，應時即死。難陀尋至，牽著道側。太子後來，問其僕曰：'誰扛殺象？'答言：'調達殺之！''誰復移者？'答言：'難陀！'菩薩慈仁，徐前接象，舉擲城外，象即還穌更生如故。"（3－465c）

　　⑨ 捔：角逐，競力。也作"角"。北魏慧覺等譯《賢愚經》卷二："六師群迷，自謂有道，求與如來共捔神力，唯願世尊，垂神降伏。"（4－361c）

　　⑩ 釋子：釋，釋迦之略稱，故指依釋迦牟尼出家之弟子爲釋子。隋慧遠《維摩義記》卷二："女爲惑垢，名非法物，比丘息惡，故曰沙門。從佛釋師，教化出生，故名釋子。"（38－465c）後爲僧徒的通稱，唐韋應物《寄皎然上人》詩："吴興老釋子，野雪蓋精廬。"

　　⑪ 優波離：梵文 Upāli 的音譯，又作優婆離、鄔波離、憂波利。意譯作近執、近取。迦毗羅衛國人。出身首陀羅種，爲宫廷之理髮師。佛陀成道第六年，王子跋提、阿那律、阿難等七人出家時，優波離亦隨同出家。優波離精於戒律，修持嚴謹，譽爲"持律第一"。

　　⑫ 六種震動：指大地震動之六種相。又作六變震動、六反震動。略稱六震、六動。東晉佛陀跋陀羅譯《大方廣佛華嚴經》卷三十六："六種震動：東涌西没、西涌東没、南涌北没、北涌南没、邊涌中没、中涌邊没。"（9－630b）隋吉藏撰《無量壽經義疏》則云："六種動者：一動，二涌，三起，四震，五吼，六覺也。"（37－118c）

⑬ 四天王：佛經中指天帝釋的外將，分別居於須彌山四埵，各護一方，因亦稱護世四天王。東方持國天王（名多羅吒），身白色，持琵琶；南方增長天王（名毗琉璃），身青色，執寶劍；西方廣目天王（名毗留博叉），身紅色，執胃索；北方多聞天王（名毗沙門），身綠色，執寶叉。舊時寺廟山門兩旁多塑四天王像，身形高大，面目猙獰，又稱四大天王，俗稱四大金剛。參見南朝梁僧旻、寶唱等集《經律異相》卷一。

⑭ 尼拘律樹：尼拘律，梵文 Nyagrodha 的音譯，又作尼拘陀、尼拘尼陀、尼拘類、尼俱盧陀等，意譯作無節、縱廣、多根，即今之榕樹。《慧琳音義》卷十五"尼拘陀"條下云："此樹端直無節，圓滿可愛，去地三丈餘，方有枝葉，其子微細如柳花子。唐國無此樹，言是柳樹者，非也。"（54－402a）

⑮ 煞：同"殺"。《廣韻·黠韻》："殺，殺命。……煞，俗。"《集韻·怪韻》："殺，疾也，削也。或作煞。"

⑯ 釋種：釋迦種族之意。釋，乃釋迦之略稱，爲淨飯王家之本姓，屬刹帝利種，在印度爲貴族，古來備受尊重。東漢曇果共康孟詳譯《中本起經》卷二："佛是釋種，出家處山，以成無上正真、等覺。"（4－159b）後世轉稱佛弟子爲釋種。如唐劉禹錫《送僧元暠南游》詩引："雖萬姓歸佛，盡爲釋種，如河入海，無復水名。"

⑰ 須陁洹：亦作"須陀洹"，全稱須陀般那。梵文 Srotāpanna 的音譯，爲聲聞乘四果中最初之聖果。又稱須陀洹果、初果，即斷盡"見惑"之聖者所得之果位。意譯爲預流、入流，謂預入聖者之流。

城東五十里有王園，園名論民①。夫人入池洗浴[1]，出池北岸二十步，舉手攀[2]樹枝，東向②生太子。太子墮[3]地行七步[4]，二龍王浴太子身，浴處遂作井。及上洗浴池[5]，今衆僧常取飲之。凡諸佛有四處常定③：一者成道處；二[6]者轉法輪④處；三者説法論議伏[7]外道處；四者上忉利天爲母説法來下處。餘者[8]則隨時示現⑤焉。

迦維羅衛國大空荒⑥，人民希疎[9]⑦。道路怖[10]畏⑧白象[11]、師子，不可妄行。

【校勘】

　　[1] 浴：石本、七本作"欲"。
　　[2] 攀：七本作"搴"。
　　[3] 墮：七本作"隨"。
　　[4] 步：七本作"出"。
　　[5] 池：石本無此字。
　　[6] 二：石本作"四"。
　　[7] 伏：石本、七本作"服"。
　　[8] 者：崇本、毗本、圓本、資本、磧本、石本、七本無此字。
　　[9] 疎：崇本、毗本、圓本、資本、磧本作"踈"，石本、七本作"疏"。按，"疎""踈""疏"皆爲"疏"之異體。
　　[10] 怖：崇本、毗本、石本、七本無此字。
　　[11] 象：石本、七本作"像"。

【箋注】

　　① 論民：梵文 Lumbinī 的音譯，又作藍毗尼、嵐毗尼、流彌尼等。《大唐西域記》卷六作"臘伐尼林"（Lumbinīvana）。論民園是釋迦牟尼的誕生地。據佛經記載，迦毗羅衛國淨飯王娶拘利國天臂城主之女摩耶爲妻，摩耶夫人年四十五有孕，於此園中無憂樹下，自右脅產悉達多太子。該園曾荒廢一時，直至阿育王石柱被發現後，始知其爲佛陀之故迹。故址位於今尼泊爾南部特萊（Terai）地區的 Rummindei。

　　② 東向：面向東方。《逸周書・王會》："善芳者，頭若雄雞，佩之令人不昧，皆東向。"

　　③ 定：停，止息。本文"四處常定"指佛陀有四處經常停止的地方，即意謂佛陀在此四處經常停留示現。

　　④ 轉法輪：法輪，梵文 dharmacakra 的意譯。佛教中用來比喻佛語。謂佛說法，圓通無礙，運轉不息，能摧破衆生的煩惱。轉法輪即

宣説佛法之義，釋迦牟尼佛成道之初，三度宣講"苦、集、滅、道"四諦，稱爲"三轉法輪"。

⑤ 示現：佛教語。謂佛或菩薩應機緣而顯現種種化身。西晋竺法護譯《生經》卷三："坐佛樹下，積累一切諸佛之法。一時之頃，普諸佛土，示現如來感動瑞應。"(3-86b)

⑥ 空荒：荒涼。《宋書·索虜傳論》："村井空荒，無復鳴雞吠犬。"

⑦ 希疎：亦作"希疏"，即稀疏之義。《論衡·龍虚篇》："故潛藏伏匿，出見希疏；出又乘雲，與人殊路，人謂之神。"

⑧ 怖畏：亦作"怖悷"。恐懼。《後漢書·度尚傳》："刺史度尚懼磐先言，怖畏罪戾，伏奏見誣。"

二十二、藍莫國

佛生處東行五由延，有國，名藍莫①。此國王得佛一分舍利②，還歸起塔，即名藍莫塔。塔邊有池[1]，池中有龍，常守護此塔，晝夜供養。阿育王出世③，欲破八塔作八萬四千塔④。破七塔已，次⑤欲破此塔，龍便現身，將[2]阿育王入其宮中，觀[3]諸供養具已，語王言："汝供養[4]若能勝是，便可壞之持去，吾不與汝諍[5]⑥。"阿育王知其供養具非世之所[6]有，於是便還。

此中荒蕪，無人灑掃。常有群象以鼻[7]取水灑地，取雜花香而供養塔。諸國有道人來，欲禮拜塔，遇[8]象大怖，依樹自翳⑦，見象如法供養。道人大自悲感⑧：此中無有僧伽藍可供養此塔,乃令象灑掃。道人即捨大戒⑨,還作沙彌,自挽⑩草木,平治⑪處所,使[9]得淨潔,勸化⑫國王作僧住處,已爲寺主[10]⑬。今現有僧住。此事在近。自爾相承至今,恒以沙彌爲寺主[11]。從此東行三由延,太子遣車匿⑭、白[12]馬還處,亦起塔。從此東行四由延,到炭塔⑮,亦有僧伽藍。

【校勘】

[1] 池:七本作"他"。

[2] 將:崇本、毗本、圓本、資本、磧本、石本、七本作"持"。

[3] 觀:七本作"𧠒"。

[4] 養:崇本、毗本、圓本、資本、磧本、石本、七本無此字。

[5] 諍:崇本、毗本、圓本、資本、磧本、石本、七本作"爭"。

[6] 所:崇本、毗本、圓本、資本、磧本、石本、七本無此字。

[7] 鼻:石本作"臭",七本作"臭"。

[8] 遇:七本作"過"。

[9] 使:石本作"便"。

[10] 主:磧本無此字。

[11] 主:七本無此字。

[12] 白:石本作"曰",七本作"自"。

【箋注】

① 藍莫:梵文 Rāma 的音譯,又作藍摩、羅摩伽。一般認爲,其故址位於今印度北方邦奧德(Oudh)境内巴斯提(Bastī)縣的拉姆浦爾・德奧里亞(Rampur Deoriya)。

② 一分舍利:《長阿含經》中記載,釋迦牟尼涅槃後,由香姓婆羅門將佛舍利分爲八份,分與八國請回,起塔供養。藍莫國即其中之一。

③ 出世:出現,產生。晉王嘉《拾遺記・蓬萊山》:"有大螺,名躶步……明王出世,則浮於海際焉。"

④破八塔作八萬四千塔：佛教傳說，阿育王崇信佛教，欲取出此前八國國王分別起塔供養的舍利，使之分布於全國，作更廣大的供養。由於藍莫塔特別堅固，未能開啓，但其他七塔均開啓成功，分其舍利，在全國範圍内建八萬四千塔，以作供養。詳見《阿育王傳》卷一。

⑤次：依次。南朝宋張演《續光世音應驗記》"張展"條："展縣闚不上，軍制當死。同事並伏法，次將至展。"

⑥諍：通"爭"，爭奪、爭競。《韓詩外傳》卷四："其於百官伎藝之人也，不與諍能，而致用其功。"許維遹校釋："諍，本或作爭。"

⑦翳：遮蔽、隱藏。晋陶潛《雜詩》之九："日没星與昴，勢翳西山巔。"

⑧悲感：悲痛傷感。《漢書·外戚傳上·孝武李夫人》："上思念李夫人不已……又不得就視，上愈益相思悲感。"

⑨大戒：佛教語。即具足戒。指比丘、比丘尼所應受持之戒律。因與沙彌、沙彌尼所受十戒相比，戒品具足，故稱具足戒。依戒法規定，受持具足戒即正式取得比丘、比丘尼之資格。

⑩挽：牽引，拉。西晋竺法護譯《生經》卷五："時有盜賊，登天像挽取其頭，都不動，便稱南無佛。"（3-108a）文中所謂"自挽草木"意即拔除雜草。

⑪平治：治理；整治。東漢曇果共康孟詳譯《中本起經》卷一："平治道路、香汁灑地，城中街巷盡豎幢幡，其所修治光飾盡宜，車、馬、人從限四十里。"（4-155a）

⑫勸化：勸進轉化。佛教指勸進衆生轉惡爲善、轉迷成解、轉凡成聖。西晋竺法護譯《生經》卷三："賢者阿難！功德難及，得未曾有，行權知時，曉了誼理，勸化國王波斯匿，供養世尊及比丘衆，歲節三月皆令安隱。"（3-91b）

⑬寺主：主管佛寺事務的僧人。東漢時立白馬寺，有知事之名，東晋以後始稱寺主。《翻譯名義集·釋氏衆名》"摩摩帝"條下引《僧史略》："詳其寺主，起乎東漢白馬寺也。寺既爰處，人必主之，於時雖無寺主之名，而有知事之者。東晋以來，此職方盛，故梁武造光宅寺，

召法雲爲寺主,創立僧制。"

⑭ 車匿:梵文 Chandaka 的音譯。又作闡鐸迦、闡陀迦、闡特、車那等。車匿是釋迦牟尼爲太子時的僕役。當初釋迦牟尼踰城出家時,車匿爲駕車者。太子於此處解下寶冠,摘去瓔珞,剃去鬚髮,並將所騎白馬交與車匿,令其回宮交還給父王。車匿後隨佛陀出家,但車匿爲人傲慢,不改惡口之性,犯罪亦不悔過,與諸比丘不和,人稱惡口車匿、惡性車匿。後悔悟並隨阿難學道,證阿羅漢果。

⑮ 炭塔:亦稱"灰炭塔",指供奉佛涅槃火化後的遺灰之塔廟。據唐義淨譯《根本説一切有部毗奈耶雜事》卷三十九中記載,佛陀涅槃火化,所留舍利已經被分完之後,"有摩納婆名畢鉢羅,亦在眾中告諸人曰:'釋迦如來恩無不普,於仁聚落而般涅槃,世尊舍利非我有分,其餘炭燼幸願與我,於畢鉢羅處起塔供養'"。(24-402b)

二十三、 拘夷那竭城　諸梨車欲逐佛般泥洹處

　　復東行十二由延,到拘夷[1]那竭城①。城北雙樹間②希連禪[2]河③邊,世尊於此北首而般泥洹。及[3]須跋④最後得道處,以金棺⑤供養世尊七日處,金剛力士[4]⑥放金杵處,八王⑦分舍利處。此[5]諸處皆起塔。有僧伽藍,今悉現在。其城中人民亦希[6]曠,止[7]有眾僧、民户。

　　從此東南行十二由延,到[8]諸梨車⑧欲逐[9]⑨佛般泥洹處。而佛不聽,戀佛不肯去。佛化作大深塹[10]⑩,不得度[11]。佛與鉢作信⑪遣還其家處[12],立石柱,上有銘題[13]。

【校勘】

[1] 夷：七本作"夾"。

[2] 禪：崇本、毗本、圓本、資本、磧本、石本、七本無此字。

[3] 及：七本作"乃"。

[4] 士：七本作"云"。

[5] 此：崇本、毗本、圓本、資本、磧本、石本、七本無此字。

[6] 希：崇本、毗本、圓本、資本、磧本作"稀"。

[7] 止：崇本、毗本、石本、七本作"正"。

[8] 到：石本作"則"，七本作"利"。

[9] 逐：圓本作"遂"。

[10] 漫：石本作"繫"，七本作"暫"。

[11] 度：崇本、毗本、圓本、資本、磧本作"渡"。

[12] 家處：崇本、毗本、圓本、資本、磧本作"家"，石本、七本作"處"。按，足立喜六據石本作"處"，並標點爲"佛與鉢作信遣還，其處立石柱"，章巽從之。今不取。

[13] 題：七本作"顯"。

【箋注】

① 拘夷那竭城：拘夷那竭，梵文 Kuśinagara 的音譯，又作拘尸那揭羅、拘尸那竭、拘尸那羅、鳩尸那、拘尸那等。意譯作上茅城、香茅城、茅宮城等。爲中印度之都城或國名，乃釋迦牟尼入滅之地。此城位於佛世時十六大國中之末羅國（梵文 Malla），係末羅人之領土。當時末羅人信仰佛教，對佛教發展的貢獻很大。此城故址當位於今印度北方邦戈勒克布爾（Gorakhpur）以東的迦西亞（Kasia）村。

② 雙樹間：釋迦牟尼在拘夷那竭城西北隅兩株娑羅樹間安置繩床，枕右手側身臥而涅槃。故云"雙樹間"。後世所有臥佛像（佛涅槃像）均作此姿勢。

③ 希連禪河：希連禪，梵文 Hiraṇyavatī 的音譯，又作希連、熙連禪、熙連若婆底、尸賴拏伐底，或意譯爲有金河、金河，即《大唐西域記》卷六所云之"阿恃多伐底河"。據考，希連禪河即今印度的小甘達

克河（Little Gandak）。

④ 須跋：梵文 Subhadra 的音譯之略，全稱作須跋陀羅，又作蘇跋陀羅、須跋陀、藪婆頭樓等。意譯作善賢、好賢、善好賢。須跋本爲外道婆羅門，但聰慧多智，根機敏利。年一百二十歲，始改信佛法。他聽聞佛陀將在娑羅林中涅槃，急忙趕來拜謁佛陀，於其夜出家受戒，佛陀爲他講授八聖道等佛教奧義，入夜未久，即成阿羅漢。須跋因此成爲釋迦牟尼佛的最後一位弟子。因不忍見佛涅槃，便於衆中入火界定，先佛陀而涅槃。

⑤ 金棺：金飾之棺。南朝梁僧旻、寶唱等集《經律異相》卷二十四："捧舉王身置金棺裹，以香油灌之。"

⑥ 金剛力士：梵文 Vajrapāṇi 的意譯。又作執金剛、執金剛神，是佛教中的護法神。因手執金剛杵，懲惡護法而得名。

⑦ 八王：即分取佛骨舍利的八國國王。據《長阿含經》卷四記載，此八國分別爲拘尸國（即法顯所云"拘夷那竭城"）、波婆國、遮羅國、羅摩伽國（即法顯所云"藍莫國"）、毗留提國、迦維羅衛國（即法顯所云"迦維羅衛城"）、毗舍離國、摩揭國（即法顯所云"摩揭提國"）。

⑧ 梨車：梵文 Licchavi 的音譯。又作栗唱、栗呫婆、栗呫毗、黎昌、隸車、黎車、梨車毗、離奢、離車毗、利車等。意譯爲薄皮、仙族王、邊地主等。相傳公元前 6 世紀釋迦牟尼佛時代，北印度有十六個大國，其中有一個國家叫跋耆，由八個部族組成，梨車是其中最強大的部族。梨車族崇信佛教，傳說佛陀即將離開毗舍離赴拘夷那竭城涅槃時，諸梨車追逐相從，不願離去。佛陀遂化作大深塹以止之，並留下一鉢爲作追念。

⑨ 逐：跟隨。《楚辭·九歌·河伯》："靈何爲兮水中，乘白黿兮逐文魚。"王逸注："逐，從也。"

⑩ 深壍：壍，同"塹"。《玉篇·土部》："塹，左氏傳注：溝塹也。《字書》云：城隍也。壍，同上。"故"深壍"即"深塹"，乃深溝之義。《南齊書·垣崇祖傳》："乃於城西北立堰塞肥水，堰北起小城，周爲深塹，使數千人守之。"

⑪ 信：符契，憑證。《後漢書·烏桓傳》："邑落各有小帥，數百千

落自爲一部。大人有所召呼,則刻木爲信,雖無文字,而部衆不敢違犯。"

二十四、毗舍離國

自此東行十[1]由延,到毗舍離國①。毗舍離城北,大林重閣精舍②,佛住[2]處,及阿難半身塔。其城裏本菴婆羅女③家,爲佛起塔,今故現在。城南三里,道西,菴婆羅女[3]以園施佛,作[4]佛住處。佛將般[5]泥洹,與諸弟子出毗舍離城西門,迴身右轉,顧看[6]④毗舍離城,告諸弟子:"是吾最後所行處。"後人於此處起塔。城西北三里,有塔,名放弓仗。以名此者,恒水[7]流有一國王,王小夫人生一肉胎,大夫人妒之,言:"汝生不祥之徵⑤。"即盛以木函,擲恒水中。下流有國王游觀,見水上木函,開看,見千小兒,端正⑥殊特⑦。王即取養之。遂便[8]⑧長大,甚勇健,所往征伐,無不摧伏⑨。次伐父王本國,王大愁憂。小夫人問王:"何故愁憂?"王曰:"彼國王有千子,勇健無比,欲來[9]伐吾國,是以愁耳。"小夫人言:"王勿愁憂。但於城東作高樓,賊來時,置我樓上,則我能卻之。"王如其言。至賊來[10]時,小夫人於樓上語賊言:"汝是我子,何故作反逆⑩事?"賊曰:"汝是何人,云是我母?"小夫人曰:"汝等若不信者,盡仰向張口。"小夫人即以兩手搆[11]⑪兩乳,乳作[12]五百道,俱[13]墮千子口中。賊知是其[14]母,即放弓仗⑫。二父王於是思惟⑬,皆得辟支佛。二辟支佛塔猶在。後世尊成道,告諸弟子:"是吾昔時放弓仗處。"後人得知,於此處[15]立塔,故以名焉。千小兒者,即賢劫千佛⑭是也[16]。佛於放弓仗塔邊捨壽[17]⑮。佛[18]告阿難言:"我卻後三月當般泥洹[19]。"魔王⑯嬈固⑰阿難,使不得請佛住世⑱。從此東行三四里,有塔。佛般泥洹後百年,有毗舍離比丘錯行戒律,十事證言⑲佛説如是。爾時,諸羅漢及持律[20]⑳比丘[21],凡[22]有七百僧,更撿挍㉑律藏。後人於此處起塔,今亦現[23]在。

【校勘】

[1] 十:崇本、毗本、圓本、資本、磧本作"五",石本、七本無此字。

[2] 住:石本作"桂",七本作"柱"。

[3] 女:七本作"母"。

[4] 作:崇本、毗本、石本、七本無此字。

[5] 般:石本作"舩"。

[6] 顧看:七本作"顉看"。

[7] 水:圓本、資本、磧本作"水上"。

[8] 便:圓本作"使"。

[9] 來:磧本作"求"。

[10] 來:圓本、資本、磧本作"到"。

[11] 搆:圓本、資本作"㨉"。按,"㨉"爲"搆"之異體。

[12] 作:圓本、資本、磧本作"各作"。

[13] 俱:圓本、資本、磧本無此字。

[14] 其:圓本、資本、磧本作"我"。

[15] 處:圓本、資本、磧本無此字。

[16] 以上自"城西北三里……"至此處"……即賢劫千佛是也":崇本、毗本、石本、七本皆缺。

[17] 於放弓仗塔邊捨壽:圓本、資本、磧本作"於放弓仗塔邊",崇本、毗本、石本、七本無此句。

[18] 佛:崇本、毗本、圓本、資本、磧本、石本、七本無此字。

[19] 般泥洹:石本作"般若泥洹"。

[20] 律:崇本、毗本、圓本、資本、磧本、石本、七本作"戒律"。

[21] 比丘:崇本、毗本、石本、七本無此二字。

[22] 凡:崇本、毗本、圓本、資本、磧本、石本、七本作"凡夫"。

[23] 現:崇本、毗本、圓本、資本、磧本、石本、七本無此字。

【箋注】

① 毗舍離國:毗舍離,梵文 Vaiśālī 的音譯,又作吠舍離、毗耶、毗耶離、鞞舍離、維耶離等。意譯作廣博、廣嚴。古代中印度國名,又爲都城之稱,係古印度十六大國之一,六大城之一。佛陀在世時此國頗爲繁榮,佛陀屢次游行説法,人民皆信樂佛教。其故址位於今印度比哈爾邦(Bihār)北部木札法普爾(Muzaffarpur)地區的比沙爾(Basārh)。

② 重閣精舍:《大唐西域記》卷七作"重閣講堂",是佛陀宣講《普門陀羅尼》等經的故址。吴玉貴認爲文中"重閣精舍"指"多層樓閣式精舍",楊維中則認爲"重閣"當爲此精舍的名稱。

③ 菴婆羅女:菴婆羅,梵文 Āmrapālī 的音譯,又作庵婆婆利、庵婆羅婆利、阿範和利、阿梵和利、阿梵婆羅、庵没羅等。Āmra 意爲芒果樹,pāli 意爲女守護者。相傳菴婆羅女本是城中一名美貌的妓女,後皈依佛教,並將自己的住所庵羅樹園獻給佛陀居住。

④ 顧看:回頭看望。南朝宋劉義慶《世説新語·雅量》:"宣武與簡文、太宰共載,密令人在輿前後鳴鼓大叫。鹵簿中驚擾,太宰惶怖求下輿。顧看簡文,穆然清恬。"

⑤ 徵:預兆、迹象。北魏酈道元《水經注·河水五》:"河者,諸侯之象;清者,陽明之徵。"

⑥ 端正:美麗、漂亮。常用於指女子,亦可指男子,多見於漢譯佛經中。如三國吴康僧會譯《六度集經》卷二:"王夫人者,本大國王女,端正無雙,手足柔軟,生長深宫不更寒苦。"(3-7b)西晉竺法護譯《生經》卷二:"女即懷妊,十月生男。男大端正,使乳母抱行周遍國中。"(3-78c)

⑦ 殊特：突出、出衆。《後漢書·張酺傳》："帝先備弟子之儀，使酺講《尚書》一篇，然後脩君臣之禮。賞賜殊特，莫不沾洽。"

⑧ 遂便：猶遂即、隨即。《後漢書·公孫瓚傳》："紹候得其書，如期舉火，瓚以爲救至，遂便出戰。"

⑨ 摧伏：折伏，制服。北魏慧覺等譯《賢愚經》卷七："太子嗣位，體性聰明，大力勇健，所統國土，三萬六千，兵衆殷熾，無能敵者，威風遠振，莫不摧伏。"（4－398a）

⑩ 反逆：叛逆，謀反。《漢書·晁錯傳》："吳王反逆亡道，欲危宗廟，天下所當共誅。"

⑪ 搆：牽，引。《集韻·侯韻》："搆，牽也。"

⑫ 弓仗：泛指弓箭劍戟等武器。《魏書·景穆十二王傳》："行達雁門，太守夜告泰已握衆西就陽平，城下聚結，唯見弓仗。"

⑬ 思惟：亦作"思維"。思考、思量。佛教中有"正思維"和"邪（不正）思維"之分，前者指思考真實之道理，爲八正道之一；後者則反之，乃八邪之一。

⑭ 賢劫千佛：指賢劫出現的一千尊佛。參見本書"十三、那竭國"中"千佛"條箋注（第56頁）。

⑮ 捨壽：死亡的婉稱。南朝梁釋僧祐《出三藏記集·道生法師傳》："生於四衆之中正容誓曰：'若我所説反於經義者，請於現身即表癘疾；若與實相不相違背者，願捨壽之時，據師子座。'言竟，拂衣而逝。"

⑯ 魔王：魔界之王，鬼之首領。佛教用以稱欲界第六天他自在天之主波旬。南朝梁寶林《破魔露布文》："故魔王波旬，植愚根於曠始，積迷心於妄境。"

⑰ 嬈固：擾亂蠱惑。《玄應音義》卷八："嬈固，《摩登伽經》作擾蠱，言此魔作擾亂厭蠱也。"

⑱ 住世：謂身居現實世界。與"出世"相對。北魏慧覺等譯《賢愚經》卷一："若我住世，於事無益，不如遷逝無餘涅槃。"（4－349a）

⑲ 十事證言：佛教傳説，釋迦牟尼佛涅槃後百年，毗舍離城諸比丘聲稱有"十事"是佛陀所説的正法而遵行之。據《善見律毗婆沙》記

載,此"十事"爲鹽淨、二指淨、聚落間淨、住處淨、隨意淨、久住淨、生和合淨、水淨、不益縷尼師壇淨、金銀淨。但此"十事"遭到了一些長老的反對。耶舍陀長老、三菩伽長老、鰲波多長老、沙羅長老、富闍蘇彌羅長老等集合了七百比丘,認定毗舍離城諸比丘所行"十事"違反了佛教戒律,是非法的,並將這些比丘逐出僧團。此即佛教史上的毗舍離城集結,或曰七百集結。

⑳ 持律:即持戒,遵行戒律。後秦竺佛念譯《出曜經》卷十二:"或復有人,於內法中雖復出家染道,不精勤於道,外像持律,內行不純,見人得利養者,興嫉妒心。"(4-677b)

㉑ 撿挍:亦作"撿校"。查看,查視。晉葛洪《抱朴子·內篇·祛惑》:"足以眩惑晚學,而敢爲大言。乃云,已登名山,見仙人。倉卒聞之,不能清澄撿挍之者,鮮覺其偽也。"一本作"檢校"。

二十五、五河合口

從此東行四由延[1],到五河合口①。阿難從摩竭國向毗舍離,欲般泥洹[2]。諸天告阿闍世王②。阿闍世王[3]即自嚴駕③,將④士衆[4]追到河[5]上。毗舍離諸梨車聞阿難來,亦復來迎。俱到河上。阿難思惟:"前則阿闍世王致恨[6],還則梨車復怨。"即[7]於河中央入火光三昧⑤,燒身而般泥洹[8],分身作二分,一分[9]在一岸邊。於是二王各得半身舍利[10],還歸起塔。

【校勘】

[1] 延:崇本、毗本、石本、七本作"旬"。

［2］般泥洹：崇本、毗本、圓本、資本、磧本、七本作"般涅槃"，石本作"般涅般"。

［3］阿闍世王：磧本無此四字。

［4］士衆：石本作"士般"，七本作"出衆"。

［5］河：石本作"阿"。

［6］恨：石本作"根"。

［7］即：崇本、毗本、圓本、資本、磧本、七本作"則"，石本無此字。

［8］泥洹：石本作"涅泥"。

［9］一分：自"一"字以上鐮本殘缺。自"分"字以下至本書"二十八、王舍新城 㷋沙王舊城"中"耆闍崛山"以上鐮本有部分文字殘缺，即每行行首約殘缺三字。

［10］利：石本作"梨"。

【箋注】

① 五河合口：即甘達克（Gandak）、臘普提（Rāptī）、哥格拉（Gogra）、恒河、宋（Son）河等五大河流的匯聚之處，位於從毗舍離城至摩竭提國巴連弗邑的恒河渡口。五河在此匯聚之後並爲恒河下游繼續東流。

② 阿闍世王：阿闍世，梵文 Ajātaśatru 的音譯。又作阿闍多沙兜樓王、阿闍貰王、阿闍多設咄路王、阿社多設咄路王等。意譯作未生怨王、法逆王，爲中印度摩揭陀國頻婆娑羅王之子。占卜師曾預言阿闍世王降生後將弒父，其父王十分驚恐，等阿闍世王出生後，將他從樓上扔下，然阿闍世王僅折斷手指而未死，故阿闍世王又被稱爲婆羅留支（梵文 Balaruci，義爲折指），並以其未生前即已結怨，而稱之爲未生怨王。後來他果真弒父王自立，並征服了鄰近諸國，成爲中印度的一大強國。他後因弒父之罪而遍體生瘡，至佛前懺悔即平愈，遂皈依佛陀。佛陀滅度後，爲佛教教團之大護法。摩訶迦葉於七葉窟結集經典時，阿闍世王爲大檀越，供給一切之資具。

③ 嚴駕：整備車馬。《後漢書·方術傳·楊由》："由嘗從人飲，敕御者曰：'酒若三行，便宜嚴駕。'"

④ 將：帶領，攜帶。《淮南子·人間訓》："居數月，其馬將胡駿馬而歸，人皆賀之。"

⑤ 火光三昧：三昧，梵文 samādhi 的音譯，又作"三摩地"。意譯作"正定""定""等持"。謂屏除雜念，心不散亂，專注一境。火光三昧即"火光定"，指以神變自出火焰焚燒其身而達禪定。

二十六、摩竭提國巴連弗邑

度河南下一由延，到[1]摩竭提國①巴連弗[2]邑②。巴連弗邑是阿育王所治城[3]。城中王宮殿皆使鬼神作，累③石起牆[4]闕④，彫[5]文刻鏤⑤，非世所造，今故現[6]在。阿育王弟得羅漢道，常住耆[7]闍崛[8]山⑥，志樂閑靜⑦。王[9]敬心欲[10]請[11]於家供養。以⑧樂山靜，不肯受請。王語弟言："但⑨受我請，當爲汝於城裏作山[12]。"王乃具⑩飲食，召[13]諸鬼神而告之曰："明日悉受我請，無[14]座[15]席，各自齎來。"明日[16]，諸大鬼神各齎[17]大石[18]來，壁[19]方⑪四五步，坐訖[20]，即使[21]鬼神累作大石山。又[22]於山底以五大[23]方石作一[24]石室，可長三丈，廣[25]二丈，高一[26]丈餘。

【校勘】

[1] 到：石本作"致"。

[2] 巴連弗：石本作"也連佛"，七本作"巳遠佛"。

[3] 城：崇本、毗本、圓本、資本、磧本、石本、七本、鐮本無此字。

[4] 牆：石本、七本、鐮本作"墻"。按，"墻"即"牆"之異體。

[5] 彫:崇本、毗本、圓本、資本、磧本作"雕"。
[6] 現:崇本、毗本、石本、七本無此字。
[7] 耆:石本作"者"。
[8] 崛:七本作"屈"。
[9] 王:石本作"主"。
[10] 欲:崇本、毗本、圓本、資本、磧本、石本、七本、鐮本無此字。
[11] 請:七本作"諸"。
[12] 山:石本無此字。
[13] 召:金本、七本、鐮本作"吕",石本作"呂"。
[14] 無:鐮本作"我無"。
[15] 座:崇本、毗本、圓本、資本、磧本、石本、七本、鐮本作"座"。
[16] 日:石本無此字。
[17] 賫:崇本、毗本、圓本、資本、磧本、石本、七本、鐮本作"持"。
[18] 石:石本作"右",七本作"名"。
[19] 壁:崇本、毗本、圓本、資本、磧本、石本、七本、鐮本作"辟"。
[20] 訖:七本作"説"。
[21] 使:石本無此字。
[22] 又:石本作"大"。
[23] 大:崇本、毗本、石本作"丈"。
[24] 一:磧本無此字。
[25] 廣:資本作"長"。
[26] 一:崇本、毗本、圓本、資本、磧本、石本、七本、鐮本無此字。

【箋注】

① 摩竭提國:即《大唐西域記》卷八中所載之"摩揭陁國"。摩竭提,梵文 Magadhā 的音譯,又作摩揭陀、摩伽陀、默竭陀、摩訶陀等。意譯爲無害、不惡處、致甘露處、善勝等。爲佛陀住世時印度十六大國之一。其統轄範圍大致相當於今印度比哈爾邦的巴特那(Patna)和加雅(Gayā)地方。

② 巴連弗邑:即《大唐西域記》卷八中所載之"波吒釐子城"。巴

連弗,梵文 Pāṭaliputra 的音譯。Pāṭali 原爲一種開淡紅色花的樹,Putra 義爲"子"。又譯爲"華氏城"。此城原是恒河畔的一座小村莊,因地處摩竭提國首府王舍城通向毗舍離等地的交通要道,故阿闍世王在此修建城堡。後孔雀王朝的月護王、阿育王以及難陀王朝諸王均在此建都。其故址位於今印度比哈爾邦的巴特那西北至訂那浦爾(Dinapore)的中途。

③ 累:堆集,積聚。北魏酈道元《水經注·沁水》:"臣以爲累方石爲門,若天暘旱,增堰進水;若天霖雨,陂澤充溢,則閉防斷水。"

④ 牆闕:亦作"墻闕"。宫墻城闕。北魏酈道元《水經注·汶水》:"《從征記》曰:泰山有下、中、上三廟,墻闕嚴整,廟中柏樹夾兩階,大二十餘圍,蓋漢武所植也。"

⑤ 彫文刻鏤:謂在器物上刻鏤花紋圖案,以爲文飾。《漢書·西域傳上·罽賓國》:"其民巧,雕文刻鏤,治宫室,織罽,刺文繡,好治食。"

⑥ 耆闍崛山:梵文 Gṛdhrakūṭa 的音譯,《大唐西域記》作姞栗陀羅矩吒山。意譯作靈鷲山、鷲頭、靈山。位於中印度摩羯陀國首都王舍城之東北側,爲著名的佛陀説法之地。其山名之由來,一説以山頂形狀類於鷲鳥,另説因山頂栖有衆多鷲鳥,故稱之。

⑦ 閑靜:閑適寡欲。《淮南子·本經訓》:"質真而素樸,閑靜而不躁。"

⑧ 以:因爲,由於。《史記·張釋之馮唐列傳》:"以不能取容當世,故終身不仕。"

⑨ 但:只要。表示假設或條件。《太平經》卷三十六:"夫死喪者,天下大凶惡之事也。興凶事者爲害,故但心至而已,其飲食象生時不負焉。"

⑩ 具:備辦,準備。《東觀漢記·符融傳》:"符融妻亡,貧無殯歛,鄉人欲爲具棺服,融不肯受。"

⑪ 壁方:亦作"辟方"。指某一事物的周長或某一地域的面積。東漢支婁迦讖譯《道行般若經》卷十:"是時曇無竭菩薩,都大會壁方四十里,滿其中人。"(8-475a)其中,"壁",一本作"辟"。南朝宋劉義

慶《世説新語·巧藝》"陵雲臺樓觀精巧"劉孝標注引《洛陽宮殿簿》："陵雲臺上壁方十三丈,高九尺。樓方四丈,高五丈。棟去地十三丈五尺七寸五分也。"

有一大乘婆羅門子,名羅汰私迷[1]①,住此城裏,爽悟②多智,事無不達③,以清淨自居。國王宗敬④師事⑤,若往[2]問訊,不敢並坐。王設[3]以愛[4]敬⑥心執手,執手已,婆羅門輒[5]自灌洗⑦。年可五十餘,舉國瞻仰。賴此一人,弘宣佛法,外道不能得加陵⑧衆僧。於阿育王塔邊,造摩訶衍僧伽藍⑨,甚嚴麗⑩。亦有小乘寺,都合⑪六七百僧衆。威儀庠序⑫可觀[6]。四方高德⑬沙門及[7]學問[8]人,欲求義理,皆詣此寺。婆羅門子師亦名文殊師利⑭,國内大德⑮沙門、諸大乘比丘皆宗仰⑯焉,亦住此僧伽藍。

【校勘】

[1] 羅汰私迷:崇本、毗本作"羅沃私婆迷",圓本、資本、磧本、七本、鐮本作"羅汰私婆迷",石本作"羅汰秘婆迷"。

[2] 往:石本作"律"。

[3] 設:石本、鐮本作"説"。

[4] 愛:石本、七本作"受"。

[5] 輒:石本作"掫",七本作"輕"。

[6] 觀:七本作"寬"。

[7] 及:石本作"乃"。

[8] 問:七本作"門"。

【箋注】

① 羅汰私迷:章巽認爲當作"羅沃私婆迷",爲梵文 Rājasvāmin 的對音,意爲"王所尊者"。

② 爽悟:聰穎,明達。《宋書·江夏文獻王義恭傳》:"汝神意爽

悟,有日新之美。"

③ 不達:不明白,不通達。《漢書·元帝紀》:"且俗儒不達時宜,好是古非今,使人眩於名實,不知所守,何足委任!"

④ 宗敬:尊敬。《魏書·裴駿傳》:"(裴駿)弱冠,通涉經史,好屬文,性方檢,有禮度,鄉里宗敬焉。"

⑤ 師事:謂拜某人爲師或以師禮相待。《漢書·云敞傳》:"云敞字幼孺,平陵人也。師事同縣吳章,章治《尚書經》爲博士。"

⑥ 愛敬:喜愛敬重。《後漢書·耿純傳》:"(耿純)到國,弔死問病,民愛敬之。"

⑦ 灌洗:沖洗。北魏賈思勰《齊民要術·種桑柘》:"《氾勝之書》曰:'種桑法:五月,取椹著水中,即以手漬之,以水灌洗,取子,陰乾。'"

⑧ 加陵:欺凌、欺侮。

⑨ 摩訶衍僧伽藍:摩訶衍,即大乘之義;僧伽藍指寺院、寺廟。故摩訶衍僧伽藍意謂大乘佛教的寺廟。

⑩ 嚴麗:莊嚴華麗。《後漢書·方術傳下·費長房》:"唯見玉堂嚴麗,旨酒甘肴盈衍其中,共飲畢而出。"

⑪ 合:共計,總共。南朝宋范曄《後漢二十八將傳論》:"永平中,顯宗追感前世功臣,乃圖畫二十八將於南宮雲臺,其外又有王常、李通、竇融、卓茂,合三十二人。"

⑫ 庠序:安詳肅穆。庠,通"詳"。安詳。《後漢書·左雄傳》:"九卿位亞三事,班在大臣,行有佩玉之節,動有庠序之儀。"《敦煌變文集·維摩詰經講經文》:"纖手舉而淡濘風光,玉步移而威儀庠序。"

⑬ 高德:德行崇高。《魏書·釋老志》:"世祖初即位,亦遵太祖、太宗之業,每引高德沙門,與共談論。"

⑭ 文殊師利:與文殊師利菩薩同名,但並非同一人。此爲大乘婆羅門子羅汰私迷之師父。

⑮ 大德:梵文 Bhadanta 的意譯,音譯作"婆檀陀"。印度佛教中,大德是對佛、菩薩的敬稱。比丘中的長老,亦可稱之爲大德。在漢傳佛教中,一般不以大德來稱佛、菩薩,而是用對高僧的敬稱。在隋唐

時期，凡從事譯經事業者，皆可稱大德。如《大慈恩寺三藏法師傳》卷六中即有"證義大德""綴文大德""字學大德""證梵語梵文大德"等稱謂；《貞元釋教目錄》卷十六亦有"臨壇大德""百座大德""三學大德""講論大德""義學大德""翻經大德""譯語大德"等稱謂。此外，統領僧尼之僧官，亦稱大德。近代以來，"大德"一詞已廣泛使用，凡對有德有行之人，不論其出家、在家，均以"大德"尊稱之；或不限於具足德行與否，而成爲佛教界一般性之禮稱。

⑯ 宗仰：推崇景仰。《魏書·儒林傳·徐遵明》："遵明講學於外二十餘年，海內莫不宗仰。"

　　凡諸中國，唯此國城邑爲大。民人富盛，競行仁義。年年常[1]以建卯[2]月①八日行像[3]。作四輪車，縛竹作五層[4]，有承櫨[5]②、㮈[6]戟③，高二匹[7]④許，其狀如塔。以白氎[8]纏[9]上，然後彩畫，作諸天形像。以金、銀、琉璃[10]莊挍其上[11]，懸[12]繒幡蓋。四邊作龕，皆有坐佛，菩薩立侍。可有二十車，車車莊嚴各異。當此日[13]，境內道俗皆集，作倡伎⑤樂，華香[14]供養。婆羅門子來請佛，佛次第入城[15]，入城內[16]再宿。通夜然[17]燈，伎樂⑥供養。國國皆爾。其國長者、居士各於城內[18]立福德醫[19]藥舍，凡國中貧窮、孤[20]獨、殘跛[21]，一切病人，皆詣此舍，種種[22]供給。醫[23]師看病，隨宜⑦飲食及湯藥，皆令得安。差⑧者自去。

　　阿育王壞七塔，作八萬四千塔。最初所作大塔在城南三里餘。此塔前有佛[24]迹，起精舍，戶北向塔[25]。南[26]有一石柱，圍丈[27]四五[28]，高三丈[29]餘，上有銘題云："阿育王以閻浮提布施四方僧，還以錢贖，如是三反[30]。"塔北三四百步，阿育王本於此作泥梨[31]城⑨。泥梨城中[32]有石柱，亦高三丈餘，上有師子。柱上有銘記，作泥梨城因緣⑩及年數日月。

【校勘】

[1] 常：石本、七本作"當"。

[2] 建卯：石本、七本作"達迎"。

[3] 像：石本作"僧"。

[4] 層：石本、七本、鐮本作"曾"。

[5] 櫨：麗本、金本作"攎"，崇本、毗本、圓本、資本、磧本、石本作"櫨"，七本作"檀"。按，當以崇本等作"櫨"爲是，故據改。

[6] 樞：崇本、毗本、圓本、資本作"偃"，磧本作"擃"，石本、七本作"櫌"。

[7] 匹：麗本、金本作"丈"，崇本、毗本作"由延"，圓本、資本、磧本作"丈餘"，石本、七本作"迊"。按，"迊"即"匹"之異體。當以"匹"爲是，故據改。

[8] 甄：石本、七本、鐮本作"蓺"。

[9] 纏：崇本、毗本作"障"，石本、七本、鐮本作"郭"。

[10] 琉璃：石本、鐮本作"流離"，七本作"流璃"。

[11] 上：七本作"土"。

[12] 懸：石本作"照"。

[13] 日：石本作"因"。

[14] 香：七本作"乘"。

[15] 城：石本作"城內"。

[16] 內：石本無此字。

[17] 然：石本、七本作"燃"。

[18] 內：崇本、毗本、圓本、資本、磧本、石本、七本作"中"。

[19] 醫：石本、七本作"監"，鐮本作"豎"。按，"豎"同"醫"。

[20] 孤：石本作"狐"，七本作"孤"。按，此二字爲"孤"之異體。

[21] 跂：石本、七本作"跂"。

[22] 種種：石本作"種"。

[23] 醫：崇本、毗本、圓本、資本、石本、七本作"豎"。

[24] 佛：崇本、毗本、圓本、資本、磧本、石本、七本、鐮本作"佛腳"。

[25] 塔：石本、鐮本作"塔開"，七本作"塔門"。

[26] 南：崇本、毗本、圓本、資本、磧本、石本、七本、鐮本作"塔南"。

[27] 丈：七本作"大"。

[28] 五：鐮本作"五尺"。

[29] 丈：石本作"尺"。

[30] 反：石本作"及"。

[31] 梨：圓本、磧本作"犂"。

[32] 泥梨城中：崇本、毗本、圓本、資本、磧本、石本、七本、鐮本作"中央"。

【箋注】

① 建卯月：即中土夏曆二月。古時以北斗星的運轉計算月令，斗柄所指之辰謂之斗建。如正月指寅，爲建寅之月，二月指卯，爲建卯之月。

② 承櫨：足立喜六云："櫨者，柱頭之裝飾與斗拱也，而起源於枝端之花蒂。柱頭之櫨承梁、楹，故名承櫨。"據此，承櫨即斗拱，爲我國木結構建築中的支承構件，在立柱和橫梁交接處。

③ 樞戟：足立喜六、章巽均作"摳戟"。足立喜六認爲："摳戟云云，乃拔出而衝戟之意，此言巍聳塔之露盤上之九輪柱"，章巽則認爲"摳"有拔出之義，"戟"有枝格之義，故樞戟是一種帶叉牙的支柱。按，古籍中"扌""木"常相混，故"樞""摳"或本爲一字。"樞戟"一詞，典籍罕見，僅此一例，故"樞戟"究竟指何物，尚待進一步考證。

④ 匹：量詞。表示事物長度的計量單位。北魏酈道元《水經注·清水》："天門山石自空，狀若門焉，廣三丈，高兩匹，深丈餘，更無所出，世謂之天門也。"

⑤ 倡伎：古稱以歌舞雜戲娛人的男女藝人。西晉竺法護譯《普曜經》卷八："佛未入摩竭國時，國民豐富饒美飲食，作樂倡伎常歡不廢，夙夜游戲。"(3-533c)

⑥ 伎樂：音樂舞蹈。西晉竺法護譯《生經》卷一："念諸婦女，戲笑娛樂，夫婦之義，本現前時，諸作伎樂，思念舉動坐起之法，反益用愁，不能自解。"(3-70b)

⑦ 隨宜：斟酌、適當。《全晉文》卷二十七王獻之《雜帖》："獻之內外極生冷，而心腹中恒無他。此一事是差，但疾源不得佳。論事當隨宜思之也。"東晉佛陀跋陀羅共法顯譯《摩訶僧祇律》卷十四："爾時隨宜差食，若是長老上座與上食、中坐與中間食、下座與麁食。六群比丘怨情嫌恨，以是事往白世尊。"（22-341a）

⑧ 差：病除、病愈。《方言》卷三："差，愈也。南楚病愈者謂之差。"晉王羲之《十七帖》："冀疾患差，末秋初冬，必思與諸君一佳集。"這一意義後寫作"瘥"。

⑨ 泥梨城：泥梨，梵文 Niraya 的音譯。又作泥犁、泥黎。意即地獄，爲佛教所云十界中最劣之境界。

⑩ 因緣：梵文 hetupratyayad 的意譯。佛教謂使事物生起、變化和壞滅的主要條件爲因，輔助條件爲緣。

二十七、小孤石山　那羅聚落

從此東南行九由延，至一小孤石山①。山頭有石室，石室南向，佛坐其中。天帝釋將天樂般遮②彈[1]琴樂佛處。帝釋以四十二[2]事問[3]佛，一一以指畫石，畫迹故[4]在。此中亦有僧伽藍。從此西南行一由延，到那[5]羅聚落③，是舍利弗本生村[6]。舍利弗還於此[7]中般泥洹。即此處起塔，今[8]現在。

【校勘】

[1] 彈：石本作"禪"。

[2] 二：七本無此字。

[3] 問：石本作"門"。

［4］畫迹故：鐮本作"迹故々"。
［5］那：鐮本無此字。
［6］舍利弗本生村：石本、七本、鐮本無此六字。
［7］此：崇本、毗本、圓本、資本、磧本、石本、七本、鐮本作"此村"。
［8］今：崇本、毗本、圓本、資本、磧本、石本、七本、鐮本作"今亦"。

【箋注】

① 小孤石山：即《大唐西域記》卷九中所載之"因陀羅勢羅窶訶山"（梵文 Indraśailaguhā），也被稱作"帝釋窟"。

② 般遮：梵文 pañca 的音譯，樂神之名。

③ 那羅聚落：即《大唐西域記》卷九中所載之"迦羅臂拏迦邑"（梵文 Kālapināka）。據考證，其故址即今印度比哈爾邦納蘭達(Nalanda)地區的 Sarichak 村。

二十八、王舍新城　莾沙王舊城

從此西行一由延，到王舍新城①。新城者，是阿闍世王所造，中有二僧伽藍。出城西門三百步，阿闍世王得佛一分舍利起塔，高大嚴[1]麗。出城南四里，南向入谷，至五山②裏。五山周圍，狀若城郭，即是莾[2]沙王舊城③。城東西可五六里，南北七八里。舍利弗、目連初見[3]頞鞞[4]④處，尼犍[5]子⑤作火坑、毒飯請佛處[6]，阿闍世王酒飲黑象[7]欲害佛⑥處，城東北角曲[7]中，耆舊⑧於菴婆羅園[8]中起精舍請佛及千二百五十弟子供養處，今故在。其城中空荒，無人住。

【校勘】

[1] 嚴：石本作"藏"。
[2] 蓱：石本作"洴"，七本作"詳"，鎌本作"萍"。
[3] 見：石本作"遇"，七本無此字。
[4] 頞鞞：崇本、毗本作"頗鞞"。
[5] 犍：石本、鎌本作"健"，七本作"律"。
[6] 處：石本無此字。
[7] 酒飲黑象：石本作"須飲里"，七本作"酒飲里象"。
[8] 園：石本作"國"。

【箋注】

① 王舍新城：即《大唐西域記》卷九中所載之"曷羅闍姞利呬城"。曷羅闍姞利呬，爲梵文 Rājagṛha 的音譯，意譯即"王舍"。法顯爲了與蓱沙王舊城相區別而稱之爲"王舍新城"。其故址位於今印度東北部比哈爾邦西南拉吉杰爾（Rājgir）。

② 五山：即蓱沙王舊城附近的五座山，如城南的薩多般那求訶山（Saptaparṇaguhā），即佛教第一次結集所在的七葉窟山；城東的帝釋窟山（Indraśailaguhā）；城西北的毗布羅山（Vaibhāravaṇa）；城東北的薩簸恕昆底迦山（Sarpikuṇḍikaparvata）；城略東偏北的耆崛山（Gṛdhrakūṭa），即佛教史中著名的靈鷲山。

③ 蓱沙王舊城：蓱沙王，即頻毗娑羅王（Bimbisāra），也就是阿闍世王之父。蓱沙王舊城即《大唐西域記》卷九中所載之"矩奢揭羅補羅城"，梵文作 Kuśāgrapura，意爲"上等的吉祥草或香茅"。玄奘說此城"多出勝上吉祥香茅，以故謂之上茅城也"。此城周圍多山，故又被稱作"山城"。此城本爲摩竭提國國都，亦被稱作"王舍舊城"，以別於阿闍世王後來遷都所在的"王舍新城"。

④ 頞鞞：梵文 Aśvajit 的音譯。又作阿濕縛伐多、阿濕婆氏多、阿濕婆、阿濕波持等。意譯作馬勝、馬師等。是釋迦牟尼佛初轉法輪所度五比丘之一。舍利弗於王舍舊城聞其說法而開悟，並告知目連，二人共赴竹園精舍聽佛說法而成道。

⑤ 尼犍子：即尼犍陀若提子派之露形外道。這裏指耆那教徒。耆那教徒在佛典中常被貶稱爲尼乾外道、無繫外道、裸形外道、無慚外道或宿作因論者等。《大唐西域記》卷九中記載此處欲以火坑、毒飯害佛的尼犍子名室利毱多。後陰謀未得逞，受佛感化，皈依佛陀。

⑥ 阿闍世王酒飲黑象欲害佛：傳説，阿闍世王曾與調達相親，放醉象欲加害佛陀，但未得逞。《大唐西域記》卷九中記載："提婆達多與未生怨王共爲親友，乃放護財醉象，欲害如來。如來指端出五師子，醉象於此馴伏而前。"

⑦ 曲：彎曲之處，也指隱蔽的地方或偏僻的地方。北魏賈思勰《齊民要術·槐柞等》："柞：宜於山阜之曲，三徧熟耕，漫散橡子，即再勞之。"

⑧ 耆舊：梵文 Jīvaka 的音譯，又作耆婆、耆婆伽、時縛迦等。是摩竭提國頻毗娑羅王的庶子，也是當時著名的醫師。

入谷，搏[1]山東南上十五里，到耆闍崛山。未至頭三里，有石窟南向，佛本於此坐禪。西北三十步，復有一石[2]窟，阿難於中坐禪，天魔波旬①化作鵰鷲，住②窟前恐阿難。佛以神[3]足力隔石舒手③，摩阿難肩，怖即得止。鳥迹、手孔今悉在[4]，故曰[5]鵰鷲窟山。窟前有四佛坐處。又諸羅漢各各[6]有石窟坐禪處，動④有數百。佛在石室前，東西經行。調達於山北嶮巇[7]⑤間橫⑥擲石傷佛足指處，石猶在。佛説法堂[8]已毀壞，止[9]有塼壁基在。其[10]山峯秀端嚴⑦，是五山中最高。

法顯於新城中買香華油燈，倩[11]⑧二舊比丘送法顯到[12]耆闍崛山。華香供養，然燈續明。慨[13]然悲傷，收[14]淚而言："佛昔於此[15]説《首楞嚴》[16]⑨。法顯生不值⑩佛，但見遺迹處所而已。"即於石窟前誦[17]《首楞嚴》。停止⑪一宿，還向新城。

【校勘】

[1] 搏：崇本、毗本、圓本作"搏"，石本、七本作"轉"。

[2] 石：石本作"名"。

[3] 神：鐮本作"禪"。

[4] 在：崇本、毗本、圓本、資本、磧本、石本、鐮本作"存"。

[5] 曰：七本無此字。

[6] 各各：石本作"冬冬"。

[7] 嶮巇：崇本、毗本、圓本作"嶮嘘"，石本作"嶮戲"，七本作"嗆巇"。

[8] 堂：石本、七本作"常"。

[9] 止：崇本、毗本、石本、七本、鐮本作"正"。

[10] 其：鐮本作"某"。

[11] 倩：鐮本作"請"。

[12] 到：崇本、毗本、圓本、資本、磧本、石本、七本、鐮本作"上"。

[13] 慨：七本作"摡"。

[14] 收：麗本作"扠"，金本作"牧"，崇本、毗本、圓本、資本、磧本作"收"，石本作"扠"，七本作"扠"，鐮本作"扠"。按，當從崇本等作"收"為是，石本、鐮本中之字亦均為"收"之異體，故據改。

[15] 此：崇本、毗本、圓本、資本、磧本、石本、七本、鐮本作"此住"。

[16] 首楞嚴：鐮本作"首楞嚴經"。

[17] 誦：石本作"請"。

【箋注】

① 天魔波旬：天魔，佛教指欲界第六天（他化自在天）之魔王。波旬，梵文 Pāpīyas 的音譯，又作波旬踰、波鞞、波卑面、波卑椽、波卑緣等。意譯位殺者、惡物、惡中惡、惡愛等。指斷除人之生命與善根之惡魔。波旬乃釋迦牟尼佛在世時的魔王，常嬈亂佛陀的修行。南朝齊求那毗地譯《百喻經》卷四："邪見外道、天魔波旬，及惡知識而語之言：'汝但極意六塵，恣情五欲，如我語者，必得解脫。'"（4－557c）

② 住：停留，留。《後漢書·薊子訓傳》："見者呼之曰：'薊先生小住。'"

③ 舒手：伸開手，展開手。《論衡·論死篇》："使舒手而擊，舉足而蹶，則所擊蹶無不破折。"

④ 動：往往，常常。《三國志·吳志·周瑜傳》："曹公豺虎也，然託名漢相，挾天子以征四方，動以朝廷爲辭，今日拒之，事更不順。"

⑤ 嶮巇：險峻崎嶇。《文選·嵇康〈琴賦〉》："丹崖嶮巇，青壁萬尋。"呂良注："嶮巇，傾側貌也。"文中指險峻崎嶇的山地。

⑥ 橫：意外，突然。南朝宋劉義慶《世說新語·雅量》："周仲智飲酒醉，瞋目還面，謂伯仁曰：'君才不如弟，而橫得重名。'"

⑦ 端嚴：莊嚴。北魏吉迦夜共曇曜譯《雜寶藏經》卷三："時三藏法師，受其財物，將人經地，爲造塔寺，基刹端嚴，堂宇瑩麗，製作之意，妙絕工匠。"(4-460b)

⑧ 倩：請，懇求。漢王褒《僮約》："蜀郡王子淵，以事到湔上寡婦楊惠舍。有一奴名便了，倩行酤酒。"

⑨ 首楞嚴：梵文Sūraṃgama的音譯。又作首楞伽摩。意譯作健相、健行、一切事竟。文中指《首楞嚴三昧經》。此經曾盛行於古印度，近來於新疆發現本經之梵文殘片。此經後由鳩摩羅什翻譯爲漢語。

⑩ 值：遇到，碰上。《周書·文帝紀上》："早值宇文使君，吾等豈從逆亂。"

⑪ 停止：住宿。《北齊書·儒林傳·張景仁》："每旦須參，即在東宮停止。"

出舊城[1]，北行[2]三百餘步，道西，迦蘭陀竹園精舍①今現在，衆僧掃灑。精舍北二三里有尸磨賒那②。尸磨賒那者，漢言棄[4]死人墓田。搏[5]南山西行三百步，有一石室，名賓波羅窟[6]③，佛食後常於此坐[7]禪。又西行五六里，山北陰④中有一[8]石室，名車帝⑤。佛泥洹後，五百阿羅漢結集⑥經[9]處。出經時,鋪⑦三高座[10],莊嚴挍飾[11]。舍利弗在左,目連在右。五百數中少一阿羅漢。大迦葉爲上座[12]。時阿難在門外[13]不得入⑧。其處起塔,今亦在。搏山亦有諸羅漢坐禪石窟,甚[14]多。

出舊城北[15],東下三里,有調達石窟。離此五十步,有大方黑[16]石窟。昔有比丘在上經行,思惟是身無常、苦[17]空,得不淨[18]觀⑨,厭患⑩是身,即捉刀欲自殺[19]。復念:"世尊制戒,不得自殺。"又念:"雖爾,我今但欲殺三毒賊⑪。"便以刀自刎[20]。始傷肉[21],得須陀洹;既半,得阿那含⑫;斷已,成阿羅漢果,般泥洹。

【校勘】

[1] 城:崇本、毗本、石本、七本無此字。
[2] 北行:崇本、毗本、石本、七本、鐮本作"北谷",磧本作"此行"。
[3] 磨:崇本、毗本、圓本、資本、磧本作"摩"。
[4] 棄:鐮本作"乘"。
[5] 搏:崇本、毗本、圓本作"摶",石本、七本、鐮本作"轉"。後文"搏山"之"搏"亦同。
[6] 窟:石本作"賓"。
[7] 坐:崇本、毗本、石本、七本無此字。
[8] 一:石本無此字。
[9] 經:石本、七本作"結"。
[10] 高座:崇本、毗本、石本、七本、鐮本作"空坐",圓本、資本、磧本作"空座"。
[11] 飾:崇本、毗本、圓本、資本、石本、七本、鐮本作"餙"。
[12] 座:石本、七本、鐮本作"坐"。
[13] 外:崇本、毗本、石本、七本無此字。
[14] 甚:石本作"其"。
[15] 北:七本作"地"。

[16] 黑：石本、七本作"里"。

[17] 苦：七本作"若"。

[18] 淨：七本作"得"。

[19] 殺：石本、七本作"敓"。下文"自殺""欲殺"之"殺"亦同。

[20] 刐：七本作"刣"。

[21] 肉：崇本、毗本、圓本、資本、磧本作"再"，石本、七本作"舟"，鐮本作"肥"。

【箋注】

① 迦蘭陀竹園精舍：迦蘭陀，梵文 Kalanda 的音譯，是王舍城中的大長者。迦蘭陀長者初信外道，並將大竹園施與外道。後受佛教化，皈依佛教，驅逐了外道，將大竹園收回，並在園中修建了精舍以奉佛。故此精舍便叫迦蘭陀竹園精舍。

② 尸磨賒那：梵文 Śmaśānam 的音譯。又作尸陀林、寒林、尸多婆那林、尸摩賒那林、深摩舍那林等，是摩竭提國王舍城北方之森林。林中幽邃且寒，初爲該城人民棄屍之所，後爲罪人之居地，其後泛稱棄屍之處。《玄應音義》卷十八："尸陀林正言尸多婆那，此云寒林。其林幽邃而且寒，因以名也，在王舍城側……今總指棄屍之處名尸陀林者，取彼名。"

③ 賓波羅窟：賓波羅，梵文 Pippala 的音譯。又作畢鉢羅、卑波羅、必鉢羅、庫鉢羅、畢鉢波羅延等，是一種樹名，樹身高大而長命，類似榕樹而無支根。佛於此樹下證菩提，故又稱其爲菩提樹。《大唐西域記》卷八："金剛座上菩提樹者，即畢鉢羅之樹也。昔佛在世，高數百尺，屢經殘伐，猶高四五丈。佛坐其下成等正覺，因而謂之菩提樹焉。莖幹黄白，枝葉青翠，冬夏不凋，光鮮無變。每至如來涅槃之日，葉皆凋落，頃之復故。"賓波羅窟因窟前有此樹而得名。

④ 北陰：謂山的北面。南朝梁江淹《橫吹賦》："北陰之竹兮，百尺而不見日。"

⑤ 車帝：梵文 Śataparṇa 的音譯，即七葉樹。此石窟前多生此樹而又名七葉窟。

⑥ 結集：梵文 saṃgīti 的意譯。釋迦牟尼佛生時隨機説法，無文字記載。涅槃後，弟子們集會，各誦所聞，彙集成爲法藏，故稱。相傳現有佛經經過四次結集：一、佛滅後不久，以大迦葉爲首的五百比丘在王舍城結集；二、佛滅後百年，以耶舍爲首的七百比丘在毗舍離結集；三、阿育王時代，公元前 3 世紀頃，以目犍連子帝須爲首的一千比丘在華氏城結集；四、迦膩色迦王時代，公元 2 世紀頃，以脅比丘爲首的五百比丘在迦濕彌羅結集。本書中所云"五百阿羅漢結集"當爲第一次結集。

⑦ 鋪：布置。北齊顔之推《顔氏家訓·歸心》："縣廨被焚，寄寺而住……鋪設牀坐，於堂上接賓。"

⑧ 阿難在門外不得入：相傳在第一次結集中，大迦葉因爲阿難諸漏（佛教中指煩惱）未盡，尚未完全解脱煩惱，因此拒絶其參加結集。阿難遂從七葉窟中退去，未及伏枕，竟達漏盡，證得阿羅漢果。於是重返七葉窟參加結集。這樣，最終得五百阿羅漢之數。

⑨ 不淨觀：又作不淨想。爲佛教禪觀五停心觀之一。即在禪定中觀想自身與他身肉體之骯髒、齷齪，以消除貪欲之心及煩惱之念。

⑩ 厭患：厭惡。舊題三國吴支謙譯《撰集百緣經》卷五："時彼兒母，見諸道士數數來往，甚懷懊惱，生厭患心，便出惡言，駡諸沙門婆羅門等。"（4-225a）後秦竺佛念譯《出曜經》卷二："無數大衆厭患生死，除貪著意執信堅固，出家修道，修增上法無退轉意，各以次第成阿羅漢道。"（4-617c）

⑪ 三毒賊：即佛教中所云"三毒"。佛教中稱貪欲、嗔恚、愚痴（又稱貪嗔痴、淫怒痴、欲嗔無明）三種煩惱爲三毒，又作三火、三垢。一切煩惱本通稱爲毒，然此三種煩惱通攝三界，係毒害衆生出世善心中之最厲害者，故特稱三毒。此三毒又爲身、口、意等三惡行之根源，故亦稱三不善根，爲根本煩惱之首。

⑫ 阿那含：梵文 Anāgāmin 的音譯。舊譯作阿那伽彌、阿那伽迷。略稱那含。意譯不還、不來、不來相。乃聲聞四果中第三果之聖者。指通過修行完全斷除欲界的修惑而達到的果位，到達此位後，不再生還欲界。

二十九、伽耶城　貝多樹下

從此西行四由延,到伽耶城①,城內亦空荒。復南行二十里,到菩薩本苦行②六年處,處有林木。從此西行三里,到佛入水洗浴,天案[1]樹枝得攀[2]出池處。又北行二里,得彌家女③奉佛乳糜④處。從此北行二里,佛於一大樹下石上,東向坐食糜。樹、石今悉在。石可廣、長六尺,高二尺許。中國寒[3]暑[4]均[5]調,樹木或[6]數千歲,乃至萬歲。

【校勘】

[1] 案:鑛本作"業"。
[2] 攀:石本、七本作"攣",鑛本作"舉"。
[3] 寒:七本作"寒"。
[4] 暑:崇本、毗本作"景",石本、七本作"景"。
[5] 均:七本作"䪼"。
[6] 或:石本作"成"。

【箋注】

① 伽耶城:伽耶,梵文 Gayā 的音譯。故址位於今印度比哈爾邦的加雅市。此城又稱梵天加雅(Brahma Gayā),因仙人伽耶在此修行而得名。城南約十公里爲佛陀成道處,又稱佛陀加雅或菩提加雅,爲佛教聖地。

② 苦行:梵文 duṣkara-caryā 的意譯,即斷除肉體欲望,堪忍諸種難忍之苦行,主要指諸外道以受凍、挨餓、拔髮、裸形、炙膚等刻苦自

133

己身心的行爲。謂行之可求得解脱。南朝齊求那毗地譯《百喻經》卷四:"其猶外道,不滅煩惱熾然之火,少作苦行,臥棘刺上,五熱炙身,而望清涼寂靜之道。"(4-544c)文中所云"菩薩本苦行六年處"指釋迦太子出家後爲尋求解脱之道來到伽耶城南尼連禪河畔苦行六年,日食一麻一麥,終乃覺悟苦行非聖道,縱受天報,仍在輪迴,未得解脱,故斷然中止苦行。

③ 彌家女:彌家,《大寶積經》作"彌迦",梵文 Mekā 的音譯。章巽認爲彌家是梵文 Grāmika 音譯之略,意爲村長。彌家女即村長之女。西晋竺法護譯《大寶積經》卷十一:"有彌迦女名善蔭,搆千頭牛而取其乳……於時菩薩受善蔭彌迦女乳糜服食。"(11-61b)

④ 乳糜:亦作"乳麋"。用乳汁或酥油調製的粥。西晋竺法護譯《普曜經》卷五:"時修舍慢加村落長者女,與諸梵志,奉美乳糜,詣菩薩所,稽首足下,右遶三匝,以賓乾水灌菩薩手。"(3-512a)

從此東北行半由延[1],到一[2]石窟。菩薩入中,西向結加[3]趺坐①,心念:"若我成道,當有神[4]驗②。"石壁上即有佛影現,長三尺許,今猶[5]明亮[6]。時天地大動,諸天在空中白③言:"此非是[7]過去、當來諸佛成道處。去此西南行,減[8]半由延,到[9]貝[10]多樹④下。是過去、當來諸佛成道處[11]。"諸天説是語已,即便在前唱導⑤,導[12]引而去。菩薩[13]起行[14]。離樹三十步,天授吉祥[15]草⑥,菩薩受之。復行十五步,五百青雀飛[16]來,繞菩薩三匝而去。菩薩前到貝多樹下,敷吉祥草,東[17]向而[18]坐[19]。時魔王遣三玉女⑦從北來試[20],魔王自從南來試[21]。菩薩以足指案[22]地,魔兵[23]退散,三女變成老母[24]。自上苦[25]行六年處,及此諸處,後人皆於中起塔立像,今皆在。佛成道已,七日觀樹受[26]解脱樂處。佛於貝多樹下東西經行[27]七日處。諸天化[28]作七寶堂[29]供養佛七日處。文鱗盲[30]龍⑧七日繞佛處⑨。佛於尼拘[31]律樹下方石上東向坐,梵天來請佛處。

四天王奉鉢⑩處。五百賈人[32]⑪授麨蜜[33]⑫處。度⑬迦葉兄弟⑭師徒[34]千人處。此諸處亦盡[35]起塔。佛得道處有三僧伽藍,皆有僧住。衆僧民戶供給饒足⑮,無所乏少⑯。戒律嚴峻[36]⑰,威儀坐起⑱、入衆之法⑲,佛在世時,聖衆所行,以至於今。佛泥洹已來,四大塔處相承不絕。四大塔者:佛生[37]處,得道處,轉法輪[38]處,般泥洹處。

【校勘】

　　[1] 延:石本作"正",七本、鐮本作"证"。

　　[2] 一:石本無此字。

　　[3] 加:崇本、毗本、圓本、資本、磧本、石本、七本、鐮本作"跏"。

　　[4] 神:鐮本作"禪"。

　　[5] 猶:七本作"獨"。

　　[6] 亮:石本、七本、鐮本作"高"。

　　[7] 是:崇本、毗本、圓本、資本、磧本、石本、七本、鐮本無此字。

　　[8] 減:七本作"咸"。

　　[9] 到:崇本、毗本、圓本、資本、磧本、石本、七本、鐮本無此字。

　　[10] 貝:七本作"見"。

　　[11] 處:石本作"家"。

　　[12] 導導:石本、鐮本作"道道",七本作"道"。

　　[13] 菩薩:石本作"井"。按,"井"爲"菩薩"二字合文,敦煌寫卷中多見。章巽識爲"開",不確。下文"繞菩薩"中"菩薩"石本亦作"井"。

　　[14] 行:石本作"竹"。

　　[15] 祥:七本作"詳"。

　　[16] 飛:七本作"飛雀"。

　　[17] 東:七本無此字。

　　[18] 而:石本無此字。

　　[19] 坐:七本作"坐東"。

　　[20] 試:七本作"誠"。

［21］試：七本作"說"。

［22］案：七本作"禁"。

［23］兵：石本、鐮本作"丘"。

［24］變成老母：崇本、毗本、圓本、資本、磧本、石本、鐮本作"變老"，七本作"變"。

［25］苦：石本作"宫"。

［26］受：七本作"愛"。

［27］行：七本無此字。

［28］化：七本作"他"。

［29］堂：圓本、資本、磧本作"臺"，石本作"當"。

［30］盲：七本作"音"。

［31］拘：七本作"扚"。

［32］賈人：崇本、毗本、圓本、資本、磧本、鐮本作"賈客"，石本作"買客"，七本作"賈容"。

［33］麨蜜：七本作"赳密"。

［34］徒：石本作"從"。

［35］盡：崇本、毗本、圓本、資本、磧本、石本、七本、鐮本無此字。

［36］峻：石本作"俊"。

［37］生：鐮本作"坐"。

［38］輪：鐮本無此字。

【箋注】

① 結加趺坐：亦作"結跏趺坐"。佛教徒坐禪法，即交迭左右足背於左右股上而坐。分降魔坐與吉祥坐兩種：前者先以右趾押左股，後以左趾押右股，手亦左在上，諸禪宗多傳此坐；後者先以左趾押右股，後以右趾押左股，令二足掌仰放於二股之上，手亦右押左，安仰跏趺之上，相傳即如來成正覺時坐法。西晉竺法護譯《生經》卷二："處於虛空，結加趺坐，若如飛鳥。"（3-81c）

② 神驗：靈驗。北魏酈道元《水經注·河水五》："縣西有東方朔冢，冢側有祠，祠有神驗。"

③ 白：報告、禀告。下對上之辭。《古詩爲焦仲卿妻作》："妾不堪驅使，徒留無所施。便可白公姥，及時相遣歸。"

④ 貝多樹：貝多，梵文 Pippala 的音譯，又作畢鉢羅、賓波羅、卑波羅、必鉢羅、庫鉢羅、畢鉢波羅延等。此樹即菩提樹。參見本書"二十八、王舍新城　蒱沙王舊城"中"賓波羅窟"條箋注（第131頁）。需要注意的是，另有一種樹也叫貝多樹。此樹又稱"貝葉樹""多羅樹"，爲梵文 Pattra 的音譯。古印度人常用其樹葉當作紙的替代品來書寫經文。

⑤ 唱導：佛教語。謂講經説法，宣唱開導。西晋竺法護譯《正法華經》卷二："三界之中，恐畏之難，佛爲唱導，使得滅度。"（9-78b）南朝梁釋慧皎《高僧傳·唱導傳論》："唱導者，蓋以宣唱法理，開導衆心也。"

⑥ 吉祥草：梵文 Kuśa 的意譯，又作上茅、香茅、吉祥茅、茆草、犧牲草等，略稱祥草。音譯作矩尸、俱舒、姑奢。此草生於濕地，或培養於水田中，其狀類茅，長六十餘公分。據佛經所載，釋迦牟尼於菩提樹下成道時，即坐於此草上；此草係由吉祥童子爲釋尊鋪設於座位上。印度自古以來即視此草爲神聖、祥瑞之草，於行諸種儀式時，多將之編成席，並於其上放置諸種供物。此外，修行者亦將之敷置於空閑寂靜之處，或清淨之房中，作爲坐、臥之具。

⑦ 玉女：美女。《吕氏春秋·貴直論》："惠公即位二年，淫色暴慢，身好玉女。"高誘注："玉女，美女也。"東漢竺大力共康孟詳譯《修行本起經》卷二："於是三女，嚴莊天服，從五百玉女，到菩薩所，彈琴歌頌，婬欲之辭欲亂道意。"（3-470c）

⑧ 文鱗盲龍：即目支鄰陀龍王。梵文 Mucilinda 的音譯。又作目脂鄰陀龍王、目真鄰陀龍王、目鄰龍王等。意譯爲脱王、解脱處。據《慧琳音義》載，此龍王於目真鄰陀窟中，聞法而得解脱龍苦。《大唐西域記》卷八："帝釋化池東林中，有目支鄰陀龍王池，其水清黑，其味甘美。西岸有小精舍，中作佛像。昔如來初成正覺，於此宴坐，七日入定。時此龍王警衛如來，即以其身繞佛七匝，化出多頭，俯垂爲蓋。"章巽認爲文鱗爲盲龍之名，而楊維中則認爲此處文鱗與盲龍爲兩條不同的龍。

⑨ 七日繞佛處：據隋闍那崛多譯《佛本行集經》卷三十一記載，佛陀成道後，目真鄰陀龍王邀請佛陀到其宮殿，受其供養。"時彼七日虛空之中，興雲注雨，起大冷風，於七日內，雨不暫停，遂成寒凍。爾時，目真鄰陀龍王從宮殿出，以其大身，七重圍遶，擁蔽佛身，復以七頭垂世尊上，作於大蓋，巍然而住。"（3－800b）

⑩ 四天王奉鉢：據南朝宋求那跋陀羅譯《過去現在因果經》卷三記載，佛陀成道之後，有商人奉獻麨蜜，但佛陀沒有器具盛放食物。於是四天王"知佛心念，各持一鉢，來至佛所，而以奉上。於是世尊而自念言：'我今若受一王鉢者，餘王必當生於恨心。'即便普受四王之鉢，累置掌上，按令成一，使四際現"。（3－643b）

⑪ 賈人：商人。《史記‧平準書》："天下已平，高祖乃令賈人不得衣絲乘車，重租税以困辱之。"

⑫ 麨蜜：炒熟的米粉或麥粉和以蜜糖的食品。《大唐西域記》卷一："時二長者遇被威光，隨其行路之資，遂獻麨蜜，世尊爲説人天之福，最初得聞五戒十善也。"

⑬ 度：佛教語。渡過之義。指從此處渡經生死迷惑之大海，而到達覺悟之彼岸。出家爲覺悟之第一步，故稱出家爲"得度"。

⑭ 迦葉兄弟：即優婁頻螺迦葉波、捺地迦葉波、伽耶迦葉波三兄弟。三人出身婆羅門種姓，初爲事火外道，後來受佛陀教化，率其徒衆皈依佛陀。

⑮ 饒足：富足。《漢書‧吳王劉濞傳》："吳有豫章郡銅山，即招致天下亡命者盜鑄錢，東煮海水爲鹽，以故無賦，國用饒足。"

⑯ 乏少：缺少。《三國志‧魏志‧張邈傳》："布自稱徐州刺史。"裴松之注引《英雄記》："若兵器戰具，它所乏少，大小唯命。"

⑰ 嚴峻：嚴厲；嚴格。《史記‧酷吏列傳》："禹酷急，至晚節，事益多，吏務爲嚴峻，而禹治加緩，而名爲平。"

⑱ 威儀坐起：佛教戒律中稱"行、住、坐、臥"爲四威儀。威儀坐起，當指行動坐臥的規則。參見本書"六、于闐國"中"威儀齊肅"條箋注（第16頁）。

⑲ 入衆之法：佛教僧人共同生活起居的法則。佛教戒律中稱爲

入衆五法。即：一是下意，自己要低聲下氣。二是慈心，以慈悲心對待他人。三是恭敬，要尊重上座。四是知次第，要明白事物之次第。五是不説餘事，不談修行以外之餘事。

阿育王昔作[1]小兒時，當道戲。遇迦葉[2]佛行乞[3]食①，小兒歡[4]喜，即以一掬[5]②土施佛。佛持還，泥③經[6]行地[7]。因此[8]果[9]報④，作鐵[10]輪王⑤，王閻浮提。乘鐵輪案行⑥閻浮[11]提，見鐵圍兩山⑦間地獄治罪人。即問群臣："此是何等？"答言："是鬼王閻羅王[12]⑧治罪人[13]。"王自念言⑨："鬼王尚能作地獄治罪人，我是人[14]主，何不作地獄治罪人耶？"即問臣等："誰能爲我作地獄主[15]治罪人者？"臣答言："唯有極惡人能作耳。"王即遣臣遍求惡人。見池[16]水邊有一人[17]，長壯[18]⑩、黑色、髮黃、目青[19]，以腳鉤[20]魚，口呼[21]禽獸，禽獸來便射殺，無得脱者。得此人已，將⑪來與王。王密勅[22]之："汝作四方高牆，内植種種華果[23]，作[24]好浴[25]池[26]，莊[27]嚴挍飾[28]，令人渴仰。牢[29]作[30]門户，有人入[31]者輒捉[32]，種種治罪，莫使得出。設[33]⑫使我入，亦治罪莫放。今拜⑬汝作地獄主[34]。"時[35]有比丘，次第乞食入其門[36]。獄卒[37]見之，便欲治罪。比丘惶怖⑭，求請須臾，聽我中食。俄頃[38]⑮，復[39]有人[40]入，獄卒内⑯置碓[41]臼⑰中擣[42]之，赤沫出。比丘見已，思惟此身無常、苦空，如泡如沫，即得阿羅漢果[43]。既而獄卒捉[44]内鑊[45]湯[46]⑱中，比丘心顔⑲欣悦⑳，火滅，湯冷，中生蓮華，比丘坐上。爾時，獄卒即往白王："獄[47]中有奇怪，願王[48]往看。"王言："我前有要㉑，今不敢往。"獄卒言："此非小事，王宜疾往。"更改先要，王即隨入。比丘爲王[49]説法，王得信解㉒，即壞[50]地獄，悔前所作衆惡。由是信重[51]㉓三寶，常至貝多樹下，悔過自責，受八戒[52]齋㉔。王夫人問："王常游何處？"群臣答

二十九、伽耶城　貝多樹下

言:"恒㉕在貝多樹下。"夫人伺王不[53]在時,遣人伐其樹倒[54]。王來見之,迷悶[55]㉖躃地㉗。諸臣以水灑面,良久乃蘇。王即以塼[56]累㉘四邊,以百甖[57]㉙牛乳灌樹根[58]。身四枝[59]㉚布地,作是誓言:"若樹不生,我終不起。"作是[60]誓已,樹便即根上而生,以至于今。高減[61]十丈[62]。

【校勘】

　　[1] 作:崇本、毗本作"在"。

　　[2] 迦葉:圓本、資本、磧本作"釋迦"。

　　[3] 乞:七本作"足"。下文"次第乞食入其門"中"乞",七本亦作"足"。

　　[4] 歡:石本作"觀"。

　　[5] 掬:石本作"相"。

　　[6] 經:七本作"洹"。

　　[7] 地:石本、七本作"城"。

　　[8] 因此:石本作"因",七本作"日此"。

　　[9] 果:七本作"杲"。

　　[10] 鐵:七本作"鏾"。按,"鏾"爲"鐵"之異體。《集韻》已見。

　　[11] 閻浮:七本作"字"。

　　[12] 王:崇本、毗本、圓本、資本、磧本、石本、七本無此字。

　　[13] 罪人:石本作"羅"。

　　[14] 人:石本作"人人"。

　　[15] 主:石本、七本作"王"。

　　[16] 池:磧本、石本、七本作"泄"。

　　[17] 一人:磧本作"一",鐮本作"一惡人"。

　　[18] 壯:石本、七本作"庄"。

　　[19] 目青:磧本作"眼清",崇本、毗本、圓本、資本、石本、七本、鐮本作"眼青"。

　　[20] 鉤:圓本、資本、磧本、石本、七本作"鉤兼"。

[21] 呼：磧本作"呼"。
[22] 勅：石本作"初"。
[23] 果：七本作"菓"。
[24] 作：磧本作"非"。
[25] 浴：七本作"浧"。
[26] 池：石本無此字。
[27] 莊：石本、七本、鑛本作"庒"，後同。
[28] 飾：崇本、毗本、圓本、資本、石本、七本、鑛本作"餝"。
[29] 牢：石本、七本、鑛本作"窂"。按，"窂"即"牢"之異體。
[30] 作：石本作"竹"。
[31] 入：七本作"人"。
[32] 捉：石本作"投"。按，"投"即"投"之異體。
[33] 設：石本作"說"。
[34] 主：圓本、資本、石本、七本、鑛本作"王"。
[35] 時：崇本、毗本、圓本、資本、磧本、石本、七本無此字。
[36] 門：鑛本作"獄門"。
[37] 卒：石本作"九十"，七本、鑛本作"卆"。後同。按，"卆"爲"卒"之異體。
[38] 頃：石本作"項"，七本、鑛本作"湏"。
[39] 復：磧本作"得"，石本作"㣲"。
[40] 人：石本作"人人"。
[41] 碓：石本作"䧲"。
[42] 擣：七本作"持"，鑛本作"樹"。
[43] 果：崇本、毗本、圓本、資本、磧本、石本、七本無此字。
[44] 捉：石本作"投"，七本作"提"。
[45] 鑊：石本作"錐"，鑛本作"鑵"。
[46] 湯：鑛本作"渴"。
[47] 獄：石本、七本無此字。
[48] 王：石本作"王王"。
[49] 王：崇本、毗本、圓本、資本、磧本、石本、七本無此字。

二十九、伽耶城 貝多樹下

[50] 壞：七本作"懷"。

[51] 重：崇本、毗本作"乘"。

[52] 戒：崇本、毗本、圓本、資本、磧本、石本、七本、鑛本無此字。

[53] 不：石本作"下"。

[54] 倒：石本、七本作"到"，鑛本作"樹倒"。

[55] 悶：七本無此字。

[56] 塼：石本作"槫"，七本、鑛本作"博"。

[57] 甖：七本作"兒"。

[58] 根：七本作"恨"。

[59] 枝：崇本、毗本、圓本、資本、磧本、石本、七本、鑛本無此字。

[60] 作是：崇本、毗本、圓本、資本、磧本、石本、七本、鑛本無此二字。

[61] 高減：崇本、毗本、圓本、資本、磧本作"今高減"，石本、七本作"今高減"，鑛本作"高減"。

[62] 丈：石本作"又"。

【箋注】

① 行乞食：即行乞。行，中古常用在動詞前充當附加成分。如《論衡·知實篇》："孔子知五經，門人從之學，當復行問，以爲人法，何故專口授弟子乎？"其中"行問"即詢問、請教。又如中古文獻中"行見""行獵""行尋"等，諸例中"行"均爲動詞前附加成分。

② 掬：量詞。猶捧。指兩手相合所能捧的量。《南史·何點傳》："點少時嘗患渴利……夢一道人，形貌非常，授丸一掬，夢中服之，自此而差。"

③ 泥：用稀泥或如稀泥一樣的東西塗抹或封固。南朝宋劉義慶《世說新語·汰侈》："王以赤石脂泥壁。"

④ 果報：佛家語。因果報應。即所謂夙世種善因，今生得善果；爲惡則得惡報。三國吳支謙譯《菩薩本緣經》卷一："若行惠施時，福田雖不淨，能生廣大心，果報無有量。"(3-52b)

⑤ 鐵輪王：佛教認爲鐵輪王是統治南閻浮提洲的帝王。南朝梁釋

僧祐撰《釋迦譜》卷一:"喜殺王壽二千五百歲。得鐵輪王主南天下。"(50-3c)參見本書"十七、僧伽施國"中"轉輪聖王"條箋注(第74頁)。

⑥ 案行:巡視。《漢書·蓋寬饒傳》:"寬饒初拜爲司馬……冠大冠,帶長劍,躬案行士卒廬室,視其飲食居處。"三國吳康僧會譯《六度集經》卷六:"國王晨往案行,獲大獼猴,能爲人語。"(3-32b)

⑦ 鐵圍兩山:即鐵圍山。梵文 cakra-vāḍa-parvata 的意譯。又作鐵輪圍山、輪圍山、金剛山、金剛圍山等。佛教的世界觀中,以須彌山爲中心,周圍共有七山八海圍繞,最外側爲鐵所成之山,稱鐵圍山,即圍繞須彌四洲外海之山。同時,鐵圍山又有大、中、小之分。以閻浮提等四大洲爲一小世界,集一千小世界爲一小千世界,其外有一鐵山圍之,稱爲小鐵圍山;集一千小千世界爲一中千世界,其外亦有一鐵山圍之,稱爲中鐵圍山;集一千中千世界爲一大千世界,其外復有鐵山圍之,稱爲大鐵圍山。本書中所云鐵圍兩山,可能就大、小鐵圍山而言。

⑧ 閻羅王:閻羅,梵文 Yama 的音譯,又作夜摩、焰摩、琰摩、閻羅、剡魔等。閻羅王,梵文 Yama-rāja 之譯,又稱閻羅王、閻王魔、琰魔王、閻魔羅王、焰魔邏闍、閻摩羅社、琰魔邏闍。略稱閻羅、閻邏、焰羅、剡王、閻王、死王等。爲鬼世界之始祖,冥界之總司,地獄之主神。

⑨ 念言:思慮、思考。三國吳康僧會譯《六度集經》卷八:"眾比丘以食時持應器入城求食,而日未中,心俱念言:'入城甚早,我曹寧可俱到異學梵志講堂坐須臾乎!'"(3-50c)

⑩ 長壯:高大而強壯。《三國志·吳志·周瑜傳》:"周瑜字公瑾,廬江舒人也。從祖父景,景子忠,皆爲漢太尉。父異,洛陽令。瑜長壯有姿貌。"

⑪ 將:取,拿。北魏楊衒之《洛陽伽藍記·平等寺》:"將筆來,朕自作之。"

⑫ 設:連詞。表示假設。即使。晉袁宏《後漢紀·光武帝紀》:"公曰:'設使成帝復生,天下亦不可得也,況詐子輿者乎?'"

⑬ 拜:授官;封爵。《漢書·爰盎傳》:"上拜盎爲泰常,竇嬰爲大將軍。"

⑭ 惶怖：恐懼。《漢書·朱博傳》：「王卿得敕惶怖，親屬失色，晝夜馳騖，十餘日間捕得五人。」

⑮ 俄頃：片刻，一會兒。南朝宋劉義慶《世說新語·雅量》：「庾小征西嘗出未還，婦母阮，是劉萬安妻，與女上安陵城樓上。俄頃，翼歸，策良馬，盛輿衛。」

⑯ 内：使進入，放入。後來寫作「納」。漢王符《潛夫論·德化》：「是故凡立法者，非以司民短而誅過誤，乃以防奸惡而救禍敗，檢淫邪而内正道爾。」

⑰ 碓臼：舂搗糧食或其他物品用的器具。《慧琳音義》卷一百：「碓臼：上堆誨反，下音舊。顧野王云：碓，所以用舂也。《説文》：從石，佳聲。臼亦舂穀也。古者掘地爲臼，其後鑿木或石而作中點，象形也。」(54-926b)失譯《分別功德論》卷三：「有男女二人坐犯婬，將來欲治罪，置碓臼中擣之，斯須變成爲沫。」(25-39b)

⑱ 鑊湯：鑊原指無足鼎，古時亦用以爲烹人的刑器。湯，指沸水。本書中所云將犯人投入鑊湯中乃是一種酷刑，亦是佛經所説「十八地獄」之一。用以烹罪人。

⑲ 心顏：心情和面色。南朝梁任昉《爲范尚書讓吏部封侯第一表》：「臣雲言：被尚書召，以臣爲散騎常侍、吏部尚書，封霄城縣開國侯，食邑千户。奉命震驚，心顏無措。」

⑳ 欣悦：亦作「忻悦」。欣喜、喜悦。晋袁宏《後漢紀·光武皇帝紀》：「岑彭遂長驅入江關，令兵無得鹵掠，所過不受牛酒，見耆老陳漢恩德。百姓無不欣悦，開門請降。」

㉑ 要：約言，誓約。漢荀悦《漢紀·高后紀》：「罷朝，陵讓平、勃曰：『諸君背要，何面目見高帝於地下！』」

㉒ 信解：佛教謂對佛法心無疑慮、明見其理爲信解。南朝梁釋慧皎《高僧傳·誦經·釋法慧》：「居閣不下三十餘年。王侯税駕，止拜房而反。唯汝南周顒，以信解兼深，特與相接。」

㉓ 信重：信任，看重。《漢書·儒林傳·梁丘賀》：「賀以筮有應，繇是近幸，爲太中大夫，給事中，至少府。爲人小心周密，上信重之。」

㉔ 八戒齋：即八關齋戒，又作八戒、八支齋戒、八分齋戒、八戒

齋、八齋戒等。乃佛陀爲在家的男女信徒所制定的八條戒條。能持八戒,可防止身口意三業之惡行,便可關閉惡道之門。八戒爲:不殺生;不偷盗;不非梵行;不妄語;不飲酒;不塗飾香鬘、歌舞觀聽;不眠坐高廣嚴麗床座;不食非時食。

㉕ 恒:副詞。經常;常常。晋袁宏《後漢紀·孝靈皇帝紀》:"所歷亭傳不處正堂,恒止逆旅之下,先加糞除而後處焉。"

㉖ 迷悶:昏迷,神志不清。北魏酈道元《水經注·溱水》引王歆之《始興記》:"室前磐石上,行羅十瓮,中悉是餅銀,采伐遇之不得取,取必迷悶。"

㉗ 躃地:倒地。躃,仆倒。三國吴康僧會譯《六度集經》卷四:"象適人去遠,其痛難忍,躃地大呼,奄忽而死,即生天上。"(3-17b)

㉘ 累:堆集;積聚。參見本書"二十六、摩竭提國巴連弗邑"中"累"條箋注(第118頁)。

㉙ 罌:同"罌"。小口大腹的容器。多爲陶製,亦有木製者。晋劉伶《酒德頌》:"先生於是方捧罌承槽,銜杯漱醪。"

㉚ 四枝:"枝"通"肢"。人體兩上肢和兩下肢的合稱。《淮南子·泰族訓》:"今夫道者,藏精於内,棲神於心,静漠恬淡,訟繆胸中,邪氣無所留滯,四枝節族,毛蒸理泄,則機樞調利,百脉九竅莫不順比。"

三十、 雞足山　曠野

從此南[1]三里行,到一山,名雞[2]足①。大迦葉今在此山中。擘[3]山②下入,入處不容人。下入極遠有旁孔,迦葉全身在此中住。孔外有迦葉本洗手[4]土,彼方人若頭痛者,以此土塗之即差。此山中即日[5]③故[6]有諸羅漢住,彼[7]諸國道人年年往供養迦葉,心濃至④者,夜即有羅漢來,共言論⑤,釋其疑[8]已,忽然不現。此山榛[9]木⑥茂盛,又多師子、虎、狼,不可妄行。

法顯還向巴[10]連弗邑[11]。順恒水西[12]下十[13]由延[14],得一精舍,名曠[15]野⑦,佛所住處。今現有僧。

【校勘】

[1] 南:鐮本作"東南"。

[2] 雞:七本作"雜"。

[3] 擘:崇本、毗本、圓本、資本、磧本作"劈",石本、七本、鐮本作"辟"。

[4] 手:七本作"平"。

[5] 日:七本作"曰",鐮本作"目"。

[6] 故:鐮本作"猶"。

[7] 彼:崇本、毗本、圓本、資本、磧本、石本、七本、鐮本作"彼方"。

[8] 疑:石本作"𢛳",七本作"𢘋"。

[9] 榛:七本作"椋"。

[10] 巴:石本作"已"。

[11] 邑:七本作"㔋"。按,"㔋"爲"色"之異體。

[12] 西:石本作"面"。

[13] 十:鐮本無此字。

[14] 延:石本作"正",七本作"返"。

[15] 名曠:崇本、毗本作"多順",石本作"名順"。

【箋注】

① 雞足:即《大唐西域記》卷九中所載之"屈屈吒播陀山",梵文 Kukkuṭapāda 的音譯。其中 kukkuṭa 意爲"雞",pāda 意爲"足"。據說,此山山嶺向三個方向分開,形狀很像雞足,因此而得名。又因"尊

者大迦葉波居中寂滅，不敢指言"，故又稱"尊足山""尊足嶺"等。

② 擘山：擘，通"劈"。佛教傳說，大迦葉自感即將寂滅，乃往雞足山，但由於山峰險阻，道路難行，於是用錫杖破開山路。詳情可參見《大唐西域記》卷九。此處所云"擘山"指的應是此事。

③ 即日：當日。這裏是指大迦葉寂滅的當天。

④ 濃至：濃，深厚；至，達到極點。本書中云"心濃至者"意謂心意深厚到極點之人。

⑤ 言論：談論。《淮南子·人間訓》："至乎以弗解解之者，可與及言論矣。"

⑥ 榛木：叢木。《文選·左思〈招隱詩〉之二》："經始東山廬，果下自成榛。"李善注："高誘《淮南子》注曰：'叢木曰榛。'"

⑦ 曠野：即佛教中的曠野鬼。梵文 Āṭavika 的意譯，音譯作阿吒薄俱、阿吒婆拘。又作曠野神、曠野夜叉，爲十六藥叉神之一。佛陀在世時，此鬼神住於曠野聚落，多食衆生，後雖受佛陀降伏教化，然猶仰血肉存活，故佛陀製戒："隨有佛法修行者之處，悉當施彼飲食。"

三十一、迦尸國波羅㮈城　拘睒彌

　　復順恒水西行十二由延，到迦尸國[1]①波羅㮈城②。城東北十里許，得仙人鹿[2]野苑[3]③精舍。此苑本有辟支[4]佛住，常有野鹿栖宿。世尊將[5]成道，諸天於空中唱言："白淨王子出家學道，卻後七日當成佛。"辟支佛聞已，即取泥洹。故名此處爲仙人鹿野苑。世尊成道已，後人於此處起精舍。佛欲度拘驎④等五人，五人[6]相謂[7]言："此瞿曇沙門⑤六[8]年苦[9]行，日食一麻一米，尚[10]不得道[11]。況入人間[12]，恣⑥身口意⑦。何道之有！今日來者，慎勿與語。"佛到，五人皆起作禮處。復北行六十步，佛於此東向坐，始轉法輪度拘驎等五人處。其北二十步，佛爲彌勒授[13]記⑧處。其南五十步，翳羅鉢龍⑨問佛："我何時得免[14]此龍身？"此處皆起塔，見在。中有二僧伽藍，悉有僧住。

自鹿野苑精舍西北行十三由旬[15]，有國，名拘睒[16]彌⑩。其精舍名瞿師羅園⑪，佛昔住處。今故有衆僧，多小乘學。從是[17]東行八由延，佛本於此度惡鬼處。亦常[18]在此住，經行[19]、坐處皆起塔。亦有僧伽藍，可百餘僧。

【校勘】

[1] 尸國：石本作"尼園"，七本作"尸園"。

[2] 鹿：石本、七本、鐮本作"𢉖"。後同。按，"𢉖"爲"鹿"之異體。

[3] 苑：石本、七本、鐮本作"菀"。後同。

[4] 支：七本作"𠆢"。後同。

[5] 將：石本作"時"。

[6] 五人：鐮本無此二字。

[7] 謂：石本作"諸"，七本、鐮本作"語"。

[8] 六：崇本、毗本、圓本、資本、磧本、石本、七本、鐮本作"本六"。

[9] 苦：石本作"共"。

[10] 尚：石本作"當"，但右側亦有一字作"尚"。

[11] 道：石本作"尊世"，但"世"字右側有一倒乙符號；七本作"尊"。

[12] 間：七本作"問"。

[13] 授：崇本、毗本、圓本、資本、磧本、石本、七本、鐮本作"受"。

[14] 得免：崇本、毗本、圓本、資本、磧本、石本、七本作"當得免"，鐮本作"當免"。

[15] 旬：圓本、資本、磧本作"延"。

[16] 睒：七本作"朕"。

[17] 是：崇本、毗本、圓本、資本、磧本無此字；七本、石本、鐮本作"此"。

[18] 常：崇本、毗本、圓本、資本、磧本、七本、石本、鐮本作"嘗"。

[19] 經行：石本、七本作"行經"。

【箋注】

① 迦尸國：迦尸，梵文 Kāśī 的音譯。迦尸本爲西域之竹名，以此國出此竹，故稱之。又作伽尸國、伽翅國、迦夷國、迦赦國、伽奢國。意譯爲光有體國、蘆葦國。迦尸國爲中印度古國名，是古印度十六大國之一。《大唐西域記》中因其國都爲婆羅痆斯而稱作"婆羅痆斯國"。

② 波羅柰城：梵文 Vārāṇasī 的音譯，又作波羅奈、婆羅痆斯。波羅柰城爲古代印度迦尸國的國都，交通發達，也是古印度的重要工商業中心之一。其故址位於今印度北方邦貝拿勒斯（Banāras）。此城有時也作爲國名和"迦尸"交替使用。

③ 仙人鹿野苑：梵文 Mṛgadāva 的意譯，譯作鹿野苑、鹿野園、鹿野、鹿苑、仙苑、仙人園、仙人鹿園、施鹿園、鹿林等。其故址位於今印度北方邦瓦拉納西（Vārānasī）以北約六公里處。釋迦牟尼得道後曾在此初轉法輪，該地是佛教的四大聖地之一。

④ 拘驎：梵文 Kauṇḍinya 的意譯，亦作阿若憍陳如、憍陳如、憍陳那、阿若拘鄰、阿若憍憐、居鄰、居倫等，是佛陀在鹿苑初轉法輪時所度五比丘之一，乃佛陀最初之弟子。據《根本說一切有部毗奈耶破僧事》卷四記載，釋迦太子踰城出家後，父親淨飯王命宗親五人隨侍，其中父系家族宗親有跋提、摩訶男、頞鞞等三人；母系宗親有憍陳如（拘驎）與十力迦葉兩人。釋迦太子苦修六年未有所獲，遂放棄苦行。五人見此便離開釋迦太子而去鹿野苑繼續修煉苦行。釋迦牟尼成佛後，來到鹿野苑初轉法輪，憍陳如（拘驎）等五人便成了佛陀最早的五位弟子。

⑤ 瞿曇沙門：瞿曇，梵文 Gautama 的音譯，亦作喬達摩，即釋迦牟尼佛所屬之本姓。文中的瞿曇沙門指的就是釋迦牟尼佛。

⑥ 恣:放縱,放肆。《史記·吕太后本紀》:"王后從官皆諸吕,擅權,微伺趙王,趙王不得自恣。"

⑦ 身口意:即佛教所云之"三業":一是身業,指身體所作及不作之業,有善有惡,若殺生、不與取、欲邪行等爲身惡業;若不殺、不盜、不淫,即爲身善業。二是口業,又作語業,指口所作及無作之業,有善有惡,若妄語、離間語、惡語、綺語等爲口惡業;若不妄語、不兩舌、不惡語、不綺語則爲口善業。三是意業,指思維活動所起之業,有善有惡,若貪欲、嗔恚、邪見等爲意惡業;若不貪、不嗔、不邪見則爲意善業。此三業泛指一切身心活動。佛教認爲造業將引生種種果報。

⑧ 授記:佛教語。梵文 vyākaraṇa 的意譯。謂佛對菩薩或發心修行的人給予將來證果、成佛的預記。北魏慧覺等譯《賢愚經》卷三:"於是王女,聞佛授記,歡喜發中,化成男子,重禮佛足,求爲沙門。"(4-371c)

⑨ 翳羅鉢龍:翳羅鉢,梵文 Elāpattra 的音譯,又作伊羅鉢。據《佛本行集經》卷三十八記載,此龍前世爲一出家人,曾以手斫"伊羅草",並因此受到果報而得龍身,故名伊羅鉢龍。遵照迦葉佛的預言,釋迦牟尼佛出世後,伊羅鉢龍便來禮拜佛陀,詢問自己何時脱離龍身,恢復人身。佛陀爲其説法,使其皈依三寶,受持五戒,並告之,將來至彌勒佛出世後,可脱龍身而復人身。

⑩ 拘睒彌:梵文 Kauśāmbī 的音譯,又作憍賞彌、俱睒彌等。拘睒彌是古印度十六大國之一的跋蹉國的首都,其故址位於今印度北方邦南部阿拉哈巴德(Allahabad)西南。

⑪ 瞿師羅園:瞿師羅,梵文 Ghoṣila 的音譯,又作瞿史羅、具史羅等,意譯爲美音、妙音聲等。瞿師羅爲古代中印度憍賞彌國之長者,乃優填王三大臣之一。曾受佛陀點化,皈依佛教,並將自己所擁有的園林奉施佛陀作爲精舍,世人遂稱之爲瞿師羅園。

三十二、達嚫國

　　從此南行二百由延,有國,名達嚫[1]①,是過去迦葉佛僧伽藍。穿大石山作之,凡[2]有五重。最下重作象形,有五百間[3]石室。第[4]二層[5]作師子形,有四百間。第三層作馬形,有三百間。第四層作牛形,有二百間。第五層作鴿形,有一百間。最上有泉水,循[6]②石室前,繞房而流,周圍迴[7]曲③,如是乃至下[8]重,順房流,從户而出。諸僧[9]室中處處穿石,作窗牖[10]通明。室中朗然④,都無幽闇[11]⑤。其室四角[12]穿石作梯蹬[13]上處。今人形小[14],緣⑥梯[15]上,正得至昔人[16]一脚蹹[17]處,因[18]名此寺爲波羅越。波羅越[19]者,天竺名鴿也。其寺中常有羅漢住。此[20]土丘[21]荒,無[22]人民居,去山極遠方有村。皆是邪[23]見,不識佛法沙門、婆羅門及[24]諸異學⑦。彼國人民常見飛人來[25]入此寺。于時諸國道人欲來禮此寺者,彼村人則言:"汝何以不飛耶[26]?我見此間道人皆飛。"道人方便⑧答言:"翅未成耳。"達嚫[27]國幽嶮[28]⑨,道路[29]艱難[30],難[31]知處。欲往者,要當⑩齎錢貨施[32]彼國王,王然後遣人送,展轉相付,示[33]其逕[34]路。法顯竟⑪不得往,承彼土人言,故說之耳。

【校勘】

[1] 嚫:七本、鎌本作"親"。

[2] 凡:七本作"九"。

[3] 間:七本作"聞"。

［4］第：七本作"苐"。後同。

［5］層：石本、七本、鐮本作"曾"。後同。

［6］循：石本作"修"，七本、鐮本作"脩"。

［7］迴：鐮本無此字。

［8］下：石本、七本作"千"。

［9］僧：崇本、毗本、圓本、資本、磧本作"層"，石本、鐮本作"曾"，七本作"留"。

［10］牖：圓本、資本作"牒"，七本作"牗"。

［11］闇：崇本、毗本、圓本、資本、磧本作"暗"。

［12］角：崇本、毗本、圓本、資本、磧本、七本、石本、鐮本作"角頭"。

［13］梯蹬：金本、石本、七本、鐮本作"蹄蹬"，磧本作"梯隥"。

［14］小：鐮本作"短小"。

［15］梯：金本、石本、七本、鐮本作"蹄"。

［16］人：金本無此字。

［17］躡：崇本、毗本、圓本、資本、磧本、七本、石本、鐮本作"所躡"。

［18］因：石本、七本、鐮本作"耳"。

［19］波羅越：金本無此三字。

［20］此：鐮本作"彼"。

［21］丘：石本、鐮本作"坵"，七本作"垢"。

［22］無：石本作"天"。

［23］邪：石本作"耶"。

［24］及：石本、七本作"乃"。

［25］飛人來：崇本、毗本、圓本、資本、磧本、七本、石本、鐮本作"人飛來"，其中石本"飛"作"𱁬"。後同。

［26］耶：七本作"邪"。

［27］覵：七本、圓本作"親"，鐮本作"龍"。

［28］幽峻：金本作"嶮"，鐮本作"幽冷"。

［29］路：鐮本無此字。

［30］艱難：石本作"難艱"。

［31］難：圓本、資本、磧本作"而"。

[32] 施：石本作"抱"，七本作"抱"。
[33] 示：石本作"尒"。按，"尒"即"亦"之異體。
[34] 逕：鑛本作"送"。

【箋注】

① 達嚫：梵文 Dakṣiṇā 的音譯。即《大唐西域記》卷十中所載之憍薩羅國（Kosala）。《大慈恩寺三藏法師傳》中稱之爲南憍薩羅國。古印度北方有一以舍衛城爲首都的憍薩羅國，即本書前文所云拘薩羅國，而此國位於南方，故稱之爲"南憍薩羅國"以示區別。"達嚫"有"南方"之義，故此國又被稱爲"達嚫——憍薩羅"。法顯此處稱其爲"達嚫"爲簡稱。此國故址位於今印度中部馬哈拉施特拉邦的那格浦爾（Nagpur）、錢德拉布爾（Chandrapur）及其東北方的恰蒂斯加爾邦甘蓋爾（Kanker）。

② 循：沿着，順着。《漢書·李陵傳》："明日復戰，斬首三千餘級。引兵東南，循故龍城道行。"

③ 迴曲：迂回曲折。北魏酈道元《水經注·濡水》："濡河又東南，水流迴曲，謂之曲河。"

④ 朗然：光明的樣子。南朝宋劉義慶《世説新語·容止》："驃騎王武子是衛玠之舅。"劉孝標注引《衛玠別傳》："驃騎王濟，玠之舅也。嘗與同游，語人曰：'昨日吾與外生共坐，若明珠之在側，朗然來照人。'"

⑤ 幽闇：昏暗。晉袁宏《後漢紀·孝靈皇帝紀》："泰身長八尺，儀貌魁岸，善談論，聲音如鐘，宵行幽闇必正其衣服。"

⑥ 緣：攀援。《三國志·魏志·鍾會傳》："斯須，門外倚梯登城，或燒城屋，蟻附亂進，矢下如雨，牙門、郡守各緣屋出，與其卒兵相得。"

⑦ 異學：異教徒。此處指不信佛教的其他教徒。西晉竺法護譯《正法華經》卷七："設令菩薩不與王者太子、大臣吏民從事，不與外道異學交啓。"（9-107b）

⑧ 方便：設法、作計。北魏慧覺等譯《賢愚經》卷五："我欲心盛，

求嬈沙彌,冀從我心。而彼守戒,心不改易,方便入房,自捨身命。"(4-381c)

⑨ 幽嶮:幽遠險阻。南朝梁釋僧祐《弘明集·釋道恒〈釋駁論〉》卷六:"近取五戒訓物,非六經之疇。遠以八難幽嶮,非刑法之匹。"(52-36b)

⑩ 要當:必須,應當。東漢康孟詳譯《佛說興起行經》卷二:"爾,我死終不相置,要當使卿見佛。"(4-173a)

⑪ 竟:終於,到底。《史記·陳涉世家》:"陳勝雖已死,其所置遣侯王將相竟亡秦,由涉首事也。"

三十三、還到巴連弗邑

從彼波[1]羅㮈國①東行,還到巴連弗[2]邑。法顯本求戒律,而北天竺諸國皆師師[3]口傳,無本可寫,是以遠涉[4],乃至[5]中天竺。於此摩訶衍僧伽藍得一部律,是《摩訶僧祇衆律》②。佛在世時[6]最初大[7]衆所行也,於祇洹精[8]舍傳其[9]本。自餘③十八部④,各有師資⑤,大歸⑥不異,然[10]小小不同,或用⑦開塞⑧。但此最是廣說備悉⑨者。復得一部抄律[11],可七千偈⑩,是《薩婆多衆律》⑪,即此秦地衆僧所行者也。亦皆師師口相傳授,不書之於文字。復於此衆中得《雜阿毗曇心》⑫,可六千偈。又得一部經[12],二千五百偈。又得一卷《方等般泥洹經》⑬,可五千偈。又得《摩訶僧祇阿毗曇》⑭。故[13]法顯住此三年,學梵[14]書梵語,寫律。

道整既到中國,見沙門法則,衆僧威儀,觸事⑮可觀[15],

乃追歎秦土邊地,衆僧戒律殘缺[16],誓言:"自今已去至得佛⑯,願不生邊地。"故遂停不歸。法顯本心⑰欲令[17]戒律流通[18]漢地,於是獨還[19]。

【校勘】

　　[1] 彼波:崇本、毗本、圓本、資本、磧本、七本作"波",石本、鑛本作"彼"。

　　[2] 巴連弗:石本、七本作"巴連佛"。

　　[3] 師:石本無此字。

　　[4] 涉:崇本、毗本、圓本、資本、磧本、七本、石本作"步"。

　　[5] 乃至:自上文"北天竺"之"竺"至此"至",鑛本殘缺。

　　[6] 時:石本作"尊"。

　　[7] 大:石本、七本作"天"。

　　[8] 精:石本無此字。

　　[9] 其:圓本、資本作"具"。

　　[10] 然:崇本、毗本、圓本、資本、磧本、七本、石本作"於"。

　　[11] 抄律:鑛本作"律抄"。

　　[12] 經:崇本、毗本、圓本、資本、磧本、石本、鑛本作"綖經",七本作"延經"。

　　[13] 故:鑛本無此字。

　　[14] 學梵:石本、七本作"學故",鑛本作"覺故"。

　　[15] 觀:七本作"覩"。按,七本中"觀"亦作"覩","覩"與"覩"同字異構,均爲"觀"之異體。參見本書"九、陁歷國"校勘記[3](第29頁)。

　　[16] 缺:七本作"缺"。

　　[17] 令:石本作"今"。

　　[18] 通:七本無此字。

　　[19] 還:石本、七本無此字。

【箋注】

　　① 波羅㮈國:即前文所提到的"迦尸國波羅㮈城"。

② 摩訶僧祇衆律：摩訶僧祇，梵文 Mahāsāṃghika 的音譯，即大衆之義。衆，爲部派之義，故摩訶僧祇衆律合稱即大衆部律。此即今大藏經中《摩訶僧祇律》。法顯攜此經回國後，與佛陀跋陀羅共同譯出。

③ 自餘：猶其餘，以外，此外。《魏書・外戚傳・高肇》："下詔暴其罪惡，又云刑書未及，便至自盡，自餘親黨，悉無追問，削除職爵，葬以士禮。"

④ 十八部：即小乘十八部。指釋迦牟尼佛涅槃百年之後佛教分裂而形成的部派。相傳由於戒律及教義方面的差異，佛教僧團最先分裂爲大衆部與上座部兩派。此後大衆部又分裂爲八部（一説部、説出世部、雞胤部、多聞部、説假部、制多山部、西山住部、北山住部）；上座部又先後分出十部（説一切有部、犢子部、法上部、賢冑部、正量部、密林山部、化地部、法藏部、飲光部、經量部）。以上所分十八部，加上大衆、上座本部，亦稱二十部。

⑤ 師資：猶師生，師徒。南朝宋劉義慶《世説新語・言語》："昔先君仲尼與君先人伯陽有師資之尊，是僕與君奕世爲通好也。"

⑥ 大歸：大要、大旨。《宋書・袁粲傳》："然九流百氏之言，雕龍談天之藝，皆泛識其大歸，而不以成名。"

⑦ 用：介詞。表示原因，相當於因、因爲。《史記・佞幸列傳》："衛青、霍去病亦以外戚貴幸，然頗用材能自進。"

⑧ 開塞：開啓和阻塞，猶言寬、嚴。引申有取捨之義。《文選・王融〈永明九年策秀才文〉之四》："開塞所宜，悉心以對。"李善注："開塞，猶取捨也。"《南齊書・文學・陸厥傳》載陸厥《與沈約書》："夫思有合離，前哲同所不免；文有開塞，即事不得無之。"此處意謂戒律的適用有寬嚴之分，故而對一些小小的區別，有時候會有一些取捨。

⑨ 備悉：詳盡。《三國志・魏志・陳思王植傳》："王援古喻義備悉矣，何言精誠不足以感通哉？"

⑩ 偈：梵文"偈佗"（gatha）的簡稱，即佛經中的唱頌詞。通常以四句爲一偈。《晋書・藝術傳・鳩摩羅什》："羅什從師受經，日誦千偈，偈有三十二字，凡三萬二千言。"

⑪ 薩婆多衆律：薩婆多，梵文 Sarvâstivāda 的音譯，即說一切有之義，故薩婆多衆即說一切有部。此律因是抄律，故法顯未曾譯出。

⑫ 雜阿毗曇心：阿毗曇，指佛典中的論藏。參見本書"十六、摩頭羅國"中"阿毗曇"條箋注（第 68 頁）。對阿毗曇加以注釋的著作稱之爲"毗婆沙"，義爲廣說、廣釋。佛典論藏中有一部著名的《阿毗達磨發智論》，亦稱爲《說一切有部發智論》。廣釋此書的有《阿毗曇毗婆沙論》。古印度的法救尊者將《阿毗達磨發智論》與《阿毗曇毗婆沙論》的解釋糅合起來加以簡化，擇其要義，寫成了《雜阿毗曇心論》一書。雜，即雜糅之義；心，義爲核心。法顯回國後，曾與佛陀跋陀羅合作，將此書翻譯爲漢文，但此書流傳不廣，以致失傳。今大藏經中所存此書乃南朝宋僧伽跋摩所譯之本。

⑬ 方等般泥洹經：即今大藏經中《佛說大般泥洹經》六卷。據南朝梁釋僧祐《出三藏記集》卷八《六卷泥洹經記》云，天王精舍優婆塞伽羅先被法顯的不遠萬里西行求法的精神所感動，爲寫《大般泥洹經》，"願令此經流布晋土，一切衆生，悉成平等如來法身。義熙十三年十月一日於謝司空石所立道場寺，出此《方等大般泥洹經》。至十四年正月二日校定盡訖。禪師佛大跋陀手執胡本，寶雲傳譯"。

⑭ 摩訶僧祇阿毗曇：即佛教大衆部所傳之阿毗曇。不過我國現存經錄中未見此經著錄。

⑮ 觸事：觸處，事事。《宋書·武帝紀》："陛下四時膳御，觸事縣空，宫省供奉，十不一在。"

⑯ 得佛：成佛。文中所謂"自今已去至得佛"一語是道整從佛教三世六道的輪迴角度所發的誓言，意謂從今生開始直到擺脫六道輪迴而成佛，希望永遠不要轉世生在邊地。

⑰ 本心：本意，原來的心願。漢阮瑀《爲曹公作書與孫權》："加劉備相扇揚，事結譽連，推而行之，想暢本心，不願於此也。"

三十四、瞻波大國　多摩梨帝國

　　順恒[1]水東下十八由延,其南岸[2]有瞻波[3]大國①。佛精舍、經行處及[4]四佛坐[5]處,悉起[6]塔。現有僧住。

　　從此東行近五十由延[7],到多摩[8]梨帝國②,即是海口③。其國有二十四僧伽藍[9],盡有僧住[10],佛法亦興。法顯住此二年,寫經及畫像。

【校勘】

　　[1]恒:石本、七本無此字。

　　[2]其南岸:崇本、毗本作"其地岸",石本作"其地垳",七本作"其地垳",鐮本作"到南岸其地垳"。按,"垳"當爲"岸"之異體。《碑別字新編》引《齊江阿歡造像》"岸"即作"垳"。與"垳"相比,僅"土"旁作"圡",而"圡"亦"土"之異體。進而言之,"垳""垳"當均由"岸"之常見異體"岍"經歷換旁("山"旁換成"土"旁)變形而來。

　　[3]波:石本、七本作"彼",鐮本作"婆"。

　　[4]及:石本、七本作"乃"。

　　[5]坐:七本無此字。

　　[6]起:鐮本作"起々"。

　　[7]延:七本無此字。

　　[8]多摩:麗本、金本作"摩",崇本、毗本、圓本、資本、磧本、石本、七本、鐮本作"多摩"。按,當以"多摩"爲是,故據改。

　　[9]藍:七本作"盡藍"。

　　[10]住:七本作"住住"。

【箋注】

① 瞻波大國：瞻波，梵文 Campā 的音譯。又作瞻婆國、瞻蔔國、詹波國、闡蔔國、占波國、旃波國等。意譯爲無勝。是古印度十六大國之一鴦伽國的首都。其故址位於今印度比哈爾邦恒河南岸巴迦爾普爾（Bhāgalpur）附近，在 Campānagara 及 Campāpuri 二村之間。據《大唐西域記》卷十所載，劫初之時，有一天女降於此地，天女生四子，各於贍部洲建都，瞻波即其中之一，此即贍部洲諸城創立之始。

② 多摩梨帝國：多摩梨帝，梵文 Tāmraliptī 的音譯。即《大唐西域記》卷十中"耽摩栗底國"。此地爲海陸交會處，商業繁盛，是印度古老而又重要的港口。其故址位於今印度西孟加拉邦米德納普爾（Midnapur）的塔姆魯克（Tamluk）附近。

③ 海口：通海的出口。即內河通海之處。《宋書·二凶傳·始興王濬》："欲從武康紵溪開漕谷湖，直出海口，一百餘里，穿渠溢必無閡滯。"

三十五、師子國

於是載商人大舶[1]，泛[2]海[3]西南行，得冬初信風①，晝[4]夜十四日，到師子國②。彼國人云，相去可七百由延。其國本在[5]洲上，東西五十由延，南北三十由延，左右小洲乃有[6]百數，其間相去或十里、二十里，或二百里，皆統[7]屬大洲[8]。多出珍寶珠璣[9]③，有[10]出摩尼珠④地，方可十里。王使人守護，若有采[11]者，十分取三。其國本無人民，正⑤有鬼神及[12]龍居之。諸國商人共市易[13]⑥，市易時，鬼神不自[14]現身,但出寶[15]物,題其價[16]直⑦,商人則依價雇[17]直⑧取物。因商人來往、住故[18],諸國人聞其土[19]樂,悉亦復來,於是遂成大國。其國和適[20]⑨,無冬夏[21]之異[22],草木常茂[23],田種⑩隨人,無有時節。

【校勘】

　　[1] 大舶:崇本、毗本作"大船",石本、七本作"大舩",鐮本作"未舩"。按,"舩"即"船"之異體。

　　[2] 泛:石本、七本作"沉",鐮本作"汎"。按,"沉""汎"均爲"氾"之異體,"氾"亦與"泛"同。

　　[3] 海:鐮本作"海大"。

　　[4] 晝:七本作"盡"。

　　[5] 本在:磧本、石本、七本作"大在",鐮本作"在大"。

　　[6] 有:崇本、毗本、石本、七本、鐮本無此字。

　　[7] 統:石本、七本、鐮本作"繞"。

　　[8] 洲:石本、七本作"州"。

　　[9] 珠璣:石本作"殊機",七本作"珠蹊"。

　　[10] 有:鐮本作"又"。

　　[11] 采:石本、七本作"米"。

　　[12] 及:七本作"乃"。

　　[13] 諸國商人共市易:鐮本作"諸商人來就鬼神共市易"。

　　[14] 自:七本無此字。

　　[15] 寶:鐮本作"實"。

　　[16] 價:石本、七本作"賈"。

　　[17] 價雇:崇本、毗本作"價置",圓本、資本、磧本作"價直",石本、七本、鐮本作"賈雇"。

　　[18] 故:鐮本作"欲"。

　　[19] 土:鐮本作"豐"。

　　[20] 適:石本、七本作"商"。

　　[21] 夏:七本作"复"。

［22］異：石本作"畢"。

［23］茂：七本作"茂茂"。

【箋注】

① 信風：隨時令變化，定期定向而至的風。包括印度半島在內的北半球在冬季有一股在低空由副熱帶高氣壓帶吹向赤道地區的風，即東北信風。

② 師子國：即今斯里蘭卡。斯里蘭卡，古稱僧伽羅國。僧伽羅，梵文 Siṃhala 的音譯。Siṃha 義爲獅子，中古時期"師""獅"通用，故 Siṃhala 意譯亦作"師子國"。據《大唐西域記》卷十一記載，南印度有一國王將女兒嫁往鄰國。該女在半路上遇見獅子，被擄進深山。後生下一個形貌同人、性同畜獸的男孩。男孩長大後，力格猛獸，並攜母親離開深山。獅子發現他們逃離後，獸性大發，追至村邑，傷害人畜。國王令手下武士搏殺此獅未果，只得懸賞能捉拿此獅的勇士。此男孩遂應募而殺掉了獅子。但國王知道此男孩的身世後，認爲他雖爲民除害有功，但卻殺掉了自己的父親，於是厚賞此男孩之後，將他泛海流放至此島。其後有商人來此島，此男孩殺之而留其子女，子孫繁衍，遂成一國。"以其先祖擒執師子，因舉元功而爲國號。"

③ 珠璣：珠寶、珠玉。《文選·揚雄〈長楊賦〉》："於是後宮賤瑇瑁而疏珠璣。"李善注："《字書》曰：'璣，小珠也。'"

④ 摩尼珠：摩尼，梵文 Maṇi 的音譯。又作末尼。意譯作珠、寶珠。摩尼珠爲珠玉之總稱。佛教中傳說摩尼珠有消除災難、疾病，及澄清濁水、改變水色之功能。北魏慧覺等譯《賢愚經》卷六："時富那奇，取大金案，以諸妙寶摩尼珠等，莊累積滿，奉兄羨那，長跪仰望。"（4－394b）

⑤ 正：只，僅僅。參見本書"十六、摩頭羅國"中"正"條箋注（第71頁）。

⑥ 市易：交易，貿易。《三國志·吳志·全琮傳》："柔嘗使琮齎米數千斛到吳，有所市易。"

⑦ 價直:款額,價格。《後漢書·班勇傳》:"會閒者羌亂,西域復絕,北虜遂遣責諸國,備其逋租,高其價直,嚴以期會。"

⑧ 雇直:付酬,付費。《後漢書·孝桓帝紀》:"其百姓吏民者,以見錢雇直。王侯須新租乃償。"李賢注:"雇,猶酬也。"

⑨ 和適:調和、舒適。三國吳康僧會譯《六度集經》卷八:"譬如農夫宿有良田,耕犁調熟,雨潤和適,下種以時,應節而生。"(3-52a)

⑩ 田種:耕種。《後漢書·東夷傳·東沃沮》:"土肥美,背山向海,宜五穀,善田種。"

三十六、大塔　無畏山僧伽藍　貝多樹

佛至其國,欲化惡龍。以神足力,一足躡王城①北,一足躡山頂②,兩迹[1]相去十五由延。王於[2]城北迹上起大塔,高[3]四十丈,金銀莊挍,眾寶合[4]成。

塔邊復[5]起一僧伽藍,名無畏山[6]③,有五千僧。起一佛殿,金銀刻鏤,悉以④眾寶。中有一青玉像,高三[7]丈許,通身⑤七寶熖[8]光⑥,威相⑦嚴顯⑧,非言所載。右掌[9]中有一無價[10]寶珠。法顯去漢地積年⑨,所與交接[11]⑩,悉異域[12]人。山川草木,舉目無舊。又同行分披[13]⑪,或留[14]或亡[15],顧影唯己,心常懷[16]悲。忽於此玉像邊,見商人以[17]一白絹[18]扇供養,不覺悽然,淚下滿目。

其國前王遣使中國⑫取貝多樹子⑬,於[19]佛殿傍[20]⑭種之,高可[21]二十丈。其樹東南傾[22],王恐倒[23],故以八九圍柱⑮柱[24]⑯樹。樹當柱[25]處心生,遂穿柱而[26]下,入地成根。大可四圍許，柱雖中裂，猶裹[27]其外，人[28]亦不去⑰。樹下起精舍，中[29]有坐像，道俗敬仰無倦⑱。

【校勘】

[1] 迹：七本自此字下殘缺至下文"熖光威相嚴顯"之"熖"字止。

[2] 王於：圓本、資本、磧本作"王於"，鑛本作"於"。

[3] 高：鑛本作"可高"。

[4] 合：石本作"含"，鑛本作"令"。

[5] 復：石本作"後"。

[6] 山：鑛本作"寺"。

[7] 三：崇本、毗本、圓本、資本、磧本、石本、鑛本作"二"。

[8] 熖：崇本、毗本、圓本、資本、磧本、石本、七本、鑛本作"炎"。按，"熖"同"炎"。

[9] 掌：七本無此字。

[10] 價：石本、七本、鑛本作"賈"。

[11] 接：石本作"樓"，七本作"挍"，鑛本作"構"。

[12] 域：崇本、毗本、圓本、資本、磧本、石本、七本、鑛本作"城"。

[13] 披：磧本作"枡"，石本、七本、鑛本作"析"。按，"枡"同"析"。

[14] 留：麗本、金本作"流"，崇本、毗本、圓本、資本、磧本、石本、七本、鑛本作"留"。按，作"留"於義爲長，故據改。

[15] 亡：石本作"六"，七本作"亾"。

[16] 懷：七本作"壞"。

[17] 以：金本、崇本、毗本、圓本、資本、磧本、石本、鑛本作"以晉地"，七本作"以音地"。

[18] 白絹：金本、石本、鑛本作"自絹"。

[19] 於：鑛本作"還於"。

[20] 傍：崇本、毗本、圓本、資本、磧本、石本、七本、鑛本作"旁"。

[21] 可：七本無此字。

[22] 傾：七本作"領"。

[23] 倒：鑛本作"樹倒"。

163

[24] 圍柱柱：崇本、毗本、圓本、資本、磧本作"圍柱拄"，石本作"圍柱"，鐮本作"圍柱"。

[25] 柱：崇本、毗本、圓本、資本、磧本作"拄"。

[26] 而：七本作"南"。

[27] 裏：圓本、資本、磧本作"裏畏"，崇本、毗本、石本、七本、鐮本作"畏"。

[28] 人：鐮本作"今"。

[29] 中：崇本、毗本無此字。

【箋注】

① 王城：即師子國首都阿瓷羅陀補羅（Anurādhapura），今譯爲阿努拉達普拉。

② 山頂：據佛教傳說，此山頂即今斯里蘭卡南部亞當峰（Adam's Peak）。舊作"蘇摩那俱多山"。

③ 無畏山：梵文 Abhayagiri 的意譯。音譯作阿跋耶祇釐。無畏山僧伽藍是斯里蘭卡最著名的兩大僧伽藍之一。相傳爲婆他伽馬尼王（Vaṭṭagāmaṇi）於公元前 1 世紀所建。

④ 以：用，使用。《楚辭·九章·涉江》："忠不必用兮，賢不必以。"王逸注："以，亦用也。"

⑤ 通身：全身，渾身。北魏楊衒之《洛陽伽藍記》卷五《宋雲行記》："城北一里有白象宮，寺內佛事，皆是石像，莊嚴極麗，頭數甚多，通身金箔，眩耀人目。"

⑥ 焰光：亦作"焰光""炎光"，即光焰之義。圓仁《入唐求法巡禮行記》卷三："更有一盞燈近谷現，亦初如笠，向後漸大。兩燈相去遠望十丈許，焰光焰然，直至半夜，沒而不現矣。"

⑦ 威相：威嚴之相。東漢曇果共康孟詳譯《中本起經》卷二："白淨王太子，入山六年，道成號佛。威相明遠，神明燭幽。"（4-156a）

⑧ 嚴顯：莊嚴顯赫。北魏慧覺等譯《賢愚經》卷二："於時如來，化其兩邊，成兩寶山，嚴顯可觀，衆寶雜合，五色暉耀，光焰暐曄。"（4-362b）

⑨ 積年:多年,累年。《後漢書·方術傳下·郭玉》:"弟子程高尋求積年,翁乃授之。"

⑩ 交接:交往、結交。《漢書·劉向傳》:"向爲人簡易無威儀,廉靖樂道,不交接世俗。"

⑪ 分披:分散、分離。《西京雜記》卷六:"花葉分披,條枝摧折。"

⑫ 中國:中天竺。此處中國當指摩竭提國。

⑬ 貝多樹子:貝多樹,即菩提樹。參見本書"二十九、伽耶城 貝多樹下"中"貝多樹"條箋注(第137頁)。此處"貝多樹子"即貝多樹枝。據斯里蘭卡古史記載,阿育王女兒、比丘尼僧伽密多來師子國傳教時,從佛陀成道處伽耶城的菩提樹上截取了一根樹枝,移植到師子國。

⑭ 傍:邊、側。同"旁"。《史記·張丞相列傳》:"是時丞相入朝,而通居上傍,有怠慢之禮。"

⑮ 八九圍柱:圍,計量周長的約略單位。舊説尺寸長短不一,現多指兩手或兩臂之間合拱的長度。所謂"八九圍柱"當指粗八九圍的木柱。

⑯ 柱:支撐、扶持。《三國志·魏志·鍾會傳》:"會遣兵悉殺所閉諸牙門郡守,内人共舉机以柱門,兵斫門,不能破。"

⑰ 去:除去。《漢書·霍去病傳》:"單于後得其衆,右王乃去單于之號。"此處"人亦不去"意謂人們不去除這根支撐貝多樹的木柱。

⑱ 無倦:不懈怠、不厭煩。三國吳康僧會譯《六度集經》卷二:"太子布施,覩世希有,當卒弘誓,慎無倦矣。"(3-8c)

三十七、 王城及佛齒供養

城中又起佛齒精舍,皆七寶作。王淨修梵行①,城内人敬信[1]之情亦篤。其國立治②已來,無有饑荒喪[2]亂[3]③。

衆僧庫藏④多有珍寶、無價[4]摩尼⑤。其王入[5]僧庫[6]游觀，見摩尼珠，即生貪心，欲奪[7]取之。三日乃悟，即詣僧中，稽[8]首悔前罪心。因[9]白僧言："願僧[10]立制，自今已後，勿聽王入庫看。比丘滿四十臘⑤，然後得入[11]。"其城中多居士、長者、薩薄商人⑥，屋[12]宇嚴麗，巷陌平整。四衢⑦道頭皆作説法堂[13]，月八日、十四日、十五日，鋪施⑧高座[14]，道俗四衆⑨，皆集聽法。其國人云："都可六[15]萬僧，悉有衆食。王別於[16]城内供養[17]五六千人衆食，須者則持大[18]鉢往取[19]，隨器所[20]容，皆滿而還。"

佛齒[21]常[22]以⑩三月中出之。未出前[23]十日，王莊挍大象，使一辯説人著[24]王衣服，騎[25]象上，擊[26]皷唱言："菩薩[27]從三阿僧祇劫[28]⑪，作[29]行⑫不惜身命[30]，以國城[31]、妻子及挑[32]眼與人，割肉[33]貿[34]鴿，截頭布施[35]，投身餓虎[36]，不悋⑬髓腦[37]。如是種種苦行，爲衆生故。成佛在世四十五年，説法[38]教化⑭，令不安者安[39]，不度者度。衆生[40]緣盡，乃般泥洹。泥洹已來一千四百九十七歲[41]，世間眼滅⑮，衆生長悲。卻後十日，佛齒當出至無畏山精舍。國内道俗欲殖福⑯者，各各[42]平治道路，嚴飾[43]巷陌，辦衆華香、供養之具。"如是唱已，王便夾[44]道兩邊，作菩薩五百身⑰已來種種變現，或作須大[45]拏⑱，或作睒變⑲，或作象王，或作鹿馬。如是形[46]像，皆彩畫[47]莊挍，狀若生[48]人。然後佛齒乃出，中道而行，隨路供養，到無畏精舍佛堂上。道俗雲集，燒香然[49]燈，種種法事，晝[50]夜不息。滿九十日，乃還城内精舍。城内精舍[51]至齋日則開[52]門户，禮敬如法。

【校勘】

[1] 敬信：崇本、毗本、圓本、資本、磧本、石本、七本作"信敬"，鐮

本作"民信敬"。

　　[2] 喪:石本、七本、鐮本作"㐮"。按,"㐮"爲"喪"之俗字,敦煌寫本中多見。

　　[3] 亂:鐮本作"亂之愁"。

　　[4] 無價:石本作"光賈",七本、鐮本作"无賈"。

　　[5] 入:石本、七本作"人"。

　　[6] 庫:鐮本作"庫藏"。

　　[7] 奪:鐮本作"舊"。

　　[8] 稽:石本作"瞥",七本作"瞥",鐮本作"瞽"。按,"瞥""瞥""瞽"均爲"稽"之異體。

　　[9] 因:圓本、磧本作"告",七本作"困"。

　　[10] 僧言願僧:七本作"僧言願",鐮本作"衆僧"。

　　[11] 庫看比丘滿四十臘然後得入:崇本、毗本、石本、七本無此十二字,圓本、資本、磧本作"其庫看比丘滿四十臘然後得入",鐮本作"僧庫藏中看又比丘滿卌臈然後得入"。按,"臈"同"臘"。

　　[12] 屋:圓本作"至"。

　　[13] 堂:石本、七本作"賞"。

　　[14] 座:石本、七本、鐮本作"坐"。

　　[15] 可六:磧本作"可五六",資本作"司六"。

　　[16] 於:七本作"施"。

　　[17] 養:崇本、毗本、圓本、資本、磧本、石本、七本、鐮本無此字。

　　[18] 大:崇本、毗本、圓本、資本、磧本作"本"。

　　[19] 取:石本作"聚"。

　　[20] 所:鐮本無此字。

　　[21] 齒:鐮本作"慈"。

　　[22] 常:磧本作"堂"。

　　[23] 未出前:崇本、毗本、圓本、資本、磧本、七本、鐮本作"未出",石本作"未出王"。

　　[24] 著:鐮本作"舊"。

　　[25] 騎:七本作"跨"。

［26］擊：磧本作"繫"。

［27］菩薩：鑣本作"菩提薩"。

［28］三阿僧祇劫：石本作"三阿僧劫",鑣本作"三大阿僧祇劫"。

［29］作：崇本、毗本、圓本、資本、磧本作"苦",鑣本作"作功德"。

［30］命：七本作"令"。

［31］城：崇本、毗本、圓本、資本、磧本無此字。

［32］挑：石本、七本作"桃"。按,"桃"同"桃"。寫本中"木""扌"不別,故"桃"亦與"挑"同。

［33］肉：石本、七本、鑣本作"完"。按,"完"當爲"宍"之形變。"宍"同"肉"。

［34］貿：鑣本作"資"。

［35］施：七本作"拖"。

［36］餓虎：石本作"餓席",七本作"餓席"。

［37］膶：石本、七本、鑣本作"胞"。

［38］法：鑣本作"注"。

［39］安：石本無此字。

［40］生：七本無此字。

［41］歲：崇本、毗本、圓本、資本、磧本、石本、七本、鑣本作"年"。

［42］各各：鑣本作"冬冬"。

［43］飾：崇本、毗本、圓本、資本作"餙"。

［44］夾：七本作"交"。

［45］大：七本作"太"。

［46］形：鑣本作"刑"。

［47］彩畫：石本、七本作"乘盡",鑣本作"采書"。

［48］生：鑣本作"坐"。

［49］然：七本、鑣本作"燃"。

［50］晝：石本、鑣本作"盡",七本作"書"。

［51］精舍：鑣本無此二字。

［52］開：七本作"開"。

【箋注】

① 梵行：佛教語。謂清淨除欲之行。三國吳康僧會譯《六度集經》卷六："昔有比丘，精進守法，少持禁戒，初不毀犯，常守梵行，在精舍止。"(3－35b)

② 立治：猶施政。《魏書·韓麒麟傳》："古先哲王經國立治，積儲九稔，謂之太平。"

③ 喪亂：死亡禍亂。後多以形容時勢或政局動亂。北齊顏之推《顏氏家訓·涉務》："居承平之世，不知有喪亂之禍；處廟堂之下，不知有戰陳之急。"

④ 庫藏：倉庫。《後漢書·張堪傳》："成都既拔，堪先入據其城，撿閱庫藏，收其珍寶。"

⑤ 臘：法臘。佛教戒律規定比丘受戒後每年夏季三個月安居一處，修習教義，稱一臘。亦特指僧侶受戒後的歲數或泛指年齡。南朝梁釋寶唱撰《比丘尼傳·淨暉尼》："精思研求，究大乘之奧。十臘之後，便爲宗匠。齊文惠帝、竟陵文宣王，莫不服膺。"

⑥ 薩薄商人：薩薄，梵文 Sārthavāha 的音譯之略，又作薩陀婆訶、薩他婆等。Sārthavāha 由 sārtha-和-vāha 兩部分組成，sārtha-意爲"隊商"，-vāha 意爲"首領"。故薩薄本義即隊商首領，而隊商首領本身也是商人，所以薩薄一詞也表示"商人"之意。文中所謂"薩薄商人"當爲梵漢合璧詞，即商人之義。東漢康孟詳譯《佛說興起行經》卷一："第一薩薄聞天女語已，勅其部衆：'卿等勿復嚴駕欲得還去，莫信前天所說，此是虛妄耳。'"(4－169c)

⑦ 四衢：四通八達的大路。亦指四出的通路。東漢康孟詳譯《佛說興起行經》卷一："於是，大衆皆悲涕泣，或有懺悔、或有作禮者，取其舍利，於四衢道起偷婆。"(4－165b)

⑧ 鋪施："鋪"通"敷"，即敷施。乃布置之義。南朝梁僧旻、寶唱等集《經律異相》卷三："是時人民悉爲國王及其六師敷施高座。"北魏慧覺等譯《賢愚經》卷一："王聞是語，喜不自勝，躬自出迎，前爲作禮，敷施高座，請令就坐，即集群僚，前後圍遶，欲得聽聞。"(4－349b)

⑨ 四衆：即四部衆。參見本書"十九、拘薩羅國舍衛城"中"四部

眾"條箋注(第 88 頁)。

⑩ 以:表示行動的時間、處所、範圍,相當於"在""於"。《論衡‧偶會篇》:"夫物以春生夏長,秋而熟老,適自枯死,陰氣適盛,與之會遇。"

⑪ 三阿僧祇劫:爲菩薩修行成滿至於佛果所須經歷的漫長時間。又作三大阿僧祇劫、三劫阿僧企耶、三阿僧企耶、三僧祇、三祇、三無數大劫、三無數劫、三劫等。阿僧祇,梵文 asaṃkhyeya 的音譯,意爲無量數、無央數。劫,梵文 kalpa 的音譯之略,又作"劫波"或"劫簸",意爲極久遠的時節。古印度傳説世界經歷若干萬年毀滅一次,重新再開始,這樣一個周期叫作一"劫",爲極長遠之時間名稱,有大、中、小三劫之別。

⑫ 作行:所作所爲,行爲。三國吳康僧會譯《六度集經》卷八:"佛告諸比丘:'夫人作行,先惠而後奪,後世初生豪富,長即貧困。'"(3-47b)東漢康孟詳譯《佛説興起行經》卷一:"世人所作行,或作善惡事,此行還歸身,終不朽敗亡。"(4-168c)

⑬ 悋:同"吝"。吝嗇、吝惜。《正字通‧心部》:"悋,本作吝。"

⑭ 教化:教導感化,即説法引導衆生而令其受感化。三國吳康僧會譯《六度集經》卷八:"還國有年,大王崩殂,太子代位。太赦衆罪,以五戒六度、八齋十善,教化兆民。"(3-47a)

⑮ 世間眼滅:世間眼,對釋迦牟尼的尊稱,佛教中認爲釋迦牟尼佛能爲世人之眼,指示正道,又能開世間之眼,使見正道。世間眼滅,即表示佛陀涅槃。南朝梁釋僧祐《出三藏記集‧集三藏緣記》:"憍梵波提言:'佛滅度太疾,世間眼滅,隨佛轉法輪大將我和尚舍利弗今在何所?'"

⑯ 殖福:亦作"植福"。造福。西晋竺法護譯《普曜經》卷八:"現地有常,人物一切皆歸無常,天地雖現常不可久,三界無怙唯道可恃,絶禍於未萌,殖福於未然。"(3-533a)北魏慧覺等譯《賢愚經》卷十三:"我乃世世,殖福無厭,今悉自得,終不唐捐。"(4-439b)

⑰ 五百身:佛教認爲釋迦牟尼在成佛之前,有許多的前身前世。這裏"五百"泛言其前身前世很多。

⑱ 須大拏：梵文 Sudāna 的音譯。又稱須達拿、須提梨拿、蘇達那、蘇達拿等。意譯作善施、善愛、好愛、善與等。佛教傳說，須大拏爲釋迦牟尼前身，爲太子。因將父王的大象施捨給婆羅門而被驅逐出宮廷，居住在山野，但仍然以子、女施捨給婆羅門。

⑲ 睒變：即睒摩，梵文 Sāmaka 的音譯。又作睒摩迦、商莫迦等。相傳，睒摩是釋迦牟尼的另一個前身。他孝敬雙目失明的父母，後來遇到外出打獵的國王，誤中毒箭。國王大驚而至睒摩前謝罪，但睒摩不向國王訴説其受傷之痛苦，僅擔憂父母無人奉養。後天帝釋爲其至誠所感動，以神藥灌入睒摩口中，睒摩恢復如初，其父母亦兩目皆開。

三十八、跋提精舍

　　無畏精舍東[1]四十里，有一山①，中[2]有精舍，名跋提[3]。可有二千僧。僧中有一大德沙門，名達摩瞿諦②，其國[4]人民皆共宗仰[5]。住一石室中，四十許年。常行[6]慈心，能感蛇鼠，使同止[7]③一室而不相害。

【校勘】

　　[1] 東：七本、鐮本作"東西"。

　　[2] 中：崇本、毗本、圓本、資本、磧本、石本、七本、鐮本作"山中"。

　　[3] 跋提：麗本、金本作"支提"，崇本、毗本、圓本、資本、磧本作"跋提"，石本、七本作"提"，鐮本作"柭提"。按，當以"跋提"爲是，故據崇本等改。

　　[4] 國：七本作"下圍"。

　　[5] 仰：七本作"作"。

[6] 常行：石本作"當行"，鎌本作"常德"。

[7] 止：圓本、七本、鎌本作"上"。

【箋注】

① 有一山：此山爲斯里蘭卡國都阿努拉達普拉以東的密興多列山（古稱"眉沙迦山"）。相傳首次將佛教傳入斯里蘭卡的阿育王之子摩哂陀，到斯里蘭卡後於此山初會天愛帝須王。故佛教徒尊此山爲聖山。

② 達摩瞿諦：據印度歷史學家馬宗達（R.C.Majumdar）的研究，公元 5 世紀初，斯里蘭卡有一位以譯經著稱的高僧 Mahādharmakathin。Mahā 即摩訶，偉大之義；而 Dharmakathin 正與"達摩瞿諦"對音相同，故當爲此人。

③ 止：停留、居留。東漢曇果共康孟詳譯《中本起經》卷二："比丘僧、比丘尼不得相與並居同止。"（4-158c）

三十九、摩訶毗呵羅精舍

城南七里，有一精舍，名摩訶毗呵[1]羅①，有三千僧住。有一高德沙門，戒行清潔②，國人咸③疑[2]是羅漢。臨終之時，王來省[3]視，依法集僧而問[4]："比丘得道耶？"其④便以實答言："是羅漢。"既終，王即按經律，以羅漢法葬[5]之。於精舍東四五里，積好大[6]薪，縱廣可三丈[7]餘，高亦爾，近上著栴[8]檀、沉水⑤諸香木，四邊作階[9]上，持淨好白氈[10]周匝⑥蒙[11]積[12]⑦，作大轝[13]⑧，狀[14]似此間[15]輀[16]車⑨，但無龍魚耳。當闍維⑩時[17]，王及國人、四衆咸[18]集，以華香供養。從輿至墓所，王自[19]華香供養。供養訖[20]，舉[21]著⑪積[22]上，以酥[23]油遍灌，然後燒之。火然[24]時，人人敬心，各脫上服⑫及羽儀⑬、傘蓋⑭，遙擲[25]火中，以助闍維。闍維已，收斂[26]取骨，即以起塔。法顯至，不及其生存，唯見葬[27]時。王[28]篤信佛法，欲爲[29]衆僧作新精舍。先設大會，飯食[30]供養已，乃選[31]好上⑮牛一雙，金銀[32]寶物，莊挍角[33]上。作好金犁[34]，王自耕墾⑯規郭[35]⑰四邊，然後割給民戶、田宅，書以鐵券⑱，自是已後，代代相承，無敢廢易⑲。

【校勘】

　　[1] 呵：崇本、毗本、圓本、資本、磧本作"訶"，石本作"可"，七本作"号"。按，"号"同"呵"。

　　[2] 咸疑：石本作"感疑"，七本作"成疑"，鐮本作"咸疑是"。

　　[3] 省：七本作"者"。

　　[4] 問：七本作"門"。

　　[5] 葬：石本作"祭"，七本作"益"，鐮本作"塟"。按，"塟"爲"葬"之俗寫異體，《敦煌俗字譜》中已收錄。

　　[6] 大：石本、七本、鐮本作"天"。

　　[7] 丈：七本作"大"。

　　[8] 枏：七本作"栭"。

　　[9] 階：石本、七本作"皆"，鐮本作"階道"。

　　[10] 甎：石本、七本、鐮本作"縶"。

　　[11] 蒙：七本作"菀"。

　　[12] 積：崇本、毗本、圓本、資本、磧本、石本、七本作"積上"，鐮本作"籠藉上"。

　　[13] 舉：鐮本作"擧"。

　　[14] 狀：崇本、毗本、圓本、資本、磧本作"床"，石本作"牀"，七本、鐮本作"牀"。按，"牀""牀"皆爲"牀"之異體。

［15］間：石本作"問"。

［16］轜：崇本、毗本、圓本、資本、磧本作"輀",石本、七本、鐮本作"轜"。

［17］時：石本、七本作"等"。

［18］咸：石本作"感",七本作"成"。

［19］自：鐮本作"自散"。

［20］訖：七本作"說"。

［21］舉：崇本、毗本、圓本、資本、磧本、鐮本作"畢"。

［22］蕷：鐮本作"蕷"。

［23］以酥：崇本、毗本、圓本、資本、磧本作"蘇",石本、鐮本作"蕷",七本作"蕷"。

［24］然：崇本、毗本、圓本、資本、磧本、石本、鐮本作"然之",七本作"燃之"。

［25］擲：石本作"捌",七本作"擲",鐮本作"擲"。

［26］收斂：崇本、毗本、圓本、資本、石本作"收檢",磧本作"取檢"。

［27］葬：石本作"莽",七本作"荃"。

［28］王：鐮本作"其王"。

［29］爲：七本作"爲見"。

［30］食：崇本、毗本、圓本、資本、磧本、石本、七本、鐮本作"食僧"。

［31］選：石本作"巽"。

［32］銀：石本作"餘"。

［33］角：石本作"甬",七本作"甬"。

［34］犁：石本、鐮本作"梨"。

［35］耕墾規郭：崇本、毗本、圓本、資本、磧本作"耕頃",石本、七本作"耕湏",鐮本作"耕頂"。

【箋注】

① 摩訶毗呵羅：梵文 Mahāvihāra 的音譯,意譯作大寺。爲斯里

蘭卡最早的佛寺，位於國都阿㝹羅陀補羅城南部的大眉伽林。公元前3世紀，天愛帝須王在位時，印度阿育王之子摩哂陀奉阿育王之命至斯里蘭卡弘法，於阿㝹羅陀補羅城之密興多列山（即眉沙迦山）為王宣説佛法，王乃於大眉伽林營造本寺。摩哂陀之妹僧伽蜜多亦由印度摩揭陀國佛陀成道處攜帶佛陀伽耶之大菩提樹枝至斯里蘭卡，種於大眉伽林。本寺遂成為斯里蘭卡上座部佛教文化及教育中心。

② 清潔：清白、潔淨無塵。三國吴康僧會《六度集經》卷八："善哉善哉！甚快！當爾棄家學道，志當清潔，唯善可念耳。"（3-49c）

③ 咸：皆，都。《史記・淮陰侯列傳》："於諸侯之約，大王當王關中，關中民咸知之。"

④ 其：他。作句子的主語，指這位高僧。

⑤ 沉水：沉香的别名。梵文 Agaru 的意譯，又作沉水香、黑沉香、蜜香等。音譯作阿伽嚧、阿伽樓、阿竭流、惡揭嚕等。是一種采自亞熱帶地區所産瑞香科常緑喬木的天然香料。其木朽敗或伐采時，由中心木質部分滲出黑色樹脂，即是沉香。其香濃郁，木心堅實，入水必沉，故稱沉水香，可供藥用，治療風水腫毒。晋嵇含《南方草木狀・蜜香沉香》："交趾有蜜香，樹幹似櫄柳，其花白而繁，其葉如橘。欲取香，伐之，經年，其根幹枝節，各有别色也。木心與節堅黑，沉水者爲沉香。"

⑥ 周匝：環繞。東漢竺大力共康孟詳譯《修行本起經》卷一："於是菩薩，便行入城，勤求供具，須臾周匝，了不可得。"（3-462a）

⑦ 積：積聚的東西。《漢書・刑法志》："完者使守積。"顔師古注："積，積聚之物也。"本書中指積聚的柴薪，即後文"舉著藉上"之"藉"。《慧琳音義》卷一百《法顯傳》"蒙積"條："《説文》云：'積，聚也。從禾，責聲。'傳從草作藉，俗字也。"

⑧ 轝：同"輿"。載柩車。《集韻・御韻》："輿，或作轝。"《文選・顔延之〈宋文皇帝元皇后哀策文〉》："降輿客位，撤奠殯階。"張銑注："輿，載柩車也。"

⑨ 輴車：輴，同"輴"。載運棺柩的車。《集韻・之韻》："輴，《説文》：'喪車也。'或作輴。"《魏書・慕容熙傳》："及葬，熙被髮徒跣步

從。輜車高大,毀城門而出,長老相謂曰:'慕容氏自毀其門,將不入矣。'"

⑩ 闍維:梵文 jhāpita 的音譯。又作荼毗、荼毘、闍毗、闍鼻、耶維等。意譯作焚燒。原爲印度葬法之一。指人死後火化,以藏遺骨之葬法。後來專指出家人圓寂後的火葬。北魏慧覺等譯《賢愚經》卷八:"復從空下,重受其供,經於數時,乃入涅槃。薩薄悲悼,追念無量,闍維其身,收取舍利,盛以寶瓶,用起鍮婆,香花伎樂,種種妙物,持用供養。"(4-404b)

⑪ 著:介詞,置於動詞之後,引進行爲動作的處所。

⑫ 上服:禮服,上等服裝。《魏書·契丹傳》:"熙平中,契丹使人祖真等三十人還,靈太后以其俗嫁娶之際,以青氈爲上服,人給青氈兩匹,賞其誠款之心。"

⑬ 羽儀:儀仗中以羽毛裝飾的旌旗之類。《南齊書·東昏侯紀》:"帝烏帽袴褶,備羽儀,登南掖門臨望。"

⑭ 傘蓋:蓋,即傘。《玉篇》:"傘,蓋也。"傘亦寫作"繖"。《慧琳音義》卷十一《大寶積經》"繖蓋"條:"《玉篇》云:繖即蓋也。《通俗文》曰:以帛避雨曰繖。……經中或作傘,俗字也。……蓋亦傘也。案:繖、蓋者,一物也。"白化文在《漢化佛教法器服飾略説》中指出,"蓋"原是南亞次大陸一種遮陽避雨的不能折疊的傘。有兩種類型:一種是柄在傘身下中央的,與現代的傘相同,只是不能折疊;一種是柄在傘身之上,傘身懸掛在彎曲柄頭上,特稱懸蓋或天蓋。常施用於尊者頭頂之上,以示尊崇。傘、蓋同義連文。東漢竺大力共康孟詳譯《修行本起經》卷二:"須彌不崩、月明續照、珠光不滅、頭髻不落、傘蓋今在,且自安寐,莫憂失蓋。"(3-467c)

⑮ 好上:好、上同義連文,均表示優秀、品質高。漢譯佛典中常見兩個單音節詞義近而連用的用法,如前文"積聚好大薪"中"好大"亦是好與大的義近而連用。

⑯ 耕墾:犁地翻土。北魏賈思勰《齊民要術·種李》:"李樹桃樹下,並欲鋤去草穢,而不用耕墾。"

⑰ 規郭:規,圜也,表環繞之義。《楚辭·大招》:"曲眉規只。"王

逸注："規，圜也。"環繞者，必在外圍，故規亦有外圍之義，《說文·車部》："肇，車輮規也。"段玉裁注："規者，圜之匡郭也。"郭，有外圍、城牆之義，字又作"廓"。《廣雅·釋器》："郭，劍削也。"王念孫疏證："郭，與廓同。"城牆爲環繞城市而建，爲城市的外圍。規、郭（廓）同義連文。《文選·張衡〈東京賦〉》："苌弘魏舒，是廓是極。"薛綜注："廓，猶規也。"故"規郭"一詞有外圍或城郭之義。《釋名·釋兵》："鉤弦曰牙，似齒牙也。牙外曰郭，爲牙之規郭也。"其中"牙之規郭"意即牙（弩機）的外圍部分。後秦竺佛念譯《出曜經》卷四："未斷欲之人，意所規郭、境界、方域，得一復念一，意貪無厭足。"（4－632a）其中"規郭、境界、方域"意謂城牆、國界、國土。本書中所言"王自耕墾規郭四邊"意謂國王親自在城郭四周開墾土地。

⑱鐵券：鐵契。即古代皇帝頒賜功臣，授以世代享受某種特權的憑證。《東觀漢記·桓帝紀》："八年，妖賊蓋登稱'太皇帝'，有璧二十，珪五，鐵券十一，後伏誅。"

⑲廢易：廢棄、改變。《三國志·魏志·三少帝紀》："庚戌，中書令李豐與皇后父光祿大夫張緝等謀廢易大臣，以太常夏侯玄爲大將軍。"

四十、天竺道人誦經　更得經本

法顯在此國，聞天竺道人於高座[1]上誦經，云："佛鉢本在毗舍離，今在揵[2]陁衛。竟①若干百年，法顯聞誦時有定歲數②，但今忘耳[3]。當復至西月氏國。若干百年[4]，當至于闐[5]國。住若干百年，當至屈茨[6]國③。若干百年，當復至師子國[7]。若干百年[8]，當復來到漢地[9]。若干百年，當還中天竺。到中天已[10]，當上兜術[11]天④上。彌勒菩薩見而嘆曰：'釋迦文佛鉢至。'即共諸天華香供養七日。七日已[12]，還閻浮提，海龍王將[13]⑤入龍宮。至彌勒[14]將成道時，鉢還分爲四，復本頻那山[15]⑥上。彌勒成道已，四天王當復應念佛[16]，如先[17]佛法。賢劫千佛共用一[18]鉢。鉢[19]去已，佛法漸滅。佛法滅後，人壽轉短[20]，乃至五[21]歲。五歲之時，粳米、酥[22]油皆悉化滅。人民極惡，捉草木[23]則變成刀杖⑦，共相傷割[24]⑧。其中有福者，逃避入山，惡人相煞⑨盡已，還復來出，共相謂言：'昔人壽極長，但爲惡甚[25]，作[26]非法故，我等壽命遂爾⑩短促，乃至五歲。我今共行諸善，起慈悲心，修行信[27]義⑪。'如是各行信義[28]，展轉⑫壽倍，乃至八萬歲。彌勒出世，初轉法輪[29]時，先度釋迦遺法⑬中[30]弟子、出家人及受三歸⑭、五戒⑮、八[31]齋法⑯、供養三寶者，第二、第三次度有緣者。"法顯爾時欲寫此經，其人云："此無經本，我心[32]口誦耳。"法顯住此國二年，更求得《彌沙[33]塞律》⑰藏本，得《長阿含》⑱《雜阿含》⑲，復得一部《雜[34]藏》⑳。此悉漢土所無者。

【校勘】

[1] 座：石本、七本、鐮本作"坐"。

[2] 捷：石本作"建"，鐮本作"氏捷"。

[3] 今忘耳：崇本、毗本作"今忘"，石本、七本、鐮本作"念已"。

[4] 年：石本作"千"，七本無此字。

[5] 于闐：石本、鐮本作"于殿"，七本作"千殿"。

[6] 茨：七本作"發"。

[7] 至師子國：崇本、毗本、圓本、資本、磧本、石本、七本、鐮本作"來到漢地"。

[8] 若干百年：崇本、毗本作"住若干年"，圓本、資本、磧本、石本、七本、鐮本作"住若干百年"。

〔9〕來到漢地：崇本、毗本、圓本、資本、磧本、石本、七本、鏽本作"至師子國"。

〔10〕到中天已：麗本、金本作"已"，崇本、毗本、圓本、資本、磧本、石本、七本、鏽本作"到中天已"。按，當以崇本等爲是，故據改。

〔11〕術：鏽本作"率"。

〔12〕已：鏽本無此字。

〔13〕將：崇本、毗本、圓本、資本、磧本、石本、七本、鏽本作"持"。

〔14〕勒：石本作"勤"，後同。

〔15〕頻那山：麗本、金本作"頒那山"，崇本、毗本、圓本、資本、磧本、石本、七本、鏽本作"頻那山"。按，當以崇本等爲是，故據改。

〔16〕佛：鏽本作"奉佛"。

〔17〕先：石本作"光"。

〔18〕一：崇本、毗本、圓本、資本、磧本、石本、七本、鏽本作"此"。

〔19〕鉢：石本、鏽本無此字。

〔20〕短：石本、鏽本作"桓"，七本作"揎"。後文"短促"之"短"同。

〔21〕五：圓本、資本、磧本作"十"。後文"五歲之時"之"五"同。

〔22〕酥：石本、七本、鏽本作"穌"。

〔23〕捉草木：崇本、毗本、圓本、資本、磧本、石本、鏽本作"捉木"，七本作"提木"。

〔24〕傷割：圓本、資本、磧本作"傷割殺"，石本、七本作"復割"。

〔25〕甚：七本作"其"。

〔26〕作：崇本、毗本、圓本、資本、磧本、石本、七本、鏽本作"作諸"。

〔27〕信：崇本、毗本、圓本、資本、磧本、石本、七本、鏽本作"仁"。

〔28〕義：崇本、毗本、圓本、資本、磧本、石本、七本、鏽本作"儀"。

〔29〕輪：石本作"轉"。

〔30〕遺法中：崇本、毗本、圓本、資本、磧本作"遺法"，鏽本作"貴法中"。

〔31〕八：崇本、毗本、圓本、資本、磧本、石本、七本、鏽本無此字。

〔32〕心：崇本、毗本、石本、七本、鏽本作"正"，圓本、資本、磧本

作"止"。

[33] 沙:鐮本作"勒"。

[34] 雜:七本作"離"。

【箋注】

① 竟:遍、全。《漢書·王莽傳》:"莽休沐出,振車騎,奉羊酒,勞遺其師,恩施下竟同學。"

② 歲數:年數。《韓非子·外儲說左上》:"墨子曰:'不如爲車輗者巧也,用咫尺之木,不費一朝之事,而引三十石之任,致遠力多,久於歲數。'"

③ 屈茨國:即龜茲國。漢西域諸國之一,位於天山南麓,又作鳩茲、歸茲、屈支、丘茲等。故址位於今新疆庫車縣。公元3世紀起,當地佛教盛行。居民主要務農,兼營畜牧,冶鑄、釀酒等也較發達。有文字,擅長音樂。

④ 兜術天:即兜率天。參見本書"九、陁歷國"中"兜率天"條箋注(第29頁)。

⑤ 將:取,拿。參見本書"二十九、伽耶城 貝多樹下"中"將"條箋注(第143頁)。

⑥ 頻那山:頻那,梵文 Vinataka 的音譯,又作毗那多迦、毗那耶迦、頻那夜迦、毗那耶怛迦等。意譯作障礙、象鼻。佛教認爲須彌山四周有七山圍繞,毗那多迦山爲其中之一。佛初成道時,四天王各自奉鉢,佛陀合四鉢爲一鉢。到彌勒將成道時,佛鉢再分爲四,復還毗那多迦山。參見本書"二十九、伽耶城 貝多樹下"中"四天王奉鉢"條箋注(第138頁)。

⑦ 刀杖:亦作"刀仗",刀和杖,古代兵器總稱。《三國志·蜀志·許慈傳》:"酒酣樂作,以爲嬉戲,初以辭義相難,終以刀杖相屈。"

⑧ 傷割:傷害。南朝梁僧旻、寶唱等集《經律異相》卷三十一:"五拔刀賊追逐傷割。"晋葛洪《抱朴子·外篇·崇教》:"故學立而仕,不以政學,操刀傷割,鄭喬所嘆。"

⑨ 煞:同"殺"。《廣韻·黠韻》:"殺,殺命。……煞,俗。"晋葛洪

《抱朴子·内篇·金丹》:"取烏轂之未生毛羽者,以真丹和牛肉以吞之;至長,其毛羽皆赤,乃煞之。"

⑩ 遂爾:於是乎。《魏書·劉芳傳》:"竊惟太常所司郊廟神祇,自有常限,無宜臨時斟酌以意,若遂爾妄營,則不免淫祀。"

⑪ 信義:信用和道義。《三國志·蜀志·諸葛亮傳》:"將軍既帝室之胄,信義著於四海,總攬英雄,思賢如渴。"此處"各行信義"意謂講究信用、行道義之事。

⑫ 展轉:反覆。東漢竺大力共康孟詳譯《修行本起經》卷二:"人有四大,地、水、火、風,大有百一病,展轉相鑽,四百四病,同時俱作。"(3-466c)

⑬ 遺法:佛涅槃後遺留下來的佛法。南朝梁僧旻、寶唱等集《經律異相》卷二七:"佛涅槃後,遺法住世,無量億歲,餘四十年,佛法未滅。"本書中所言"釋迦遺法中弟子"指直接跟隨釋迦摩尼佛出家的弟子。

⑭ 三歸:亦作"三皈"。佛教語。指皈依佛、法、僧三寶。即以佛爲師,以法爲藥,以僧爲友。《魏書·釋老志》:"故其始修心則依佛、法、僧,謂之三歸,若君子之三畏也。"

⑮ 五戒:佛教指在家信徒終身應遵守的五條戒律。即不殺生、不偷盜、不邪淫、不妄語、不飲酒。《魏書·釋老志》:"又有五戒,去殺、盜、淫、妄言、飲酒,大意與仁、義、禮、智、信同,名爲異耳。"

⑯ 八齋法:即八關齋戒之法。參見本書"二十九、伽耶城 貝多樹下"中"八戒齋"條箋注(第144頁)。

⑰ 彌沙塞律:即彌沙塞部所傳的戒律。彌沙塞部(梵文 Mahiśāsaka 的音譯),相傳是在佛陀入滅後三百年,由上座部系統之説一切有部分出來的一個部派,又稱之爲化地部、正地部、教地部、大不可棄部等,是小乘二十部之一。《彌沙塞律》全稱《彌沙塞部和醯五分律》,簡稱《彌沙塞部五分律》《彌沙塞律》或《五分律》。今本三十卷,由南朝宋佛陀什、竺道生等共同譯出。其所據底本即法顯攜歸的梵文本。

⑱ 長阿含:即《長阿含經》,原始佛教的重要經典之一。今本《長阿含經》由佛陀耶舍與竺佛念於後秦弘始十五年(413)在長安共

同譯出。

⑲ 雜阿含:即《雜阿含經》,原始佛教的重要經典之一。今本《雜阿含經》由求那跋陀羅在建康(今南京)瓦官寺譯出。其底本即法顯攜歸的梵文本。

⑳ 雜藏:即《佛說雜藏經》。此經由法顯親自翻譯。

四十一、 自師子國到耶婆提國

得此梵[1]本已,即載商人大舶[2]①,上可有二百餘人。後[3]係一小舶,海行艱嶮②,以備大舶毁壞。得好信風,東下三[4]日,便值大風,舶漏[5]水入。商人欲趣③小舶,小舶上人恐人來多,即斫絙④斷[6]。商人大怖,命在[7]須臾,恐舶水滿[8],即取麤⑤財[9]貨⑥,擲著水中。法顯亦以君墀⑦及澡罐[10]⑧并餘物棄擲海中,但恐商人擲去經像,唯一心念觀世音及歸命⑨漢地衆僧:"我遠行求法,願[11]威神⑩歸流⑪,得到所止[12]。"如是大風,晝[13]夜十三日,到一島[14]邊。潮[15]退之後,見船漏[16]處,即補塞[17]之。於是復前。

海中[18]多有抄賊⑫,遇輒無全⑬。大海彌漫無邊,不識東西,唯望日、月、星宿而進。若陰[19]雨時[20],爲逐[21]風去,亦無所准[22]。當夜闇⑭時,但見大浪相搏[23],晃⑮若[24]火色,黿鼉[25]⑯水性怪異之屬,商人荒懅[26]⑰,不知那[27]向⑱。海深無底,又無下石住[28]處。至天晴已,乃知東西,還復⑲望正[29]而進。若值伏石⑳,則無活路。如是九十許日[30],乃到一國,名耶婆提㉑。

【校勘】

[1] 梵：石本、七本、鑛本作"胡"。
[2] 舶：崇本、毗本、圓本、資本、磧本、石本、七本、鑛本作"船"。後同。
[3] 後：七本作"復"。
[4] 三：崇本、毗本、圓本、資本、磧本作"二"。
[5] 漏：七本作"编"。
[6] 絙斷：石本作"纏斱"，七本作"逗斷"。
[7] 命在：石本作"命存"，七本作"人命在"。
[8] 滿：崇本、毗本、圓本、資本、磧本、石本、七本作"漏"。
[9] 麁財：石本、鑛本作"庋財"，七本作"庋射"。
[10] 澡罐：崇本、毗本、圓本、磧本作"澡灌"，石本、鑛本作"滌灌"，七本作"滌灌"。
[11] 願：七本作"顯"。
[12] 止：石本、鑛本作"上"。
[13] 晝：七本作"書"。
[14] 島：石本、鑛本作"鳥"，七本作"邊"。
[15] 潮：七本作"湖"。
[16] 漏：七本作"编"。
[17] 塞：石本作"寒"。
[18] 中：鑛本無此字。
[19] 陰：石本作"險"。
[20] 時：七本無此字。
[21] 逐：七本、鑛本作"遂"。
[22] 所准：崇本、圓本、資本、磧本作"准"，七本作"所唯"。
[23] 搏：七本作"傅"。
[24] 晃若：崇本、圓本、資本、磧本作"晃然"，石本作"日火"，七本作"晃"。
[25] 鼉：崇本、圓本、磧本、石本、七本、鑛本作"鼇"。
[26] 懅：崇本、圓本、資本、磧本、石本、七本、鑛本作"遽"。

[27] 那:鑣本作"所"。
[28] 住:石本、七本、鑣本作"柱"。
[29] 正:鑣本作"日月"。
[30] 許日:崇本、圓本、資本、磧本、石本、七本作"日許"。

【箋注】

① 舶:航海的大船。《南齊書·張融傳》:"浮艫雜軸,游舶交艘。"

② 艱嶮:即"艱險",困難和危險。南朝梁釋僧祐《出三藏記集·法顯法師傳》:"明旦,顯欲詣耆闍崛山,寺僧諫曰:'路甚艱嶮,且多黑師子,亟經噉人,何由可至!'"

③ 趣:赴,前往。三國吳康僧會譯《六度集經》卷二:"吾兒如之而今獨坐,兒常望覻吾以菓歸,奔走趣吾,躃地復起,跳踉喜笑。"(3-10a)

④ 綆:同"緪"。粗索、粗繩。參見本書"九、陁歷國"中"懸綆"條箋注(第31頁)。

⑤ 麄:同"麤",粗糙、粗劣。西晉竺法護譯《修行道地經》卷五:"一大臣而犯重事,先考治之,五毒並至,卻乃著械閉在深獄,令衣弊衣,給以麄食,草蓐爲床,莫令家人得入相見。"(15-213b)

⑥ 財貨:錢財貨物,財物。《三國志·吳志·魯肅傳》:"爾時天下已亂,肅不治家事,大散財貨,摽賣田地,以賑窮弊結士爲務,甚得鄉邑歡心。"

⑦ 君墀:梵文 kuṇḍikā 的音譯,又作軍持、君持、君遲、軍遲、軍挺、捃稚迦等,意譯爲瓶、澡瓶、水瓶。是盛水以便攜帶的容器,亦用以盛裝油、鹽、石蜜等物。用途不同,其稱法亦有區別,如洗足瓶、澡水瓶、淨瓶(盛飲水之用)、不淨瓶(裝便之用)等,通常由陶土、銅、鐵等製成。

⑧ 澡罐:僧人盛盥漱用水的器皿。南朝梁陶弘景《授陸敬游十賷文》:"賷爾錕石澡罐,手巾爲副,可以登齋朝拜,出入盥漱。"

⑨ 歸命:梵文 namas 的意譯,又作敬禮、歸敬、歸依、信從等,音

譯作南無、南牟、那謨、南謨、那摩等。原爲"禮拜"之意,但多使用於禮敬之對象,表歸依信順。

⑩ 威神:尊嚴的神靈。東漢曇果共康孟詳譯《中本起經》卷二:"於是衆祐,與大比丘僧千二百五十人俱,游於舍衛國,應須達請。威神震動,國内咸喜,男女大小填路而出。"(4-156c)

⑪ 歸流:使水流回歸。本書中意謂使海水回歸到其本應所在的地方。

⑫ 抄賊:抄,掠取、劫掠。抄賊即搶劫財物的賊人。《北齊書·循吏傳·蘇瓊》:"爾後十日,抄賊姓名及贓處所,徑收掩,悉獲實驗,賊徒款引,道俗歎伏。"本書中所謂"海中之抄賊"猶今之海盜。

⑬ 無全:不能存活。《後漢書·公孫瓚傳》:"紹設伏,瓚遂大敗,復還保中小城。自計必無全,乃悉縊其姊妹妻子,然後引火自焚。"

⑭ 闇:通"暗"。晦暗,不亮。《淮南子·覽冥訓》:"上下調而無尤,法令明而不闇,輔佐公而不阿。"

⑮ 晃:明,明亮。三國魏曹植《芙蓉賦》:"其始榮也,皦若夜光尋扶木;其揚輝也,晃若九陽出暘谷。"

⑯ 黿鼉:黿,大鱉。鼉,即今之揚子鱷,也稱鼉龍、猪婆龍。《國語·晋語九》:"黿鼉魚鱉,莫不能化。"

⑰ 荒懅:亦作"荒懼",驚慌、恐懼。東晋佛陀跋陀羅共法顯譯《摩訶僧祇律》卷三:"有諸外道家以器儲水,其家被燒,外道荒懼。"(22-246a)

⑱ 那向:那,疑問代詞,後寫作"哪"。那向,什麼方向。東晋佛陀跋陀羅共法顯譯《摩訶僧祇律》卷二十一:"時難陀、優波難陀去不遠,聞語聲即問:'彼家在何處?姓字何等?門户那向?'"(22-395b)

⑲ 還復:回復,恢復。晋王嘉《拾遺記·周》:"使發其國之時並童稚,至京師,鬢皆白。及還至燃丘,容貌還復少壯。"

⑳ 伏石:暗礁。

㉑ 耶婆提:即《後漢書》中所謂葉調國。故址在今印度尼西亞爪哇或蘇門答臘,或以爲兼稱兩島,是古代中西海上交通綫之要地。

四十二、自耶婆提歸長廣郡界

其國外道婆羅門[1]興盛,佛法不足言。停此國五月日,復隨他商人大舶[2],上[3]亦二百許人,齎五十日糧,以四月十六日發。法顯於舶上安居。東北行,趣廣州[4]。一月[5]餘日,夜皷二①時,遇黑[6]風暴[7]雨。商人、賈客②皆悉惶怖,法顯爾時亦一心念觀世音及漢地眾[8]僧。蒙威神祐,得至天曉。曉[9]已,諸婆羅門議言:"坐③載此沙門,使我不利,遭此大苦。當下比丘置[10]海島[11]邊,不可爲一人令我等危[12]嶮。"法顯檀[13]越④言:"汝若下此比丘,亦并下我[14]。不爾,便當殺我。如其[15]⑤下此沙門,吾[16]到漢地,當向國王言⑥汝也。漢地王亦敬信佛法,重比丘僧。"諸商人躊躇,不敢便⑦下。于時天多連陰,海師⑧相望僻誤[17]⑨,遂經七十餘日。糧食、水漿⑩欲盡,取海鹹[18]水作食⑪。分好水,人[19]可得二升,遂便欲盡。商人議言:"常行時,政[20]可五十日便到廣州,今已過[21]期多日,將無[22]⑫僻耶?"即便西北行求岸,晝[23]夜十二日,到[24]長廣⑬郡界⑭牢山[25]⑮南岸,便得好水[26]、菜[27]。但經涉險難,憂懼[28]積日,忽得至此岸,見藜藿菜[29]⑯依然,知是[30]漢地。

【校勘】

[1]門:石本作"聞門"。其中"聞"左右兩側標有":"。按,":"爲寫本中常見之删除符號,表示"聞"字當删。

[2]舶:崇本、毗本、圓本、資本、磧本、石本、七本、鐮本作"船"。

後同。

［3］上：七本作"上上"。

［4］州：七本作"洲"。

［5］一月：石本、七本作"二三"。

［6］黑：石本作"里"。

［7］暴：鐮本作"異"。

［8］衆：石本、七本作"悉"。

［9］曉：石本無此字。

［10］置：七本作"買"。

［11］島：石本、七本作"鳥"，鐮本無此字。

［12］危：石本、鐮本作"𠃊"，七本作"芘"。

［13］檀：圓本、資本、磧本作"本檀"。

［14］亦并下我：石本作"并下我亦"。

［15］如其：崇本、鐮本作"汝若"，圓本、資本、磧本、石本、七本作"汝其"。

［16］門吾：石本作"聞乎"。

［17］誤：七本作"設"。

［18］鹹：石本作"𪉯"，七本作"醎"。按，石本、七本中兩字均爲"醎"，"醎"亦"鹹"之異體。

［19］人：石本、七本、鐮本作"又"。

［20］政：崇本、毗本、圓本、資本、磧本作"正"。

［21］今已過：崇本、圓本、資本、磧本、七本作"爾今已過"，石本作"爾今也遇"，鐮本作"今已遇"。

［22］無：石本無此字。

［23］晝：七本作"書"。

［24］到：磧本無此字。

［25］牢山：石本、七本作"窂止"，鐮本作"窂山"。

［26］好水：石本作"如來"，七本作"如水"。

［27］菜：七本作"蒙"。

［28］憂懼：崇本、毗本作"處懼"，石本作"憂"。

[29] 藜藿菜：麗本、金本作"藜藿菜"，圓本、資本、磧本作"藜藿菜"，崇本、毗本、石本作"藜藿"，七本作"藜荌住"，鑲本作"藜藿"。按，"藜""蔾"均爲"藜"之異體。

[30] 是：石本作"見"。

【箋注】

① 皷二：皷，同"鼓"。皷二即二更，相當於現在夜晚九點至十一點。漢魏六朝時，夜間報時之人在一更時分（相當於現在晚七點至九點）打一鼓，稱作鼓一；二更時分打二鼓，稱作鼓二。以此類推，有鼓三、鼓四、鼓五等。《三國志·魏志·鍾會傳》："正始中，以爲祕書郎，遷尚書中書侍郎。"裴松之注引《世語》："會乃絕賓客，精思十日，平旦入見，至鼓二乃出。"

② 賈客：商人。《後漢書·班超傳》："六年秋，超遂發龜茲、鄯善等八國兵合七萬人，及吏士賈客千四百人討焉耆。"

③ 坐：因爲。北魏酈道元《水經注·江水一》："母好飲江水，嗜魚膾，常以雞鳴溯流汲江，子坐取水溺死。"

④ 檀越：施主。參見本書"二、乾歸國 褥檀國 張掖鎮"中"檀越"條箋注（第4頁）。這裏指帶法顯搭乘商船回國的施主。

⑤ 如其：如果，假如。《東觀漢記·馮衍傳》："如其不虞，何以待之？"

⑥ 言：訴訟、告發。《後漢書·循吏傳·許荆》："嘗行春到耒陽縣，人有蔣均者，兄弟爭財，互相言訟。"言、訟同義連文。《三國志·魏志·武帝紀》裴松之注引《曹瞞傳》："太祖少好飛鷹走狗，游蕩無度，其叔父數言之於嵩。"

⑦ 便：副詞，即、就。《三國志·魏志·王粲傳》："善屬文，舉筆便成，無所改定，時人常以爲宿構，然正復精意覃思，亦不能加也。"

⑧ 海師：熟悉海上航道、駕駛海船的人。《宋書·朱脩之傳》："泛海至東萊，遇猛風柁折，垂以長索，船乃復正。海師望見飛鳥，知其近岸，須臾至東萊。"

⑨ 僻誤:偏差、失誤。《慧琳音義》卷十三"邪僻"條注引《考聲》:"僻,誤也。"故僻、誤同義連文,均表失誤之義。

⑩ 水漿:泛指水、飲料等能飲用的液體。晋葛洪《抱朴子·内篇·對俗》:"村口有古大冢,上巔先有穿穴,乃以器盛縋之,下此女於冢中,以數月許乾飯及水漿與之而舍去。"

⑪ 作食:作飯。三國吴康僧會譯《六度集經》卷二:"吾數覩梵志,顏類未有若兹,無以吾等爲鬼作食。"(3-9c)南朝宋劉義慶《世説新語·德行》:"祖光禄少孤貧,性至孝,常自爲母炊爨作食。王平北聞其佳名,以兩婢餉之,因取爲中郎。"

⑫ 將無:莫非、莫不是。南朝宋劉義慶《世説新語·德行》:"太保居在正始中,不在能言之流;及與之言,理中清遠。將無以德掩其言?"

⑬ 長廣:即長廣郡,東晋時屬北青州管轄,領四縣,治所在不其縣,故址在今山東省青島市嶗山區北。

⑭ 郡界:謂郡治範圍之内。《後漢書·袁閎傳》:"父賀,爲彭城相。閎往省謁……既而辭去,賀遣車送之,閎稱眩疾不肯乘,反,郡界無知者。"

⑮ 牢山:即嶗山,位於今山東省青島市嶗山區東,南臨黄海,東臨嶗山灣。

⑯ 藜藿菜:藜,稱灰藜、灰菜。一年生草本植物。嫩葉可食,老莖可爲杖。藿,豆葉。嫩時可食。藜藿菜,泛指當時常見的可食用的野菜。一説"藜藿"爲"藜藿"之誤。

四十三、南下向都

然不見人民及行迹，未知是何[1]許①。或言未至廣州，或言已過[2]，莫知所定。即乘小舶[3]，入浦②覓人，欲問[4]其處。得兩獵[5]人，即將歸，令法顯譯語③問之。法顯先安[6]慰之，徐[7]問："汝是何人？"答[8]言："我是佛弟子。"又問："汝入山何所[9]求？"其便詭言④："明當七月十五日，欲取桃臘[10]⑤佛。"又問："此是何國？"答言："此青州[11]長廣郡界，統[12]屬⑥晉[13]家。"聞已，商[14]人歡喜，即乞⑦其財物，遣人往長廣郡[15]。太守[16]李嶷敬信佛法[17]，聞有沙門持經像、乘舶泛海而至，即將人從⑧，來至[18]海邊，迎接經像，歸至郡[19]治。商人於是還[20]向楊州[21]⑨。到青州[22]⑩，請[23]法顯一冬一夏[24]。夏[25]坐訖，法顯離[26]諸師久，欲趣長安。但所營⑪事重，遂便南下向都⑫，就禪師出經律藏[27]。

【校勘】

　［1］何：石本無此字。
　［2］過：石本作"遇"。
　［3］舶：崇本、毗本、圓本、資本、磧本、石本、七本、鑲本作"船"。後同。
　［4］問：石本、七本作"聞"。
　［5］獵：石本作"猗"，七本、鑲本作"獦"。
　［6］安：七本作"汝"。
　［7］徐：七本作"餘"。

［8］答：石本、七本作"若"。

［9］何所：石本作"答所何"。

［10］桃騰：崇本、毗本、圓本、資本、磧本作"桃臘"，石本、鐮本作"桃臈"，七本作"恍臈"。

［11］州：石本、七本作"洲"。

［12］統：石本作"繞"。

［13］晉：圓本、資本、磧本作"劉"，石本、七本、鐮本作"剑"。

［14］商：石本、七本作"高"。

［15］郡：崇本、毗本、圓本、資本、磧本、石本、七本、鐮本無此字。

［16］太守：石本作"大守"，七本作"大守守"。

［17］法：七本無此字。

［18］來至：崇本、毗本、圓本、資本、磧本、石本作"至"，七本無此二字。

［19］郡：七本作"羣"。

［20］還：七本作"遂"。

［21］楊州：石本、鐮本作"揚州"，七本作"揚洲"。

［22］到青州：崇本、毗本、圓本、資本、磧本作"劉法青州"，石本、七本、鐮本作"劉青法州"。

［23］請：石本作"諸"。

［24］夏：七本作"憂"，鐮本作"复"。

［25］夏：石本、鐮本無此字。

［26］離：崇本、毗本、圓本、資本、磧本、石本、七本、鐮本作"遠離"。

［27］經律藏：崇本、毗本、石本、七本、鐮本作"律"，圓本、資本、磧本作"經律"。

【箋注】

① 何許：何處。晉陶潛《讀山海經》詩之四："丹木生何許？迺在密山陽。"

② 浦：指河流入海處。南朝梁沈約《早發定山》詩："歸海流漫漫，出浦水濺濺。"

③ 譯語：翻譯。南朝梁釋慧皎《高僧傳・譯經上・曇摩耶舍》卷一："耶舍有弟子法度，善梵漢之言，常爲譯語。"南朝梁釋寶唱撰《比丘尼傳・慧耀尼》："有胡僧，年可二十，形容端正，竟胛生毛，長六七寸，極細軟。人問之。譯語答云：'從來不覆，是故生毛耳。'"

④ 詭言：假稱，謊稱。《漢書・蘇武傳》："漢求武等，匈奴詭言武死。"

⑤ 騰：同"臘"。原爲祭名。古代稱祭百神爲"蠟"，祭祖先爲"臘"，秦漢以後統稱"臘"。此處當指夏曆七月十五日的盂蘭盆節。盂蘭盆節時，佛教徒一般設齋供養，後世亦多以瓜果麵餅等百味飲食供養。本書中所云"以桃騰佛"即在盂蘭盆節中以桃供養三寶。

⑥ 統屬：統轄、隸屬。《三國志・魏志・東夷傳》："有千餘户，世有王，皆統屬女王國，郡使往來常所駐。"

⑦ 乞：給予。《集韻・未韻》："乞，與也。"《漢書・朱買臣傳》："妻自經死，買臣乞其夫錢，令葬。"

⑧ 人從：隨從。東漢曇果共康孟詳譯《中本起經》卷一："王來已久，宮遠早還，牛、馬、人從，停住勞疲，比於後日，吾當詣城。"（4-153b）

⑨ 楊州：今多作"揚州"。東晋時，揚州治所在建康（今江蘇南京），所管轄地域大致相當於今江蘇、安徽兩省的長江以南部分和浙江省。

⑩ 到青州：諸本作"劉法青州"或"劉青法州"。足立喜六認爲當作"劉沇青州"，"法"爲"沇"之誤。"沇"，同"兗"。"劉沇青州"即"劉兗青州"，指當時的兗州、青州刺史劉道憐。

⑪ 營：謀慮、思慮。《列子・周穆王》："尹氏心營世事，慮鍾家業，心形俱疲，夜亦昏憊而寐。"

⑫ 都：指東晋國都建康，即今江蘇省南京市。

四十四、結語

　　法顯發長安,六年到中國[1]①,停經[2]六年,還經[3]三年,達青州[4]。凡所游履[5]②,減[6]三十國。沙河[7]已西,迄于[8]天竺,衆僧威儀法化[9]之美[10],不可詳説。竊惟諸師未[11]得備③聞,是以不顧微[12]命,浮海而還。艱[13]難具更[14]④,幸蒙三尊⑤威[15]靈,危而得濟[16]。故將竹帛[17]⑥疏⑦所經歷,欲令賢者同其聞見。是歲甲寅[18]。

【校勘】

　　[1]中國:麗本作"中印國",金本、崇本、毗本、圓本、資本、磧本、石本、七本、鐮本作"中國"。按,金本等是,故據改。

　　[2]經:崇本、毗本、圓本、資本、磧本、石本、七本、鐮本無此字。

　　[3]經:崇本、毗本、圓本、資本、磧本、石本、七本、鐮本無此字。

　　[4]青州:石本、七本、鐮本作"清洲"。

　　[5]履:崇本、毗本、圓本、資本、磧本作"歷"。

　　[6]減:鐮本作"咸"。

　　[7]河:石本作"何",七本作"門"。

　　[8]于:石本作"于未"。

　　[9]化:鐮本作"則"。

　　[10]美:石本、七本作"羙",鐮本作"羨羙"。按,章巽定石本中"美"爲"养",不確。石本中"美"字作"羙",與七本中"羙"、鐮本中"羙"均爲"羙"字。"羙"爲"美"之異體。

　　[11]未:崇本、毗本、圓本、資本、磧本、石本、七本、鐮本作"來"。

　　[12]微:石本、鐮本作"微",七本作"嶶"。按,"微""嶶"均爲"微"

之異體。

［13］艱：石本、七本作"難"。

［14］具更：鐮本作"不可具宣"。

［15］威：石本無此字。

［16］濟：石本作"㴞"，七本作"濟"。

［17］將竹帛：金本作"昔"，崇本、毗本、石本、七本、鐮本作"竹陌"，圓本、資本、磧本作"竹帛"。

［18］寅：鐮本作"宣"。

【箋注】

① 中國：此處"中國"或有特指，即中天竺之摩頭羅國。法顯於公元399年從長安出發，404年至中天竺（即中國）摩頭羅國，爲六年；後於409年離開多摩梨帝國踏上歸途，又爲六年。返程途中，在師子國停留兩年，在海上航行一年，最終於412年抵達青州，又是三年。故後文云"停經六年""還經三年"。

② 游履：猶游歷。《宋書·沈慶之傳》："及加三望車，謂人曰：'我每游履田園，有人時與馬成三，無人則與馬成二。今乘此車，安所之乎。'"

③ 備：皆，盡。《後漢書·班超傳》："臣前與官屬三十六人奉使絕域，備遭艱厄。"

④ 具更：具，盡、完全。更，經歷、經過。本句意謂經歷了許多的艱難。

⑤ 三尊：三種最受尊敬的人。佛教中指佛、法、僧。東漢康孟詳譯《佛説興起行經》卷二："然其不識三尊、不信三寶、不見佛、不聞法、不供養衆僧，願世尊開化愚冥，使其信解。"（4－173a）

⑥ 竹帛：指竹簡和白絹。古代初無紙，用竹帛書寫文字。後來引申指書籍、史乘。《史記·孝文本紀》："然後祖宗之功德著於竹帛，施於萬世，永永無窮，朕甚嘉之。"

⑦ 疏：分條記録或分條陳述。《漢書·杜周傳》："前主所是著爲律，後主所是疏爲令。"

四十五、跋

晉義熙[1]十二年矣,歲在壽星①。夏[2]安居末,迎[3]法顯道人。既至,留共冬[4]齋②。因講集③之餘[5],重問游歷。其人恭順,言輒依實。由是先所略者,勸令詳載。顯復具敘④始末,自云:"顧尋⑤所經,不覺心動[6]汗流。所以乘危履險[7],不惜此形[8]者,蓋是志[9]有所存[10],專其愚直。故投命於必死[11]之地,以達萬[12]一之冀。"於是感[13]歎斯人,以爲古今罕[14]有。自大教[15]東流,未有忘[16]身求法如顯之比⑥。然後知誠[17]之所感,無窮否[18]⑦而不通;志之所將[19],無功業而不成。成夫[20]功業者,豈不由忘夫[21]所重,重夫所忘者哉!

【校勘】

[1] 熙:石本、七本作"照"。

[2] 夏:石本、七本作"憂",鐮本作"复"。

[3] 迎:七本作"惠遠迎",鐮本作"慧遠迎"。

[4] 冬:石本作"各"。

[5] 餘:崇本、毗本、圓本、資本、磧本、七本、鐮本作"際",石本作"降"。

[6] 心動:金本作"心歡",崇本、毗本作"心之",石本、七本作"不心勸"。

[7] 險:崇本、毗本、圓本、資本、磧本、石本、七本、鐮本作"嶮"。

[8] 形:鐮本作"刑"。

［9］志：七本作"悉"。

［10］所存：鐮本作"存所"。

［11］必死：崇本、毗本、圓本、資本、磧本、石本、鐮本作"不必全"，七本作"不必令"。

［12］達萬：七本作"繼邁"，鐮本作"幸萬"。

［13］是感：七本作"是是咸"。按，"咸"，同"盛"。

［14］罕：七本作"罕"，鐮本作"窄"。

［15］教：七本作"敎"，鐮本作"牧"。

［16］忘：七本作"忿"。

［17］誠：石本、鐮本作"識"。

［18］窮否：金本作"竊否"，石本作"窮不口"。

［19］將：圓本、磧本作"獎"，資本作"奨"，石本、鐮本作"獎"，七本作"漿"。

［20］成夫：金本作"夫"，七本作"決窮"。

［21］忘夫：金本作"夫"，崇本、毗本、圓本、資本、磧本、石本、七本、鐮本作"忘失"。

【箋注】

① 歲在壽星：歲，指歲星，即木星。古人認識到木星約十二年運行一周天，其軌道與黃道相近，因將黃道附近的一周天按由西向東的方向平均劃分爲十二等分，分別命名爲"星紀、玄枵、娵訾、降婁、大梁、實沈、鶉首、鶉火、鶉尾、壽星、大火、析木"，稱十二次。木星每年行經一次，故稱歲星。壽星，即十二次之一。歲在壽星，即指歲星運行至壽星。這是古代的紀年法的一種，被稱之爲歲星紀年法。此處所云"歲在壽星"當爲公元416年。

② 冬齋：佛教寺院於冬至日舉行法會，並在寺內營齋以供養大衆，故稱之爲冬齋。

③ 講集：講經説法的集會。南朝梁釋寶唱撰《比丘尼傳·道儀尼》："聞中畿經律漸備，講集相續，晋太元末，乃至京師，住何后寺。"

④ 具敘：詳述，備述。南朝梁何遜《贈江長史別》詩："中歲多乖

違,由來難具敘。"

⑤ 顧尋:反省、回顧。《魏書·恩幸傳·趙脩》:"朕昧於處物,育茲豺虎,顧尋往謬,有愧臣民,便可時救申没,以謝朝野。"

⑥ 比:類、輩。《漢書·敘傳上》:"班侍中本大將軍所舉,宜寵異之,益求其比,以輔聖德。"顔師古注:"比,類也。"

⑦ 窮否:困厄,不亨通。晉葛洪《抱朴子·外篇·博喻》:"達乎通塞之至理者,不悁悒於窮否。"

附錄一　《法顯傳校注》校點獻疑

《法顯傳》(又名《佛國記》《歷游天竺記傳》等),東晉釋法顯撰。法顯於東晉隆安三年(399)從長安出發,西行求法,義熙八年(412)歸抵嶗山登陸。該書作爲佛教傳入中國後第一本記錄中國僧人至印度取經歷程的行記,記載了一千五六百年以前中亞、南亞和東南亞的歷史、地理、宗教、風俗等情況,因此《法顯傳》一書具有極高的史料價值,歷代藏經均有著錄。19 世紀以來,中外學者在《法顯傳》研究方面作出了顯著的成績,各種注本,紛紛問世。20 世紀 80 年代,章巽先生曾撰《法顯傳校注》(上海古籍出版社)一書,彙集諸本,旁徵博引,持論精到,發前人之未發者甚夥。展卷讀之,獲益良多。今中華書局再版此書(下簡稱中華版《校注》),並且"依據作者親筆校訂的原書作了修改,並對業已發現的其他訛誤也一並改正"[1]。然白璧微瑕,偶亦有之。僕雖不敏,拜讀之餘亦略有一孔之見,敬請方家達士垂教。

(1) 安居已止,行二十五日,到竭叉國,與慧景等合。(第 17 頁[2])

按:"安居已止",中華版《校注》云:"麗本、院本作'安居已山'。"[3]今檢金本,亦作"安居已山",當從之。本句應標點爲"安居已,山行二

---

[1] 見章巽《法顯傳校注·新版前言》,中華書局,2008 年,第 1 頁。

[2] 本文所引例句均出自章巽《法顯傳校注》,中華書局,2008 年。頁碼即爲該例句在書中的頁碼。後同。

[3] 《校注》中"麗本"指高麗藏本,"院本"指支那内學院 1932 年刻本,"東本"指崇寧萬壽藏本,"開本"指毗盧藏本,"磧本"指磧砂藏本,"石本"指日本長寬二年(1164)抄本,"鐮本"指日本鐮倉初期(12 世紀末到 13 世紀初)抄本,"禪本"指日本應永七年(1400)抄本,"津本"指津逮秘書本(1922 年上海博古齋據明汲古閣本影印),"學本"指學津討原本(清嘉慶十年虞山張氏曠照閣刊本),"金本(記引)"指趙城金藏本。不過其中"金本(記引)"乃是校注者根據臺灣《歷史語言研究所集刊》印本所録,我們今據作爲《中華大藏經》底本的趙城金藏本對其進行復校。文中所言趙城金藏本均據《中華大藏經》。

十五日,到竭叉國,與慧景等合。"本書中"已"多作表示完成貌的動詞,直接跟在動詞後,如"供養已,次第頂戴而去"(第 39 頁),"説法已,供養舍利弗塔,種種香華,通夜然燈"(第 47 頁)。另外,佛陀跋陀羅共法顯譯《摩訶僧祇律》中亦常見"安居已"的用例,如"時諸比丘處處安居。安居已,還詣毗舍離"。(22 - 231c)①"時諸比丘處處夏安居。安居已,來詣王舍城,禮拜問訊世尊。"(22 - 233a)"山行"指在山中行走,典籍中亦常見,如《高僧傳·神異上·晋常山竺佛調》:"有人嘗隨調山行數十里。"《洛陽伽藍記》卷五"凝玄寺":"去王城東南山行八日,如來苦行投身餓虎之處。"

(2) 若有客比丘到,悉供養三日,三日過已,乃令自求所安常。傳言佛至北天竺,即到此國已。(第 33 頁)

按:"乃令自求所安常","安常"用於此處殊費解,"常"字當屬下讀。本句宜標點爲"……乃令自求所安。常傳言,佛至北天竺,即到此國已"。"安"即"安居"之義。本書亦有數例,如"僧伽施國":"住處有一白耳龍,與此衆僧作檀越,令國内豐熟,雨澤以時,無諸災害,使衆僧得安。"(第 53 頁)此外,我們注意到《漢語大詞典》"安"之"安居,居處"義項書證引本句,標點亦作"若有客比丘到,悉供養三日,三日過已,乃令自求所安"。當是。

(3) 城東北一由延,到一谷口。有佛錫杖,亦起精舍供養,杖以牛頭旃檀作,長丈六七許,以木筒盛之,正復百千人,舉不能移。入谷口四日西行,有佛僧伽梨精舍供養。(第 47 頁)

按:"亦起精舍供養"後逗號當改爲句號,下文乃對佛錫杖進行描述,與前文句意已斷。且末句"有佛僧伽梨精舍供養",當在"有佛僧伽梨"後點斷,原上海古籍版《校注》此處即作"有佛僧伽梨,精舍供養",甚是。又中華版《校注》云:"麗本作'亦起精舍供養'。"今檢金本,與麗本同,當從之。此句前言"有佛僧伽梨","僧伽梨"乃梵語音譯,即僧人所穿大衣、複衣。本句意謂:有佛所穿過的大衣,後人爲這

---

① 本附錄所引佛經均據日本《大正新修大藏經》,括號内的數字分別指册數和頁數,abc 代表欄次,臺灣新文豐出版公司影印,1996 年。著錄大致依據呂澂《新編漢文大藏經目錄》,齊魯書社,1980 年。

件大衣起精舍供養。若脫"亦起"二字,與上文"有佛錫杖,亦起精舍供養"文例不合,亦甚難理解。

（4）衆僧大會說法。說法已,供養舍利弗塔,種種香華,通夜然燈。使彼人作舍利弗本婆羅門時詣佛求出家。（第47頁）

按:"使彼人作舍利弗本婆羅門時詣佛求出家"句,殊不可解。據中華版《校注》云,此句麗本作"使伎樂人作舍利弗大婆羅門時詣佛求出家"。今檢金本,亦同。當從之。"伎樂人"指戲劇演員或歌舞藝人,此句意謂:使演員表演舍利弗拜見佛祖請求出家的戲（即演佛戲）。這一關於風俗文化的記載可以得到出土文物的實證。20世紀初,德國人在我國新疆進行考古發掘時曾發現一些梵文殘卷,其中有三部馬鳴寫的劇本。其中有一部是《舍利弗傳》,殘卷的卷末,標明作者是"金眼之子馬鳴"。馬鳴是印度佛教史上的大師,也是詩人、戲劇家,活動的年代大約在公元1、2世紀。法顯到達摩頭羅國時,遇上佛教大會,見到彼邦"伎樂人作舍利弗",應該不是沒有可能的[①]。

（5）客僧往到,舊僧迎逆,代檐衣鉢,給洗足水,塗足油,與非時漿。（第47頁）

按:"檐",中華版《校注》云:"石本、磧本、麗本、津本、學本、院本作'擔'。"今檢金本,亦作"擔",當據改。"檐""擔"蓋形近而誤。"木"與"扌"形近而互訛在文獻中亦是常見的現象,如《法苑珠林校注》:"於是乃許摸之,傳寫數十軀。"董志翹先生指出:"'乃許摸之'當爲'乃許模之'之誤。俗書'扌''木'常混同。所謂'模之'即'依形造模（澆鑄佛像）'。"[②]錢大昕在其《十駕齋養新錄·陸氏釋文多俗字》中亦云:"漢碑木旁字多作手旁,此隸體之變。"[③]

（6）阿那律以天眼遙見世尊,即語尊者大目連,汝可往問訊世尊。（第52頁）

按:本句當標點作:"阿那律以天眼遙見世尊,即語尊者大目連:

---

① 參見王邦維《法顯與〈法顯傳〉:研究史的考察》,《世界宗教研究》2003年第4期。
② 董志翹《〈法苑珠林校注〉匡補》,《古籍整理研究學刊》2007年第2期。
③ （清）錢大昕《十駕齋養新錄》,江蘇古籍出版社,2000年。

'汝可往問訊世尊。'""汝可往問訊世尊"云云,乃阿那律對大目連所說的話,故當加引號。

(7) 祇洹精舍本有七層,諸國王、人民競興供養,懸繒幡蓋,散華,燒香,然燈續明,日日不絕。鼠銜燈炷,燒花幡蓋,遂及精舍,七重都盡。("拘薩羅國舍衛城",第72頁)

按:"燒花幡蓋",東本、開本、麗本、趙城金藏本均作"燒幡蓋"。甚是。"花""華"古通用,"花"字疑涉上而衍。"幡蓋"即幢幡華蓋。"華蓋"本意爲帝王或貴族所乘車之傘蓋,佛經中多指用花裝飾而成的傘蓋,《玄應音義》卷六"華蓋"條云:"西域暑熱,人多持蓋,皆以花飾之,諸經中多言幢幡華蓋是也。"故又稱"花蓋",如吳支謙譯《撰集百緣經》:"作是誓已,香花尋至,當佛頂上,變成花蓋。"(4-203a)東晉佛陀跋陀羅譯《佛說觀佛三昧海經》:"東方善德佛持妙寶花,散釋迦牟尼及摩耶上,化成花蓋。"(15-678a)遍檢《大正藏》亦無"花幡蓋"這一搭配,可爲佐證。

(8) 時外道女名旃柘摩那起嫉妬心,及懷衣著腹前,似若妊身,於衆會中謗佛以非法。(第73頁)

按:"及懷衣著腹前",石本、麗本、金本作"乃懷衣著腹前","乃""及"形近而誤,當據改。"乃"此處作"於是"講,本句意謂:於是懷藏著衣服放到腹前,像懷有身孕一樣。

(9) 從佛生處東行五由延,有國名藍莫。(第86頁)

按:本句當標點作"從佛生處東行五由延,有國,名藍莫"。"名藍莫"爲動賓短語,作謂語成分,宜與前文斷開。全書中類似結構的句子"有+N_1,名+N_2"標點不甚統一,多數中間用逗號點斷,如:"其城西七八里有僧伽藍,名王新寺。"(第12頁)"過河有國,名毗茶。"(第44頁)"城西北三里,有塔,名放弓仗。"(第80頁)"自鹿野苑精舍西北行十三由延,有國,名拘睒彌。"(第116頁)"山中有精舍,名跋提,可有二千僧。"(第134頁)"城南七里有一精舍,名摩呵毗可羅,有三千僧住。"(第135頁),是。也有的未用逗號點斷,如:"始入其境,有一小國名陀歷。"(第26頁)"自此東行七日,有國名竺刹尸羅。"(第38頁)"寺西北五十由延,有一寺名火境。"(第53頁)"從此東南行十八由延,有國名僧迦施。"(第61頁)"搏南山西行三百步,有一石室名賓波羅窟,佛食後常於此坐禪。"(第114頁)"從此南行二百由延,有國名達嚫。"(第116頁)此數句標點並誤。

(10) 醫師看病隨宜,飲食及湯藥皆令得安,差者自去。(第88頁)

按:"隨宜"當屬下,且"皆令得安"前當用逗號隔開,本句應標點爲:"醫師看病,隨宜飲食及湯藥,皆令得安,差者自去。""隨宜"中古有斟酌、適當之義,王雲路、方一新兩位先生早已言及①。"隨宜"一般作修飾成分,從不作補語。如《全晉文》卷二七王羲之《雜帖》:"獻之內外極生冷,而心腹中恒無他,此一事是差。但疾源不得佳。論事當隨宜思之也。"《後漢書·孝質帝紀》:"今遣使者案行,若無家屬及貧無資者,隨宜賜恤,以慰孤魂。"佛經中亦不乏用例,如南朝宋求那跋陀羅譯《雜阿含經》:"瞻王意色,隨宜奉事,軟言愛語,端心正念。"(2-194c)東晉佛陀跋陀羅共法顯譯《摩訶僧祇律》:"爾時隨宜差食,若是長老上座與上食,中坐與中間食,下座與麁食。"(22-340c)南朝梁曼陀羅仙共僧伽婆羅譯《大乘寶雲經》:"努力精進,善學知足;隨宜衣裳、隨宜飲食、隨宜臥具、隨宜湯藥;鉢、盂、法服、資生什物,不作儲畜。"(16-272b)

(11) 爾時獄卒即往白王,獄中奇怪,願王往看。(第105頁)

按:本句當標點爲:"爾時獄卒即往白王:'獄中奇怪,願王往看。'""白"有稟報、陳述之義,"白王"即向國王稟報之義。"獄中奇怪,願王往看"云云乃獄卒對王所説的話,當加引號。

(12) 法顯本求戒律,而北天竺諸國皆師師口傳,無本可寫,是以遠步,乃至中天竺。(第120頁)

按:"遠步",麗本、金本作"遠涉"。中華版《校注》云,《出三藏記集》卷三《彌沙塞律記》引文亦作"遠涉"。甚是,當據改。"遠涉"乃長途跋涉之義,漢魏六朝時習見。如《漢書·趙充國傳》:"從今盡三月,虜馬羸瘦,必不敢捐其妻子於他種中,遠涉河山而來爲寇。"《後漢書·袁安傳》:"以爲匈奴不犯邊塞,而無故勞師遠涉,損費國用,徼功

---

① 王雲路、方一新《中古漢語語詞例釋》,吉林教育出版社,1992年。

萬里,非社稷之計。"《抱朴子·内篇·遐覽》:"又有十八字以著衣中,遠涉江海,終無風波之慮也。"皆其證。且"遠步"一詞所見甚晚,就管見所及,至唐代方出現,如柳宗元《雨晴至江渡》詩:"江雨初晴思遠步,日西獨向愚溪渡。""涉"訛作"步"或爲傳刻過程中漏刻"氵"所致。又《出三藏記集》卷十五《法顯法師傳》:"顯曰:'遠涉數萬,誓到靈鷲,身命不期,出息非保,豈可使積年之誠既至而廢耶?'"可資佐證。

(13) 住一石室中四十許年,常行,慈心,能感蛇鼠,使同止一室而不相害。(第134頁)

按:"常行慈心"中間不當點斷,"行慈心"爲一動賓短語結構。佛經中多有其例,如西晉竺法護譯《生經》:"年少梵志常行慈心。"(3-75a)東晉僧伽提婆譯《中阿含經》:"若有如是行慈心解脱無量善與者,必得阿那含。"(1-438a)後秦鳩摩羅什譯《摩訶般若波羅蜜經》:"常自行慈心,亦教他人令行慈心。"(8-400c)

(14) 作大轝床,似此間轜車,但無龍魚耳。(第135頁)

按:"床",金本作"狀"。愚謂作"狀"是,故當標點爲:"作大轝,狀似此間轜車,但無龍魚耳。""轝"即載柩車,字又作"轝"。《集韻·御韻》:"轝,或作轝。"《荀子·禮論》:"轝藏而馬反,告不用也。"楊倞注:"轝謂輁軸也,國君謂之輴。""輁軸""輴"皆古代載棺所用之車也。《文選·顔延之〈宋文皇帝元皇后哀策文〉》:"降轝客位,撤奠殯階。"張銑注:"轝,載柩車也。"而"轝床"則指人力扛抬的代步工具,猶後代的轎子,《史記·張耳陳餘列傳》:"上使泄公持節問之篋轝前。"裴駰《集解》:"韋昭曰:'轝如今轝床,人轝以行。'"《北史·王昕列傳》:"悦作色曰:'我帝孫,帝子,帝弟,帝叔,今親起轝床,卿何偃蹇?'""床"字常作"牀",蓋與"狀"形近而誤,當據改。且下文言"從轝至墓所,王自華香供養"並未言"從轝床至墓所",可資佐證。

(15) 竊惟諸師來得備聞,是以不顧微命,浮海而還,艱難具更,幸蒙三尊威靈,危而得濟,故竹帛疏所經歷,欲令賢者同其聞見。(177頁)

按:"竊惟諸師來得備聞"意不可通,中華版《校注》云,"來",金本(記引)、麗本、津本、學本、院本作"未"。當據正。正因爲"諸師未得備聞",所以法顯才"竹帛疏所經歷,欲令賢者同其聞見"。"未""來"蓋形近而誤。

（其中部分條目曾載於《古籍研究》2009 卷,安徽大學出版社,2010 年）

附錄二 《法顯傳》異體字匯纂

　　《法顯傳》版本眾多,既有國內的刻本系統,也有域外的寫本系統。這些不同版本的《法顯傳》中保留了較多的異體字。其中有些是後世文獻中常見的,但也有很多較爲罕見,頗具特點的異體字。本書以表格的形式將這些異體字匯纂在一起,既可以使一般讀者了解古代文獻中異體字使用的情況,也有助於語言文字方面的專家學者對刻本與寫本異體字的特點作進一步的研究。

　　關於本表的編製,需要說明幾點:

　　1. 本表首行"麗""金""崇"等表示不同版本的《法顯傳》,對應縱列中的異體字均出自該版本的《法顯傳》。

　　2. 本表左側首列中列出的是通行字體,同一橫行中則列出其異體字。

　　3. 本表中所匯纂的異體字既包括通行的異體字,也包括部分學者所說的俗字,但不包括明顯的訛誤字。

　　4. 本表中空白處有兩種情況:一是該版本中使用的是與首列一樣的通行字體,故不予列出;二是該版本中存在闕文或訛誤字。

　　5. 本表中所匯纂的異體字以音序排列。

版本 字例	麗	金	崇	毗	圓	資	磧	石	七	鐮
岸								圻	圻	圻
般		般						般	般	
薄								薄		
備	俻	俻						俻	俻	

(续表)

版本字例	麗	金	崇	毗	圓	資	磧	石	七	鑛
鼻								臭	臭	
閉	閇	閇		閇	閇	閇		閇	閇	閇
壁								壁	廢	
賓	寳	寳			寳	寳	寳	寳	寳	
博	愽	愽						愽	愽	愽
鈸	鈸			鈸	鈸	鈸		鈚	鈚	鈚
步		步						步	步	
彩		彩						敎	敎	
藏	蔵	蔵		蔵	蔵			蔵	蔵	
叉				义	义	义	义	义		
差	羗	羗		羗	羗	羗		羗	羗	羗
刹	刹	刹						刹	刹	
承								氶	乗	乗
乘	乗	乗	乗	乗	乗	乗	乗	乗	乗	乗
出									齿	
初								初	初	初
穿		穿								
窗	惣	惣	窓	窓	窓	窓	窓	窓	窓	窓
床	牀	牀							牀	

(续表)

版本字例	麗	金	崇	毗	圓	資	磧	石	七	鐮
刺	刺	刺						刺	刾①	
蔥	苁	苁						苁	苁	
從	従	従						従	従	従
麁	麁	麁						麁	麁	
彈									彈	
忉								忉	忉	忉
登								登		
燈								燈	燈	
蹬						隥				
等								荨	荨	荨
底	底	底						底	底	
弟									弟	
雕	彫	彫	彫	彫	彫	彫	彫	彫	彫	
兜	兠	兠		兠	兠	兠	兠		兠	
斗								㪷	㪷	㪷
篤		萬						萬	萬	萬
短								㮡	㮡	桓
斷								斷	斷	

① 七本作"刾"，當爲"刺"之缺筆。

（续表）

版本字例	麗	金	崇	毗	圓	資	磧	石	七	鐮
對								對	對	
奪	棄	棄						棄	棄	棄
惡	悪	悪						悪	惡	
輜	輜	輜	輜	輜	輜	輜	輜	輜	輜	輜
發		發						發	發	
廢								廢	廢	
幡	幡	幡	幡	幡	幡	幡	幡旛①	幡	幡	
凡								凡	凡	凢凡
泛				汎	汎	汎	汎	沉	沉	沉
髩	髩	髩	髩	髩	髩	髩		髩		髩
飛								飛	飛	
峰	峯	峯	峯		峯	峯	峯	峯	峯	
敷		敷						敷	敷	敷
服								服	服	服
髴	髴	髴	髴	髴	髴	髴				髴
富		冨						冨	冨	
蓋		盖						盖	盖	盖

① 本表中同一格内列出兩種字形表示在該版本的《法顯傳》中某字有兩種異體字，如本處即表示在磧砂藏中"幡"有兩種異體字，一作"幡"，一作"旛"。

（续表）

版本\字例	麗	金	崇	毗	圓	資	磧	石	七	鑛
割	剖	剖						割	割	割
隔	隔	隔						隔	隔	隔
耕								耕	耕	耕
搆		搆			搆	搆	搆			
功	功	功						功	功	功
孤								狐	孤	
鼓	皷	皷	皷	皷	皷	皷	皷	皷	皷	皷
穀		穀						榖		
故								故		
顧		顧						顧	顧	
怪	恠	恠						恠	恠	恠
官								官		
觀									覌	
冠		冠						冠		
歸								歸	歸	歸
軌								軌	軌	軌
鬼	鬼	鬼	鬼	鬼	鬼	鬼	鬼	鬼	鬼	鬼
果								菓	菓	
還	還	還	還	還	還	還	還	還	還	還

（续表）

版本字例	麗	金	崇	毗	圓	資	磧	石	七	鐮
亥	灾	灾						灾	灾	
害		宫害						宫	宫	宫
號	骄							豨	豨	豨
呵								启	启	启
褐	褐	褐	褐	褐	褐	褐	褐		褐	
恒								恒	恒	
弘	引	引	引	引	引	引		弘	弘	
吼								乳		
厚								厚		
壺	壷	壷	壷	壷	壷	壷	壷	壺	壺	
虎		虎						虎	席	席
喚		喚							喚	
荒	荒	荒	荒	荒	荒	荒	荒	荒	荒	荒
毀								毀	毀	
會								會	會	
慧								慧	慧	慧
基								基	基	
稽	稽		稽					稽	稽	稽
極								撼	撼	撼

（续表）

版本\字例	麗	金	崇	毗	圓	資	磧	石	七	鐮
伎		伎	伎	伎	伎	伎	伎	伎	伎	
寂								冹	宯	
闕	剱	剱	剱	剱	剱	剱	剱	劂	劂剭	関
濟								淃	濟	
兼	蒹	蒹	蒹	蒹	蒹	蒹		蒹	蒹	蒹
剪							翦		翦	
鹹								醎	醎	
騫								寒	寒	
健		健								
獎					捊			捊		捊
講	講	講						講	講	
匠								迊		
角								甪	甪	
劫								刼	刼	
戒	戎	戎						戎	戎	戎
界								堺	堺	堺
莖	茎							茎	茎	茎
景		景						景	景	景
競		竟						竟	竟	竟

211

(续表)

版本字例	麗	金	崇	毗	圓	資	磧	石	七	鐮
酒								酒	酒	
就	就	就						就	就	
舊		舊						舊	舊	
鷲	鷲	鷲						鷲	鷲	鷲
拘								拘	拘	
倦					倦	倦	倦	倦	倦	倦
絹	絹	絹	絹	絹	絹	絹	絹	絹	絹	
絕								絕	絕	絕
看	看	看						看	看	
兀								兀	兀	兀
刻	刻	刻						刻	刻	刻
坑		坑								
恐	恐	恐						恐	恐	
愧	愧	愧		愧	愧	愧	愧	愧	愧	愧
臘	臘	臘			臘	臘	臘		臘	臘
牢								牢	牢	牢
酪								酪	酪	
勒	勒	勒						勒	勒	勒
藜	藜	藜	藜	藜	藜	藜	藜	藜	藜	藜

(续表)

版本字例	麗	金	崇	毗	圓	資	磧	石	七	鎌
蠡	螽	螽	螺	螺	螺	螺	螺	螽	螽	螽
裹	裹	裹	裹	裹	裹	裹	裹	裹	裹	裹
禮	礼	礼						礼	礼	
麗	麗	麗							麗	麗
梁								樑	樑	
獵								獦	獦	獵
鱗								鱗	鱗	鱗
靈	霊	霊						霊	霊	
留								畄		
鹿	鹿	鹿						鹿	鹿	鹿
履	履									履
率								率	率	率
慮		慮								
漫	漫							漫	漫	漫
盲								旨	旨	
貿	貿	貿	貿	貿	貿	貿	貿	貿	貿	貿
貌	貌	貌						貌	貌	貌
美								羙	羙	羙
彌								旀	旀	旀

（续表）

字例\版本	麗	金	崇	毗	圓	資	磧	石	七	鐮
民	民	民						民	民	
冥							冥	冥	冥	冥
墓								蓦	蓦	蓦
幕								幙	幙	
那	邥	邥						那		
惱								悩	悩	
腦	腦	腦						脳	脳	脳
能	能	能						能	能	能
尼	屔	屔屔						屔	屔	
泥	泜	泜						泜	泜	泜
逆								逆	逆	
匿								遝	遝	
膩								臓	臓	臓
年								秊	秊	秊秊
齩			齧	齧	齧	齧	齧	齧	齧	
蹋	踊	踊						蹻	踊蹋	踣蹋
攀		攀						攀	攀	
撲								撲	撲	
菩薩								艹[1]		

---

① "艹"是"菩薩"的合文俗字。

（续表）

版本\字例	麗	金	崇	毗	圓	資	磧	石	七	鐮
奇	竒	竒	竒	竒	竒	竒	竒	竒	竒	竒
齊								斉	斉	
騎	騎	騎	騎	騎	騎	騎	騎	騎	踦	
起	起	起						起	起	起
乞	乞	乞						乞	乞	乞
契	契	契						契	契	
器		器								
訖	訖	訖						訖	訖	訖
牽								牽	牽	牽
遷								遷	遷	
乾	乹	乹	乹	乹	乹	乹	乹	乹	乹	
墻	牆	牆						墻	墻	墻
竊	竊	竊						窃	窃	
券		劵								
缺	缺	缺	缺	缺	缺	缺	缺	缺	缺	
闕		闕						闕	闕	闕
熱								熱	熱	
肉								宍	宍	
薩	薩	薩	薩	薩	薩	薩	薩	薩	薩	薩

（续表）

版本字例	麗	金	崇	毗	圓	資	磧	石	七	鐮
塞								塞	塞	
散								散	散	
喪								㐸	㐸	㐸
色								色	色	
殺	煞	煞煞						敓	敓	敓
蛇	虵	虵	虵	虵	虵	虵	虵	虵	虵	虵
設	設	設								
深									深	
甚		甚								
升		升						升	外	
聲		聲						聲	聲	
盛	咸	咸						盛	盛	咸
失								失	失	
師		師						師	師	師
施								柂	柂	柂
食									食	
氏								氏	氏	
飾		飾	餙	餙	餙	餙		餙	餙	
誓	揩	揩						揩	揩	揩

(续表)

版本字例	麗	金	崇	毗	圓	資	磧	石	七	鐮
釋	释	释释						释	释	释
收	扱					収		収	収	収
獸	獣	獣		獣				獣	獣	
疏	疎	疎	疎	疎	疎	疎	疎	疏	疏	
熟								熟	孰	
鼠	鼡	鼡						鼡	鼡	
數								数	数	数
爽	爽	爽	爽	爽	爽	爽	爽	爽	爽	
私	私	私							私	私
蘇							穌	蕀	蕀	蕀
蒜				蒜	蒜			蒜	蒜	
雖								雖	雖	
孫								殊	殊	
汰	汱									
檀	檀	檀						檀	檀	
歎								歎	歎	歎
堂								堂	堂堂	
逃	逃	逃						逃	逃	逃
桃								桃	桃	桃

(续表)

版本 字例	麗	金	崇	毗	圓	資	磧	石	七	鐮
梯		踶						踶	踶	踶
挑	挑	挑						桃	桃	
條	絛	絛								
鐵	鐵	鐵						鐵	鐵	
投	投	投	投					投	投	
突								突	突	
茶								荼	荼	
圖	圖	圖	圖	圖	圖	圖	圖	圖	圖	圖
土								圡	圡	圡
吐								吐	吐	
挽		挽						挽	挽	
往	徃	徃						徃	徃	
忘								忌	忌	忌
妄		妟						妟	妟	
望	望	望	望	望	望	望		望	望	望
危	危							危	茳	危
微	微							微	微	
唯		隹								
幢			幢	幢	幢		幢	幢	幢	

(续表)

版本\字例	麗	金	崇	毗	圓	資	磧	石	七	鐮
刎									刏	
烏									烏	
無									无	
希	布	布						希	希	
悉	悉	悉						悉	悉	悉
醯	醯	醯						醯	醯	醯
席									席	
喜									喜	喜
象	象象	象象						象	象象	象
像	像	像像						像	像	像
寫				寫				寫	寫	寫
懈	懈	懈	懈	懈	懈	懈	懈	懈	懈	懈
興								興	興	興
宿	宿	宿			宿					
虛								虛	虛	
須		湏						湏	須	
訊	訊	訊						訊	訊	訊
焉								焉	焉	
延		延						延	延	延

（续表）

字例\版本	麗	金	崇	毗	圓	資	磧	石	七	鐮
閻	閻							閻	閻	閻
仰		仰							作	作
養		養						養	養	養
醫				毉	毉	毉	毉	毉	毉	毉
夷	夷	夷						夷	夷	夷
宜		冝						冝	冝	冝
疑		疑						疑	疑	
亦								亦		亦
益								益	益	
詣	詣	詣詣		詣	詣詣	詣詣		詣	詣	詣
因								囙	囙	
殷						慇	慇	慇	殷	
陰	隂	隂	隂	隂	隂	隂	隂	隂	隂	
引								引	引	
印								印	印	印
英								英	英	
迎		迎	迎					迎	迎	迎
影			影					影	影	影
猶								猶	猶	猶

(续表)

版本字例	麗	金	崇	毗	圓	資	磧	石	七	鐮
牖								牖	牖	
魚								奐	奐	
欲								欿	欿	
圓	圎	圎	圎	圎	圎	圎	圎	囗	圓	
怨				怨	怨	怨	怨			
苑		苑	苑	苑	苑	苑	苑	炎	菀	菀
願								顉	顉	顉
哉		㢤						㢤	㢤	
再		冄	冄		冄	冄	冄		冄	冄	冄
葬		塟		葬	葬	葬	塟	塟	塟	塟
遭		遭						遭	遭	遭
鑿		鑿						鑿	鑿	鑿
澡								涤	涤	涤
齋								㡧	㡧	
氈								䄡		
張								旐	旐	旐
爪								爪	爪	爪
召	吕	吕						吕	吕	
遮								遮	遮	

（续表）

版本\字例	麗	金	崇	毗	圓	資	磧	石	七	鐮
輒	輙輙	輙						輙	輙	
蔗	蔗	蔗						蔗	蔗	
珍		珎	珎	珎	珎	珎	珎	珎	珎	珎
整	整	整整						整	整	
枝								枝	枝	
指	指	指指	指	指	指	指	指	指	指	指
置								置	置	
擲								擲擲	擲	擲
豬	豬	豬								
竺	竺	竺						竺	竺	竺
著		着						着	着	着
莊	庄	庄						庄	庄	庄
狀								狀	狀	狀
足								昰	昰	昰
卒								卆	卆	卆
最	寂	寂寂						寂	寂	寂
尊								寂	寂	寂
作								征		
坐				坐				坐	坐	

引用書目

《抱朴子内篇校釋》,王明撰,北京:中華書局,1985年。
《抱朴子外篇校箋》,楊明照撰,中華書局,1991年。
《北齊書》,(唐)李百藥撰,中華書局,1972年。
《北史》,(唐)李延壽撰,中華書局,1974年。
《比丘尼傳校注》,(南朝梁)釋寶唱著,王孺童校注,中華書局,2006年。
《博物志校證》,(晋)張華撰,范寧校證,中華書局,2014年。
《朝野僉載》,(唐)張鷟撰,趙守儼點校,中華書局,1979年。
《出三藏記集》,(南朝梁)釋僧祐撰,蘇晋仁、蕭鍊子點校,中華書局,1995年。
《大慈恩寺三藏法師傳》,(唐)慧立、彦悰撰,孫毓棠、謝方點校,中華書局,2000年。
《大唐西域記校注》,(唐)玄奘、辯機原著,季羨林等校注,中華書局,2000年。
《東觀漢記校注》,(東漢)劉珍等撰,吴樹平校注,中華書局,2008年。
《翻譯名義集校注》,(宋)法雲撰,富世平校注,中華書局,2021年。
《封氏聞見記校注》,(唐)封演撰,趙貞信校注,中華書局,2005年。
《高僧傳》,(南朝梁)釋慧皎撰,湯用彤校注,湯一玄整理,中華書局,1992年。
《〈觀世音應驗記三種〉譯注》,董志翹著,江蘇古籍出版社,2002年。

《管子校注》,黎翔鳳撰,梁運華整理,中華書局,2004年。

《韓詩外傳集釋》,(漢)韓嬰撰,許維遹校釋,中華書局,1980年。

《韓非子集解》,(清)王先慎撰,鍾哲點校,中華書局,1998年。

《漢書》,(漢)班固撰,(唐)顏師古注,中華書局,1962年。

《何遜集校注》,(南朝梁)何遜著,李伯齊校注,中華書局,2010年。

《鶡冠子校注》,黃懷信撰,中華書局,2014年。

《弘明集校箋》,(南朝梁)釋僧祐撰,李小榮校箋,上海古籍出版社,2013年。

《後漢書》,(南朝宋)范曄撰,(唐)李賢等注,中華書局,1965年。

《淮南子集釋》,何寧撰,中華書局,1998年。

《嵇康集校注》,(三國魏)嵇康著,戴明揚校注,中華書局,2014年。

《江文通集彙注》,(明)胡之驥注,李長路、趙威點校,中華書局,1984年。

《晋書》,(唐)房玄齡等撰,中華書局,1974年。

《荊楚歲時記》,(南朝梁)宗懍撰,(隋)杜公瞻注,姜彥稚輯校,中華書局,2018年。

《經律異相校注》,(南朝梁)釋寶唱等編撰,董志翹、劉曉興等校注,巴蜀書社,2018年。

《兩漢紀》,(東漢)荀悦、(東晋)袁宏撰,張烈點校,中華書局,2017年。

《列子集釋》,楊伯峻撰,中華書局,1979年。

《魯迅輯錄古籍叢編》,魯迅輯錄,人民文學出版社,1999年。

《論衡校釋》,黃暉撰,中華書局,1990年。

《洛陽伽藍記校釋》,(北魏)楊衒之撰,周祖謨校釋,中華書局,2010年。

《呂氏春秋集釋》,許維遹撰,梁運華整理,中華書局,2009年。

《南海寄歸内法傳校注》,(唐)義淨著,王邦維校注,中華書局,1995年。

《南齊書》,(南朝梁)蕭子顯撰,中華書局,2017年。

《南史》,(唐)李延壽撰,中華書局,1975年。

《齊民要術今釋》,(北魏)賈思勰著,石聲漢校釋,中華書局,2009年。

《潛夫論箋校正》,(漢)王符撰,(清)汪繼培箋,彭鐸校正,中華書局,1985年。

《入唐求法巡禮行記校注》,(日)圓仁著,白化文、李鼎霞、許德楠校注,中華書局,2019年。

《三國志》,(晋)陳壽撰,陳乃乾點校,中華書局,1982年。

《十三經注疏》(清嘉慶刊本),(清)阮元校刻,中華書局,2009年。

《拾遺記》,(晋)王嘉撰,(南朝梁)蕭綺錄,齊治平校注,中華書局,1981年。

《史記》,(漢)司馬遷撰,(南朝宋)裴駰集解,(唐)司馬貞索隱,(唐)張守節正義,中華書局,2014年。

《世說新語箋疏》,(南朝宋)劉義慶著,(南朝梁)劉孝標注,余嘉錫箋疏,中華書局,2007年。

《釋氏要覽校注》,(宋)釋道誠撰,富世平校注,中華書局,2014年。

《水經注校證》,(北魏)酈道元著,陳橋驛校證,中華書局,2007年。

《宋書》,(南朝梁)沈約撰,中華書局,2018年。

《搜神記輯校》,(晋)干寶撰,李劍國輯校,中華書局,2019年。

《太平廣記》,(宋)李昉等編,中華書局,1961年。

《太平經合校》,王明編,中華書局,2014年。

《陶淵明集箋注》,袁行霈撰,中華書局,2003年。

《魏書》,(北齊)魏收撰,中華書局,2017年。

《文選》,(南朝梁)蕭統編,(唐)李善注,中華書局,1977年。

《西京雜記校注》,(晋)葛洪撰,周天游校注,中華書局,2020年。

《續高僧傳》,(唐)道宣撰,郭紹林點校,中華書局,2014年。

《荀子集解》,(清)王先謙撰,沈嘯寰、王星賢點校,中華書局,1988年。

《顔氏家訓集解》,王利器撰,中華書局,1993年。

《晏子春秋校注》,張純一撰,梁運華點校,中華書局,2014年。

《異苑　談藪》,(南朝宋)劉敬叔撰,范寧校點;(北齊)陽松玠撰,程毅中、程有慶輯校,中華書局,1996年。

《酉陽雜俎校箋》,(唐)段成式撰,許逸民校箋,中華書局,2015年。

《庾子山集注》,(北周)庾信撰,(清)倪璠注,許逸民校點,中華書局,1980年。

《戰國策集注匯考》,諸祖耿編撰,鳳凰出版社,2008年。

主要參考書目

白化文:《漢化佛教法器服飾略説》,北京:商務印書館,1998 年。
丁福保編:《佛學大辭典》,北京:宗教文化出版社,2015 年。
董志翹、蔡鏡浩:《中古虛詞語法例釋》,長春:吉林教育出版社,1994 年。
方一新、王雲路編著:《中古漢語讀本》(修訂本),上海:上海教育出版社,2018 年。
黃征:《敦煌俗字典》,上海:上海教育出版社,2005 年。
李維琦:《佛經詞語匯釋》,長沙:湖南師範大學出版社,2004 年。
李琳華編著:《佛教難字字典》,臺北:常春樹書坊,1991 年。
漢語大詞典編輯委員會、漢語大詞典編纂處編纂:《漢語大詞典》,上海:漢語大詞典出版社,1986—1993 年。
漢語大字典編纂委員會編纂:《漢語大字典》(第二版),武漢:崇文書局;成都:四川辭書出版社,2010 年。
(唐)玄奘、辯機原著,季羨林等校注:《大唐西域記校注》,北京:中華書局,2000 年。
余太山:《關於法顯的入竺求法路綫——兼説智猛和曇無竭的入竺行》,《早期絲綢之路文獻研究(增訂本)》,北京:商務印書館,2018 年。
張生漢:《〈法顯傳校注〉辨疑五則》,《華中國學》2016 年第 1 期。
章巽校注:《法顯傳校注》,北京:中華書局,2008 年。
榮新江:《薩保與薩薄:北朝隋唐胡人聚落首領問題的爭論與辨析》,《中古中國與粟特文明》,北京:生活·讀書·新知三聯書店,2014 年。
楊維中譯注:《新譯佛國記》,臺北:三民書局,2004 年。

吴玉貴釋譯:《佛國記釋譯》,高雄:佛光文化事業有限公司,1996年。

(日)長澤和俊:《法顯傳譯注‧解説——北宋本‧南宋本‧高麗大藏經本‧石山寺本四種影印とその比較研究》,東京:雄山閣出版株式會社,1996年。

(日)足立喜六:《法顯傳考證》,何建民、張小柳譯,貴陽:貴州大學出版社,2014年。

(日)有賀要延編:《佛教難字大字典》,東京:國書刊行會,1986年。

詞條索引

本索引收入本書箋注部分的詞條，包括詞組、習語等。詞條後的數字表示該詞條在本書中出現的頁碼。其中部分詞條後有兩個數字，表示該詞爲多義詞，不同的義項出現在不同的頁碼中。

本索引表按照漢語拼音方案的字母順序排列。

A

阿闍世王/115
阿那含/132
阿那律/73
阿難/42
阿毗曇/68
阿毗曇師/70
阿夷/100
阿育王/39
愛敬/120
安頓/15
安居/23
安石榴/27
鞍勒/25
闇/185
案行/143

B

八戒齋/144
八齋法/181
巴連弗邑/117
跋那國/59
白/137
白氎/25
白拂/76
白淨王/100
白衣/45
拜/143
般泥洹/42
般若波羅蜜/70
般遮/125
般遮越師/24
傍/165
傍梯/31
薄/13
薄瘠/8
寶階/75
暴起/57
悲感/106
北陰/131

貝齒/65
貝多樹/137
被服/27
備悉/156
本圖/58
本心/157
比/14、197
比丘尼/69
壁方/118
蹕地/145
邊地/59
邊國/90
邊人/34
便/188
幖幟/7
別/21
別居/64
賓波羅窟/131
炳著/55
波羅㮈城/149

波斯匿王/86
博山/55
不達/120
不果/58
不淨觀/132
布施/25
怖畏/104

C

婇女/18
差/124
長阿含/181
長者/51
長壯/143
倡伎/123
唱導/137
抄奪/50
抄賊/185
麨蜜/138
車帝/131
車匿/107
沉水/175
成道/38
承櫨/123
持律/114
熾盛/81
出世/105
初不/81
初無/51
觸事/157
惚㥶/21

牀蓐/67
牀臥/96
吹蠡/50
次/106
次第/16
伺候/95
蔥嶺山/23
粗/8
麁/184
摧伏/113

D

達嚫/153
達摩瞿諦/172
大愛道/86
大乘/15
大德/120
大歸/156
大迦葉/69
大教宣流/33
大戒/106
但/64
刀杖/180
忉利天/73
得佛/157
燈炷/88
彫文刻鏤/118
彫瑩/19
調達/93
頂戴/50
定/103

定光佛/53
冬齋/196
東向/103
動/129
都/86
都維/97
都無/67
兜術天/180
闍維/176
度/138
端嚴/129
端正/112
碓臼/144
燉煌/5
多摩梨帝國/159

E

俄頃/144
惡逆/64
頞鞞/126
輀車/175

F

發迹/3
發願/25
廢易/177
乏少/138
法式/61
法益/40
法用/27
法則/12

詞條索引

凡/35
反逆/113
梵天王/76
梵行/169
方便/153
髣髴/56
非時漿/68
分披/165
豐饒/81
豐熟/79
豐樂/15
敷置/79
弗樓沙國/42
伏石/185
佛鉢/44
佛頂骨/49
福德舍/96
福食/80

G

高昌/13
高德/120
割肉貿鴿/38
縢/192
根際/76
耕墾/176
工畫師/56
供具/19
供祿/64
共合/13
搆/113

古老/33
皻二/188
雇直/162
顧看/112
顧尋/197
官法/63
觀世音/70
灌洗/120
規郭/176
歸流/185
歸命/184
詭言/192
果報/142
過去三佛/78

H

還/90
還復/185
海口/159
海師/188
漢明帝/34
豪姓/50
好上/176
呵梨/83
合/120
何等/43
何許/191
何由/74
和上/90
和適/162
恒/145

恒水/83
橫/129
胡道人/22
胡語/10
斛/46
户扇/21
緄/184
荒懅/185
惶怖/144
晃/185
迴曲/153
恚/94
火光三昧/116
貨易/65
鑊湯/144

J

積/175
積年/165
雞足/146
吉祥草/137
極目/6
嫉妬/93
伎樂/123
伎樂人/69
計數/82
偈/156
罽賓/22
罽膩伽王/42
罽饒夷城/83
繼軌/33

231

加陵/120
迦蘭陀竹園精舍/131
迦尸國/149
迦維羅衛城/100
迦葉佛/97
賈客/188
賈人/138
價直/162
艱岨/31
艱嶮/184
減/31
撿校/114
見驗/77
建卯月/123
揵搥/16
揵陁衛國/39
將/116、143
將無/189
講集/196
交接/165
挍飾/38
教化/170
皆悉/97
接/83
結集/132
結加趺坐/136
竭叉國/16
解脱/51
金薄/21
金剛力士/109

金棺/109
近/59
噤戰/57
經理/12
經律/33
經行/78
精麁/10
精進/23
精舍/49
淨人/16
竟/71、154、180
九譯/31
拘驎/149
拘樓秦佛/98
拘那含牟尼佛/98
拘薩羅國/85
拘睒彌/150
拘夷那竭城/108
居士/51
掬/142
具/118
具敘/196
拥/101
嚼楊枝/84
郡界/189

K
開塞/156
亢旱/54
可/6
渴仰/74

客比丘/35
空/90
空荒/104
苦空/83
苦行/133
庫藏/169
曠野/147

L
臘/169
臘數/68
藍莫/105
朗然/153
酪/80
累/118
類皆/10
梨車/109
藜藿菜/189
李浩/6
禮拜/50
禮儀/13
立治/169
瀝滴/81
獵師/65
恡/170
嶺東六國/21
琉璃王/96
瑠璃鍾/50
六種震動/101
隴/3
論民/103

法顯傳校箋

232

論師/77
羅漢/29
羅汰私迷/119
羅夷國/59
羅雲/70
律藏/2
律師/70
慮/50

M
彌勒菩薩/30
迷悶/145
彌家女/134
彌沙塞律/181
民户/100
明旦/94
摹寫/56
摩訶毗呵羅/174
摩訶僧祇阿毗曇/157
摩訶僧祇衆律/156
摩訶衍人/70
摩訶衍僧伽藍/120
摩竭提國/117
摩尼珠/161
摩頭羅/60
魔王/113
目連/68

N
那竭國/49
那羅聚落/125
那毗伽/98
那向/185
乃/90
難陁/101
内/144
尼犍子/127
尼拘律樹/102
泥/142
泥洹/33
泥梨城/124
念言/143
牛頭旃檀/53
濃至/147

P
毗舍離國/112
毗舍佉母/92
毗茶/59
匹/123
辟支佛/56
僻誤/189
頻那山/180
平治/106
萍沙王舊城/126
撲象/101
鋪/132
鋪施/169
蒲那河/60
浦/191

Q
七寶/18
七寶蓋/76
其/175
祇洹精舍/87
耆闍崛山/118
耆舊/127
崎嶇/8
乞/192
起/15
千佛/56
乾歸國/003
牆闕/118
伽耶城/133
秦道人/59
秦土/12
清潔/175
窮否/197
丘荒/100
曲/127
屈茨國/180
瞿摩帝/16
瞿師羅園/150
瞿曇沙門/149
去/165
趣/184
勸化/106
闕乏/67
卻後/74

R
嬈固/113
饒足/138

詞條索引

人從/192	上價/21	首楞嚴/129
人功/81	上座/61	受歲/26
妊身/93	舍利/97	授記/150
如法/25	舍利弗/68	殊特/113
如來/97	舍衛城/85	舒手/129
如其/188	舍夷國/96	疏/194
乳糜/134	捨壽/113	輸地利/63
褥檀國/4	涉行/13	爽悟/119
S	設/143	水漿/189
薩薄商人/169	懾怖/78	思惟/113
薩婆多衆律/157	身口意/150	四部衆/88
塞/6	身如泡沫/83	四佛/84
三阿僧祇劫/170	深壍/109	四衢/169
三寶/34	深自/45	四天王/102
三毒賊/132	神通力/73	四枝/145
三歸/181	神驗/136	四衆/169
三匝/95	神足力/29	寺主/106
喪亂/169	失其意/28	俗人/8
僧伽藍/16	師資/156	宿呵多國/38
僧伽梨/53	師子/76	雖復/51
僧迦施/73	師子國/161	隨宜/124
沙河/6	時/58	遂便/113
沙門/9	示現/104	遂爾/181
沙彌/69	世間眼滅/170	歲數/180
沙祇大國/83	世尊/69	歲在壽星/196
煞/180	市易/161	孫陀利/92
晱變/171	釋迦文佛/78	**T**
鄯鄯國/8	釋種/102	太子母/100
傷割/180	釋子/101	檀越/4/188
上服/176	手自/61	炭塔/107

搪揆/64
天帝釋/38
天冠/19
天魔波旬/128
天食/78
天香/78
天眼/73
田種/162
鐵輪王/142
鐵券/177
鐵圍兩山/143
停止/129
通/41
通身/164
通夜/68
同契/2
同志/4
統屬/192
投足無所/31
頭面禮足/19
塗足油/68
陁歷/29
唾壺/27

W

外道/77
挽/106
萬無一全/28
王城/164
王舍新城/126
王新寺/20

威神/185
威儀齊肅/16
威儀坐起/138
幃幕/18
謂/88
文鱗盲龍/137
文殊師利/70
問訊/73
烏長國/35
無常/47
無倦/165
無全/185
無畏山/164
五百身/170
五戒/181
五莖華/53
五山/126

X

希連禪河/108
希疎/104
悉/59
錫杖/53
醯羅城/49
夏坐/3
仙人鹿野苑/149
咸/175
咸皆/74
閑靜/118
賢劫千佛/113
嶮絕/31

相承/71
相好/55
相率/54
香汁/50
庠序/120
巷陌/18
小乘/9
小孤石山/125
小雪山/57
邪見/81
懇倦/51
心伏/78
心顏/144
欣悅/144
新頭河/31
信/109
信風/161
信解/144
信義/181
信重/144
刑罔/63
行殿/18
行乞食/142
行食/61
行資/13
形像/78
虛空/19
須跋/109
須達長者/86
須大拏/171

須陁洹/102
懸絚/31
循/153

Y

言/188
言論/147
閻浮提/43
閻羅王/143
嚴駕/115
嚴峻/138
嚴麗/120
嚴飾/18
嚴顯/164
奄婆羅女/112
梐戟/123
厭患/132
熖光/164
鴦掘魔/86
養樓山/4
要/144
要當/154
耶婆提/185
一月餘日/6
遺法/181
已/23
以/69、164、170
異學/153
翳/106
翳羅鉢龍/150
翼從/19

譯語/192
因緣/124
殷盛/15
殷樂/63
慇勤/4
罌/145
迎逆/68
日英徹/76
用/156
幽闇/153
幽嶮/154
優波離/101
優鉢羅比丘尼/74
由是/47
由延/49
游履/194
于闐/15
於麾國/23
羽儀/176
雨雪/28
玉女/137
遇客/13
罿/175
援落/92
圓磈/50
緣/153
黿鼉/185
月氏王/44

Z

雜阿毗曇心/157

澡罐/184
繒幡蓋/19
齋日/30
旃荼羅/64
旃遮摩那/93
氈褐/27
氀褐/8
瞻波大國/159
展轉/181
爪/56
榛木/147
整飾/21
正/161
正復/46
諍/77
值/129
殖福/170
止/172
止住/35
指麾/16
徵/112
至意/81
治/88
中國/194
中食/45
種種/45
重/88
眾食/15
周匝/175
肘/76

詞條索引

珠璣/161	轉近轉微/55	宗敬/120
諸天/19	轉輪聖王/74	宗親/61
竹帛/194	轉勝/27	宗仰/121
竺剎尸羅/40	莊挍/19	足趺/30
逐/109	莊嚴/18/21	尊者/73
住/129	子合國/22	作食/189
住世/113	自傷/89	作行/170
住止/67	自異/64	坐/188
柱/165	自餘/156	坐禪/67
著/176	恣/150	坐具/25
轉法輪/103		

237